Helmut Wenz
Körpersprache im Gottesdienst

Helmut Wenz

Körpersprache im Gottesdienst

Theorie und Praxis der Kinesik für Theologie und Kirche

EVANGELISCHE VERLAGSANSTALT

Umschlagbild: epd
Mit freundlicher Genehmigung des hannoverschen Landesbischofs Horst
Hirschler.

Die Deutsche Bibliothek – CIP-Einheitsaufnahme

Wenz, Helmut:
Körpersprache im Gottesdienst : Theorie und Praxis der
Kinesik für Theologie und Kirche / Helmut Wenz. –
3. Aufl. – Leipzig : Evang. Verl.-Anst., 1998
    ISBN 3-374-01575-1

ISBN 3-374-01575-1

3. Auflage 1998
© 1995 by Evangelische Verlagsanstalt GmbH, Leipzig
Printed in Germany · H 6496
Satz: CDT Andreas Paul
Druck und Binden: Druckhaus Köthen

Inhalt

Geleitwort von Prof. Dr. Rainer Volp

Gott kommt für Christen körperlich zu Wort: „Das Wort ward Fleisch und wohnte unter uns, und wir sahen seine Herrlichkeit...", heißt es Joh. 1.14. Aus Vorstellungskraft, Raumklang und Stimme bestehen die Zeichen, die wir „Wort" nennen – auch wenn sie dank der Begriffssysteme rationale Räume erobern. Gesungene und gesprochene Worte sind nur Teil-Elemente des Körpers. Deshalb entschwindet die Kirche stets in manichäische, d. h. leibfeindliche Spekulationen, sobald sie nonverbale Sprachen vernachlässigt – die segnende Hand, den Gang um den Altar, den zweckfreien Kirchenraum zum Atemholen der Seele.

Es liegt eine große Tragik darin, daß ausgerechnet die Kirchen der Reformation ihre Urtexte, den Leib als Skript (Symbol), vernachlässigten. Zwischen dem Konsumverhalten der Unterhaltungskultur und den Selbstfindungsstrategien von Esoterik wie Sportfanatismus zerrieben, ist mehr denn je ihr höchstes Potential, das Handeln des ganzen Menschen zu gewichten, etwa im Sakrament. Hier zuerst reformiert sich die Kirche, hier bildet die Gemeinde Jesu Christi ihre höchsten und stärksten „Texte" aus: leiblich verfaßte Zeichen für jeden Zeitgenossen lesbare.

Dem vorliegenden Buch von Helmut Wenz ist eine weite Verbreitung zu wünschen. Denn es trägt zur Alphabetisierung des Glaubens bei, zur Wiedergewinnung der Lesefähigkeit von Zeichen, in denen sich Gottes Wort leiblich konkretisiert. Anders als viele Materialbücher zum Gottesdienst zielt es nicht auf jene biederen Mätzchen, mit denen manch müder Pfarrer seine Gottesdienste durch aufgesetzte Handlungen nach außen „attraktiver" machen oder „unmündige" Zeitgenossen nach innen didaktisch überreden will: nein, hier geht es um Fundamentales, um Elementares, um den Körper als Sprache, um eine Sprache, die jeder versteht. Erst wenn sie die Menschen berührt, entfaltet das Evangelium seine lebendige Stimme. Sie wahrzunehmen, wollen die folgenden Seiten dienen.

Es freut mich, daß der Verfasser das über viele Jahre gesammelte und bearbeitete Material, erprobt durch gereifte eigene Erfahrungen im Pfarramt, nunmehr veröffentlicht. Als ich von diesem Plan erfuhr wir lernten uns in meinen Lehrveranstaltungen kennen – ermutigte ich ihn dazu. Mich beeindruckte der unabhängig beschrittene Weg, der mit meinen eigenen langjährigen Publikationen und Forschungen, auch mit der Bewegung im Umkreis von „kunst + kirche", an vielen Punkten konvergierte. Hier wird aus der Praxis für die Praxis geschrieben, jedoch – entgegen jeder Anbiederungsmentalität – mit hoher Reflexionskontrolle. Nur so greift Kritik, wo sie – etwa im Blick auf die „Erneuerte Agende" – fällig wird. Ich wünsche viele Leser, die so zur wichtigsten „Lektüre" ermutigt werden: zu der von Gottesdiensten und damit zur Reform der Kirche.

Rainer Volp

Vorwort zur 2. Auflage

Daß meine Arbeit gut aufgenommen wurde, zeigt allein die Tatsache, daß schon vor Ablauf eines Jahres nach der Erstveröffentlichung eine Neuauflage erforderlich wurde. Sie stellt einen Nachdruck der 1. Auflage dar, zu dem nur das Kapitel „Das Zeugnis der Evangelisten von der Körpersprache in den Ostergeschichten" hinzugefügt wurde.

Möge meine Arbeit weiterhin dazu beitragen, daß das Evangelium durch den Einsatz nicht nur der mündlichen Rede, sondern zugleich auch der Sprache des ganzen Körpers der PredigerInnen und LiturgInnen wirksamer verkündigt und zugleich durch die Ansprache nicht nur der Ohren, sondern aller Sinnesorgane der GottesdienstteilnehmerInnen von der gottesdienstlichen Gemeinde kräftiger wahrgenommen wird.

Frankfurt/Main, im Sommer 1996   Helmut Wenz

Vorwort

In jedem Gottesdienst gibt es die verbale Sprache, d.h. das gesprochene und gesungene Wort und die nonverbale Sprache oder Körpersprache aller Gemeindeglieder in Gestalt ihrer mimischen, gestischen und sonstigen körperlichen Bewegungen. Durch den Austausch von verbalen und nonverbalen Signalen zwischen den PfarrerInnen und ihrer Mitarbeiterschaft einerseits und der Gemeinde andererseits geschieht in jedem Gottesdienst verbale und nonverbale Kommunikation. Wir wollen uns in unserer Arbeit im wesentlichen auf die weithin unterbewertete und verdrängte Körpersprache und die nonverbale Kommunikation im Gottesdienst und die Gestaltung des Gottesdienstes beschränken und Fragen nach den verbalen Elementen und dem Inhalt des Gottesdienstes sowie die nonverbalen Signale von Zeichen, Symbolen, Bildern und anderen gegenständlichen Dingen nur am Rande behandeln.

Nachdem wir die einzelnen Gebiete der Körpersprache wie Mimik, Gestik usw., dargestellt haben, wollen wir in besonderen Kapiteln auch auf die „Körpersprache in der Aus-, Fort- und Weiterbildung" eingehen. Gewiß kann jeder sich bemühen, die Körpersprache, die er bisher mehr oder weniger unbewußt praktiziert hat, auch ohne Absolvierung eines Seminars oder Kurses für Kinesik, der modernen Wissenschaft von der Körpersprache, in bewußter Weise innerhalb und außerhalb des Gottesdienstes einzusetzen. Jedoch kann ich aus eigener Erfahrung durch meine Teilnahme an einem Seminar für „Rhetorik und Kinesik, Redegewandtheit und Körpersprache" unter der Leitung des bekannten Rhetorik- und Kinesiklehrers R. H. Ruhleder, Bad Harzburg, bezeugen, daß der Erwerb kinesischer Kenntnisse, die Praktizierung kinesischer Übungen in der Gruppe und der Rat des Seminarleiters und der Gruppenmitglieder eines Seminars oder Kursus für Kinesik für den bewußten Einsatz der Körpersprache und die Verbesserung des körpersprachlichen Verhaltens hilfreich sein können.

Es geht uns in dieser Arbeit nicht nur um die Vermittlung kinesischer Kenntnisse in Theorie und Praxis, sondern auch darum, die Kommunikation im Gottesdienst zu intensivieren und so seine Qualität zu verbessern. Wir wollen die weithin feststellbare „Wortlastigkeit" und Bewegungsarmut des protestantischen Gottesdienstes, d.h. die Dominanz der verbalen Kommunikation im Gottesdienst, durch die Aufarbeitung des Defizits an nonverbalen Elementen überwinden. Analoges gilt auch für den katholischen Gottesdienst, weil die Liturgiereform des 2. Vatikanums eine Aufwertung des Wortes und damit zugleich eine Abwertung der nonverbalen Kommunikation im Gottesdienst bewirkte. Deshalb haben wir die Arbeit ökumenisch ausgerichtet. Dabei werden wir nicht nur die unzureichende nonverbale Kommunikation im Gottesdienst analysieren, sondern zugleich auch praktische Ratschläge geben, wie mehr nonverbale Signale und Signalkomplexe, dazu gehören Segnen mit Handauflegung in Taufe und Abendmahl und Gemeindetanz, in den Gottesdienst eingebaut werden können. So wollen wir die praktischen Konsequenzen, die sich aus kinesischer Sicht für den Gottesdienst ergeben, bis in kleinste Einheiten hinein aufzeigen.

Wir wollen Hinweise für die Überwindung nicht nur der Bewegungsarmut, sondern auch der Armut an Sinnlichkeit im Gottesdienst geben, indem wir darauf orientieren, alle Sinnesorgane der GottesdienstteilnehmerInnen anzusprechen. Die Darstellung einer detaillierten Theologie der Sinnlichkeit würde allerdings den Rahmen unserer Arbeit sprengen. Dazu werden wir neben profanen kinesischen und kommunikationswissenschaftlichen Arbeiten die diesbezügliche einschlägige evangelische und auch katholische Literatur heranziehen, weil die Überwindung der Krise des Gottesdienstes und seine Erneuerung nur in ökumenischer Gemeinsamkeit erreicht werden kann. So möchten wir, daß neben der Rhetorik die Kinesik in ihrer ganzen Breite in die Liturgiewissenschaft integriert und die Körpersprache in der gottesdienstlichen Praxis in all ihren Möglichkeiten entfaltet wird.

Abschließend wollen wir eine kurze kritische Würdigung der „Erneuerten Agende" und des „Evangelischen Gesangbuchs" im Hinblick auf die Körpersprache vornehmen.

An dieser Stelle möchte ich Herrn Prof. Dr. R. Volp für sein Geleitwort zu dieser Arbeit, Herrn Prof. Dr. W.G. Kümmel für die Überprüfung des Kapitels „Das Zeugnis der Evangelisten von der Körpersprache Jesu", Herrn Prof. Dr. A. Gerhards für sein Gutachten zur Arbeit, Herrn Studienleiter Pfr. K. Maischner für seine Lektorierung, der Evangelischen Kirche in Hessen und Nassau für ihren Druckkostenzuschuß und meiner Frau für das Schreiben der Arbeit herzlich danken.

Die Arbeit ist nicht nur für PfarrerInnen bestimmt, sondern auch für ihre Mitarbeiterschaft (PraedikantInnen, LektorInnen usw.) und darüber hinaus auch für die Gemeindeglieder, die sich für Körpersprache im Gottesdienst interessieren. Den Kirchenleitungen soll sie Anregungen und Hilfen dafür geben, wie sie die PfarrerInnenaus-, -fort- und -weiterbildung durch die Einbeziehung der Körpersprache erweitern und verbessern können.

Ich möchte mit dieser Arbeit der Reform des Gottesdienstes dienen, den Karl Barth treffend das „Wichtigste, Dringlichste und Herrlichste, was auf Erden geschehen kann", genannt hat.

Frankfurt/Main, im Frühjahr 1995   Helmut Wenz

I. Einführung

1. Verbale und nonverbale Kommunikation im Gottesdienst

Im vorliegenden Buch werden wir uns auf die nonverbale Kommunikation beschränken, die sich im Hauptgottesdienst zwischen Eingangsvotum oder Orgelvorspiel und Schlußsegen oder Orgelnachspiel vollzieht. Gewiß sind auch die nonverbalen Akte der GottesdienstteilnehmerInnen vor und nach dem Gottesdienst, d.h. ihre gegenseitigen Begrüßungen und Verabschiedungen, ihr Handschlag und ihr geselliges Beisammensein nach dem Gottesdienst bedeutungsvoll. Mit Recht wird auch gesagt, daß jeder Gottesdienst in der Kirche Nachwirkungen im „Gottesdienst im Alltag" haben sollte. Doch die Einbeziehung dieser um den eigentlichen Gottesdienst gruppierten Diskurse würde den Rahmen unserer Arbeit sprengen.

Ebenso müssen die besonderen nonverbalen Elemente der Neben- und Kasualgottesdienste, z. B. das Malen im Kindergottesdienst, das Salben mit wohlriechendem Öl beim Segnen im Segnungsgottesdienst, das Überreichen der Ringe an das Brautpaar im Traugottesdienst, das dreimalige Nachwerfen von Erde ins Grab im Beerdigungsgottesdienst und andere ausgespart bleiben.

Der Begriff „Kommunikation" kommt aus den Erfahrungswissenschaften, zu denen insbesondere die Kommunikationswissenschaft seit 1930 und die Verhaltens- und Symbolforschung gehören. Sowohl auf evangelischer, als auch auf katholischer Seite wurde in den letzten Jahrzehnten erkannt, daß Kommunikation auch in der liturgischen Wissenschaft und Praxis einen wichtigen Platz einnehmen sollte.[1]

---

1 Siehe insbesondere: Chr. Grethlein, Abriß der Liturgik, (1989)1991[2]; M. Josuttis, Praxis des Evangeliums zwischen Politik und Religion,(1974)1980[2]; ders., Der Weg in das Leben. Eine Einführung in den Gottesdienst auf verhaltenswissenschaftlicher Grundlage, (1991)1993[3]; Y. Spiegel (Hrsg.), Erinnern - Wiederholen - Durcharbeiten, 1972; J. Stalmann, Tagungsordnungspunkt Gottesdienst, (1989)1994; P. Harnoncourt, Liturgie als kommunikatives Geschehen, in: LJ 25, 1975, 5-25; F. Kohlschein, Symbol und Kommunikation als Schlüsselbegriffe einer Theologie und Theorie der Liturgie, in: LJ 35, 1985, 200 bis 218; A.R. Sequeira, Gottesdienst als menschliche Ausdruckshandlung, in: Gottesdienst der Kirche. Handbuch der Liturgiewissenschaft, Teil 3. Gestalt des Gottesdienstes, 1987, 7-39; ders., Spielende Liturgie. Bewegung neben Wort und Ton im Gottesdienst am Beispiel des Vaterunsers, 1977; R. Volp, Das Kunstwerk als Symbol, 1966, 217-222; ders., Perspektiven der Liturgiewissenschaft, JLH 18, 1973/74, 1-35; - R. Volp hat nicht nur das Wort Kommunikation, sondern auch den Begriff „Semiotik" in die Liturgiewissenschaft eingeführt. Ich werde die semiotischen Aspekte in meiner Arbeit nicht berücksichtigen, sondern mich auf die Besprechung der Körpersprache und nonverbalen Kommunikation im Gottesdienst beschränken.

Die Beschäftigung mit Körpersprache innerhalb und außerhalb des Gottesdienstes gab es natürlich auch schon vor 1930. Nur sprach man statt von „Körpersprache" von „körperlicher Beredtsamkeit". Bereits im 17. Jahrhundert stellte F. Larochfoucauld (1613-1680) fest: „Da ist oft ebensoviel Beredsamkeit im Ton der Stimme, in den Augen und in der ganzen Atmosphäre, die ein Redner um sich verbreitet, wie in der Wahl seiner Worte."[2] Auch in theologischen Kreisen beachtete man die „körperliche Beredsamkeit", die vielfach auch „Gebärdensprache" oder „Gestikulation" genannt wurde. Jedoch stellte schon 1898 H. Allihn in seiner Arbeit „Der mündliche Vortrag und die Gebärdensprache des evangelischen Predigers" fest, daß „die Pastoraltheologie und Homiletiken unserer Tage sich hüten, über Gesten positive Anweisungen zu geben, zumal sie diese Materie nur beiläufig und anhangsweise behandeln können".[3] Die Vernachlässigung der „Gebärdensprache" gab es auch in der Folgezeit bis hinein in die Gegenwart. So stellte M. Josuttis noch 1974 fest, daß in bezug auf die Behandlung der „gestischen, mimetischen und symbolischen Ausdrucksformen ... eine deutliche Lücke in der liturgischen Forschung"[4] besteht. Unsere Arbeit soll diese Lücke in der liturgischen und homiletischen Forschung und zugleich in der gottesdienstlichen Praxis ausfüllen.

Erst in jüngster Zeit beschäftigt man sich in Liturgik und Homiletik intensiver mit Körpersprache und nonverbaler Kommunikation, ohne allerdings die Kinesik und Kommunikationswissenschaft ausreichend zu berücksichtigen.

So nennt der katholische Forscher A.R. Sequeira in seiner Übersicht der von ihm verwendeten Literatur nur die beiden weithin bekannten populärwissenschaftlichen Arbeiten von J. Fast „Körpersprache" und D. Morris, „Der Mensch mit dem wir leben".[5] Wir vermissen bei ihm zumindest die Heranziehung des Standardwerkes von M. Argyle, „Körpersprache & Kommunikation", aber auch der Arbeiten von K. R. Scherer und H.G. Wallbott, „Nonverbale Kommunikation", und anderer kinesischer und kommunikationswissenschaftlicher Literatur für seine Untersuchungen.[6] Ferner hat F. Kohlschein in der katholischen Zeitschrift „Gottes-

2 M. Weller, Das Buch der Redekunst. Die Macht des gesprochenen Wortes in Wirtschaft, Technik und Politik, 1978[14], 48.

3 H. Allihn, Der *mündliche* Vortrag und die Gebärdensprache des evangelischen Predigers, 1898, 337.

4 M. Josuttis, Praxis...a.a.O.165. In analoger Weise äußert sich H.-J. Albrecht: „Wer jedoch in der homiletischen Literatur nach Hinweisen und Überlegungen zum körperlichen Verhalten des Pfarrers im Gottesdienst sucht, wird wenig finden", siehe: H.-J. Albrecht, Bauchschmerzen im Talar. Auch ein Beitrag zur Homiletik, in: ZGP 2.Jg., 4/1984(Juli/Aug. 1984), 8-10,8.

5 A.R. Sequeira, Gottesdienst als...a.a.O.10ff.; J. Fast, Körpersprache, rororo 7244, 1983[4]; D. Morris, Der Mensch mit dem wir leben. Ein Handbuch unseres Verhaltens, 1982.

6 M. Argyle, Körpersprache & Kommunikation, 1989[5]; K.R. Scherer und H.G. Wallbott (Hrsg.), Nonverbale Kommunikation: Ausgewählte Forschungsberichte zum Interaktionsverhalten, 1984[2].

dienst" eine kleine Serie über die Bedeutung der „Körpersprache in der Feier des Gottesdienstes" verfaßt.[7] An kinesischer Literatur nennt er nur die Arbeit „Körpersprache" von S. Molcho, Professor an der Hochschule für Musik und darstellende Kunst am Max-Reinhardt-Seminar in Wien und bekannter Pantomime, über die er schreibt: „Seine (die Ergebnisse von S. Molcho) werden weithin übernommen."[8] Wir meinen, daß die Berücksichtigung nur dieser einen Arbeit für die Darstellung der Körpersprache im Gottesdienst unzureichend ist. Auch die katholische Theologin Birgit Jeggle-Merz untersucht ihr Thema, „Bewegung (im Gottesdienst) als lebendiger Ausdruck des Glaubens"[9], auf zu schmaler Forschungsgrundlage.

Auf evangelischer Seite sind vor allem die Arbeiten von M. Josuttis zu nennen. In seiner „Praxis des Evangeliums zwischen Politik und Religion" (1974) hat er über „Kommunikationselemente" wie „Gesten", „Bewegungen" und „Berührungen" referiert und in „Der Weg in das Leben. Eine Einführung in den Gottesdienst auf verhaltenswissenschaftlicher Grundlage" (1991)[11] über „das Gehen, Sitzen, Sehen, Singen, Hören, Essen" im Gottesdienst. Die ausgewiesene kinesische Literatur erwies sich mit K. R. Scherer[10] und A. R. Sequeira ebenfalls als unzureichend. Ferner vermissen wir bei ihm eine eingehende Erörterung des Fühlens und Riechens, da er nur dem Sehen, Hören und Schmecken besondere Kapitel gewidmet hat. In der „Kleinen Predigtlehre" (1984) von F. Mildenberger tauchen schon die modernen Ausdrücke „Körpersprache" und „Nonverbale Kommunikation" auf.[12] Für ihn geht es bei der Untersuchung der Körpersprache beim Predigen „um die Frage nach Mimik und Gestikulation". Es fehlen also in seinen Ausführungen vor allem Aussagen über Körperhaltung und Stimmtonlage. Letztere sollten jedoch in einer Besprechung der Körpersprache der PredigerInnen nicht fehlen. Chr. Grethlein hat in seinem „Abriß der Liturgik" ausführlicher die einzelnen „Gebärden" im Gottesdienst behandelt.[13] Auch er stützt sich im wesentlichen nur auf die Aussagen von A. R. Sequeira und läßt eine umfassende Kenntnis des Forschungsstandes der modernen Kinesik- und Kommunikationswissenschaft vermissen. Darüber hinaus vernachlässigt er die Mimik der Gottesdienstteilnehmer[14] in seinen Ausführungen. Gerade die Mimik ist ein so wichtiges Gebiet der Körpersprache, daß sie in einer Besprechung der „Körpersprache im Gottesdienst" ausführlicher behandelt werden sollte. Dagegen hat Chr. Grethlein wie schon A.R. Sequeira ausführlicher über die Rolle

---

7 F. Kohlschein, Mit allen Sinnen. Liturgie als „Körpersprache", 1-6, in: Gottesdienst, 22.Jahr, 2-8/1988.

8 ders., Liturgie als...(1), in: Gottesdienst, a. a. O. 2/1988, 10; S. Molcho, Körpersprache, 1983[5].

9 Birgit Jeggle-Merz, Bewegung als lebendiger Ausdruck des Glaubens, in: Volk Gottes auf dem Weg. Bewegungselemente im Gottesdienst, hrsg. von W. Meurer, 1989, 52-61.

10 M. Josuttis, Praxis...a.a.O.165; K.R. Scherer, Nonverbale Kommunikation. Ansatze zur Beobachtung und Analyse der außersprachlichen Aspekte von Interaktionsverhalten, 1970.

11 ders., Der Weg...a.a.O.121 und 132.

12 F. Mildenberger, Kleine Predigtlehre, 1984, 152.

13 Chr. Grethlein, Abriß...a.a.O.32ff.

14 Nur eine einzige Bemerkung über mimische Bewegungen bringt er in seinem Abschnitt „Gebärden mit einem Körperteil", indem er vom „Erheben und Schließen der Augen" schreibt, ebd. 32.

aller Sinne der Gottesdienstteilnehmer im Gottesdienst geschrieben, was so in früheren Darstellungen der Liturgik nicht geschah. D. Stollberg hat die Körpersprache im Gottesdienst in einem Aufsatz behandelt, wobei er von kinesischer Literatur auch nur Arbeiten von A.R. Sequeira und P. Antes angeführt hat.[15] H.E. Thomé hat in seiner Arbeit „Gottesdienst frei Haus?" die Körpersprache im Gottesdienst unter Rückgriff auf Arbeiten von R. Sequeira, K. R. Scherer und anderen dargestellt, jedoch die grundlegende Arbeit von M. Argyle nicht verwendet. Analoges gilt für die „Liturgik" von R. Volp.[16]

Wir unterscheiden grundsätzlich zwei Arten von Kommunikation im Gottesdienst: die verbale und die nonverbale. Dagegen unterscheidet A.R. Sequeira folgende drei Arten von Kommunikation: verbale, klangliche und bewegungsmäßige „Ausdrucksformen" oder „Grunddimensionen".[17] Zu den klanglichen Ausdrucksformen rechnet er einfache Naturlaute, Geräusche, menschliche Stimme und Instrumentalmusik. Diese Einteilung in drei Arten von Kommunikation wurde auch von Birgit Jeggle-Merz und Chr. Grethlein übernommen. Wir wollen jedoch bei der Einteilung der Kommunikation in die beiden Arten verbale und nonverbale Kommunikation bleiben. Die klanglichen Ausdrucksformen, die A. R. Sequeira gesondert aufführt, nennen wir mit M. Argyle „nonverbale Vokalisierungen"[18], rechnen sie also zur nonverbalen Kommunikation. Die Einteilung in nur zwei Arten von Kommunikation ist einfacher und übersichtlicher, denn nach ihr gilt der Grundsatz: Alles, was nicht verbales Signal, d.h. gesprochenes Wort ist, ist nonverbales Signal.

Zu den wichtigsten Elementen der verbalen Kommunikation gehören die Predigt, die Lesungen, die Gebete, der Gesang, die Responsorien, die verbalen Akklamationen, die Abkündigungen und anderes. Bei der Gliederung der nonverbalen Kommunikation unterscheiden wir in Anlehnung an M. Argyle und K. R. Scherer nonverbale nonvokale und nonverbale vokale Signale.[19] Daraus ergibt sich folgende Gliederung der nonverbalen Signale in unserer Arbeit: nonverbale nonvokale und nonverbale vokale Signale.

Zu den nonverbalen nonvokalen Signalen gehören: Signale des Gesichtsausdrucks (Mimik), des Blicks, der Gesten und Körperbewegungen (Gestik), der Körperhaltung, des Körperkontakts oder der Körperberührung (Tastsignale), des räumlichen Verhaltens und der Kleidung, des Körper-

---

15 D. Stollberg, Rechtfertigung des Körpers. Zur Körpersprache im Gottesdienst - eine Einführung, in: ZGP, 3.Jg., 1/1985 (Jan./Febr. 1985), 26-30, vgl. auch ders., Liturgische Praxis. Kleines evangelisches Zeremoniale, (1993)1994; A.R. Sequeira, Spielende...a.a.O.; P. Antes, Islam - Religion, Kultur, Politik, in: Funkkolleg Religion, Studienbegleitbrief 4, 1983, 11-56,15-20.

16 H.E. Thomé, Gottesdienst frei Haus? Fernsehübertragungen von Gottesdiensten, 1991; R. Volp, LITURGIK. Die Kunst, Gott zu feiern. Band 1: Einführung und Geschichte, 1992; Band 2: Theorien und Gestaltung, 1994.

17 A.R. Sequeira, Gottesdienst als...a.a.O.15f.

18 M. Argyle, Körpersprache...a.a.O.325-336.

19 Ebd. 6ff.; K.R. Scherer, Nonverbale Kommunikation, in: Die Psychologie des 20. Jahrhunderts, hrsg. von A. Heigl-Evers, 1979, 358-365.

baus und anderer Aspekte der äußeren Erscheinung sowie Geruchs- und Geschmackssignale. Neben den einzelnen nonverbalen Signalen nennen wir noch besondere Signalkomplexe, und zwar Tanz und Verkündigungsspiel, die verschiedene mimische, gestische Elemente und andere Signale enthalten.

Die verbale und die nonverbale Kommunikation vollziehen sich im Gottesdienst auf zwei Ebenen: auf der vertikalen und der horizontalen Ebene. Auf der vertikalen Ebene gibt es die Kommunikation zwischen Gott und den GottesdienstteilnehmerInnen. Auf der horizontalen Ebene geschieht Kommunikation zwischen den GottesdienstteilnehmerInnen und zwar einerseits zwischen PredigerInnen, LiturgInnen und ihrer Mitarbeiterschaft auf der einen und der gottesdienstlichen Gemeinde auf der anderen Seite und andererseits Kommunikation der einzelnen Gottesdienstteilnehmer untereinander, z.B. wenn sie beim Friedensgruß zueinander Worte sagen und sich die Hand reichen. Die vertikale Kommunikation ist nach P. Harnoncourt ein hintergründiges und die horizontale Kommunikation ein vordergründiges Geschehen.[20] Das hintergründige Geschehen kommt „in und durch" das vordergründige Geschehen „ins Spiel und auch zur Erscheinung". Harnoncourt expliziert das Ineinandergreifen von hintergründigem und vordergründigem Geschehen an den wichtigen verbalen Elementen: Lesung, Gebet und Gesang. Dieses Ineinandergreifen zeigen wir an folgenden nonverbalen Elementen der Liturgie auf: Segnen und Austeilen von Brot und Wein in der Abendmahlsfeier.

Wenn LiturgInnen ihre Arme zum Abschlußsegen des Gottesdienstes erheben und das Kreuz schlagen, dann handeln auf der vordergründigen Ebene die LiturgInnen und zugleich auf der hintergründigen Ebene der dreieinige Gott, der in dem und durch das Handeln der LiturgInnen der Gemeinde seinen Segen spendet. Die LiturgInnen sind zunächst wie alle anderen GottesdienstteilnehmerInnen EmpfängerInnen des Segens Gottes und können dann erst als SpenderInnen den Segen Gottes durch ihr Handeln an die Gemeinde weitergeben. An der Art, wie die LiturgInnen die Segensgesten ausführen, d.h. hastig oder ruhig und ehrfürchtig, kommt zum Ausdruck, ob und wie sie von dem Segen Gottes berührt und betroffen worden sind. Analoges gilt für die GottesdienstteilnehmerInnen, die im Friedensgruß den empfangenen Segen Gottes durch Wort und Handschlag an ihren Nachbarn in der Bank- oder Stuhlreihe oder im Kreis um den Altar weitergeben.

Analoges ereignet sich bei der Austeilung der Abendmahlselemente in der Feier am Altar. Wenn die LiturgInnen den AbendmahlsteilnehmerInnen Brot und Wein reichen, dann schenkt der in der Feier gegenwärtige Christus in dem und durch das Tun der LiturgInnen den Kommuni-

---

20 P. Harnoncourt, Liturgie als...a.a.O.22ff.

zierenden seinen Leib und sein Blut. An der Art, wie sie Brot und Wein austeilen, d.h. hastig oder ruhig und ehrfürchtig, kommt zum Ausdruck, ob und wie sie von der Gegenwart des sich in Brot und Wein schenkenden Herrn berührt und betroffen sind. Gleiches gilt für die AbendmahlsteilnehmerInnen, die das empfangene Brot und den empfangenen Wein an die NachbarInnen in der Bank- oder Stuhlreihe oder im Kreis um den Altar weitergeben. Wie die LiturgInnen sind sie beim Weitergeben von Brot und Wein an den Nachbarn EmpfängerInnen und SpenderInnen zugleich. Damit mehr nonverbale Kommunikation in der Feier geschieht und zwar nicht nur zwischen den LiturgInnen und der Abendmahlsgemeinde, sondern auch zwischen den AbendmahlsteilnehmerInnen, ist es wichtig, daß diese nicht nur Brot und Wein empfangen, sondern auch weitergeben.

Auch beim Gemeindegesang gibt es nonverbale Kommunikation auf beiden Ebenen. Er besteht aus mehreren Elementen, d.h. aus dem verbalen Element in Gestalt des Liedtextes und den nonverbalen Elementen in Gestalt der Melodie des Liedes und des Klangs, der Lautstärke und anderer Aspekte der Stimme der GottesdienstteilnehmerInnen. Einmal drücken die Gemeindeglieder mit dem Klang, der Lautstärke und anderen Aspekten ihrer Stimme ihren Glauben, ihre Liebe usw. Gott gegenüber aus, kommunizieren also mit ihm beim Singen auf der vertikalen Ebene. Zugleich appellieren sie auch mit dem Klang, der Lautstärke und anderen Aspekten ihrer Stimme an ihre NachbarInnen auf der Bank- oder Stuhlreihe, in den Gemeindegesang einzustimmen. Indem sie mit ihnen und mit den LiturgInnen die Gesangbuchlieder singen, kommunizieren sie miteinander auf der horizontalen Ebene. So fordern sie z.B. beim Singen des Liedes von Martin Luther: „Nun freut euch, lieben Christen g'mein, und laßt uns fröhlich springen, daß wir getrost und all in ein mit Lust und Liebe singen..." (EG 341) einander nicht nur mit Worten, sondern auch mit dem fröhlichen Klang ihrer Stimme dazu auf, „mit Lust und Liebe" zu singen. Die singenden Gemeindeglieder sind somit zugleich SenderInnen und EmpfängerInnen auf der vertikalen und auf der horizontalen Ebene.

2. Die Besonderheiten der Körpersprache

Die Körpersprache, d.h. die Sprache des Gesichts, der Hände und anderer Glieder und Teile des Körpers, ist Primärsprache, die gesprochene Sprache dagegen Sekundärsprache. Das besagt, daß am Beginn der Entwicklung des Menschen körperliche Gesten oder Gebärden und „unartikulierte Urlaute ..."[1] standen, aus denen heraus sich die gesprochene Sprache des

---

1 G. Ammelburg, Handbuch der Gesprächsführung, 1974, 1f.

Menschen entwickelte. Schon allein aus diesen Tatsachen ergibt sich die besondere Bedeutung der Körpersprache.

Die Entwicklung des Menschen in der Urzeit können wir heute noch an der Entwicklung eines Säuglings beobachten.[2] Das lateinische Wort für Kind heißt infans, was im ethymologischen Sinn „das noch nicht Sprechende" bedeutet. Vor Beginn des Zeitalters der Psychologie des Kindes nahm man an, daß das Kind durch das Fehlen der verbalen Sprache keine Vorstellungen und Gedanken und kein Urteilsvermögen habe und darüber hinaus auch keinerlei Gemütsbewegungen empfinde. Deshalb stattete man es traditionell mit den Eigenschaften der Arglosigkeit, Reinheit und Unschuld aus. Man meinte, daß das Kind, da es ja nichts spreche, auch tatsächlich nichts zu sagen habe. Deshalb achtete außer den Müttern niemand auf die unverständlichen Bewegungen und das Wimmern oder Schreien der Säuglinge. Heute dagegen wissen wir, daß Neugeborene von ihrer Geburt an eine Fülle verschiedenartigster Empfindungen (Unbehagen, Vergnügen, Neugier, Überraschung, Verwirrung und andere) erleben, die sie durch mehr oder weniger feine mimische Bewegungen ausdrücken. Während seines ersten Lebensjahres teilt sich das Kind seiner Umgebung aber nicht nur durch Mimik, sondern auch durch Gesten, Bewegungen, Haltungen und Geräusche, also durch mannigfaltige nonverbale Signale, mit. Zugleich erfaßt es genauestens die nonverbalen Signale seiner Umgebung und beantwortet sie auf körpersprachliche Weise. Es führt insbesondere mit seiner Mutter einen Dialog, auch wenn es sich noch nicht mit Worten verständigen kann, sondern nur die Mutter zu ihm mit Worten spricht.

Als in der späteren Entwicklung des Menschen zur Körpersprache die verbale Sprache hinzutrat, wurde dadurch seine Körpersprache nicht überflüssig. Denn die Fähigkeit und der Drang zu mimischen, gestischen und anderen körperlichen Bewegungen und Lauten sind dem Menschen angeboren und bleiben ihm deshalb erhalten. Leider hat bei vielen Menschen eine falsche Erziehung eine Blockade geschaffen, die eine freie, natürliche Entfaltung der Gestikulation verhindert.[3] Durch eine bessere Erziehung und bestimmte Übungen kann diese Blockierung aufgelöst werden, so daß sie wieder frei gestikulieren können. Das gilt für alle RednerInnen, also gleichermaßen für PredigerInnen. Denn auch die Predigt ist eine „Rede".[4] Deshalb sollten in der Ausbildung von kirchlichen RednerInnen in homiletischen Seminaren und Kursen Übungen zur Lockerung und Auflösung von Blockaden ebenso durchgeführt werden, wie es in der Ausbildung von weltlichen RednerInnen in Rhetorik- und Kinesikseminaren und -kursen geschieht.

---

2 Die Entwicklung des Säuglings hat Claude Bonnafont in ihrer Arbeit: Körpersprache, 1983[5], 160ff. (französische Ausgabe: Les silencieux messages du corps, 1977, übersetzt von D. Contzen, 1979) in eindrucksvoller Weise beschrieben.

3 M. Rüdenauer, Die Kunst der freien Rede - Führungskräfte sprechen sicher und überzeugend, 1980[3], 104f.

4 G. Otto, Predigt als Rede, 1976.

Eine andere wichtige Besonderheit der Körpersprache besteht darin, daß mittels ihrer der Mensch vor allem seine Gefühle signalisiert. Das gilt insbesondere für die Übermittlung von negativen Gefühlen. Positive Gefühle wie Freundlichkeit, Zärtlichkeit, Zuneigung, Wohlwollen, Liebe und andere kann der Mensch auch durch Worte vermitteln. Aber die negativen Gefühle wie Feindschaft, Rachsucht, Eifersucht, Aggressivität und andere bringt er in spontaner und meist unkontrollierter Weise vorwiegend durch Körpersprache zum Ausdruck. Zugleich haben seine körpersprachlichen Äußerungen eine größere emotionale Intensität als seine Worte. Insofern ist die „stumme Sprache" der nonverbalen Signale gegenüber der lauten Sprache der verbalen Signale der wichtigere Aspekt einer Interaktion von Menschen. Eine lebhafte nonverbale Kommunikation zwischen Menschen trägt entscheidend zur Intensität und Farbigkeit eines Gesprächs bei. Die eigenartig unmenschliche Wirkung von sprechenden Robotern in Science-fiction-Filmen entsteht nicht nur durch das, was sie sagen, sondern vor allem durch die Art und Weise, wie sie es sagen, nämlich ohne Mimik, Gestik, andere Körperbewegungen und ohne Modulation der Stimme. Deshalb wirken PredigerInnen und LiturgInnen um so menschlicher auf die Gemeinde, je lebhafter und ausgeprägter ihre Körpersprache ist. Das soll freilich nicht heißen, daß sie eine übersteigerte Körpersprache einsetzen sollten. Denn mit einer solchen können sie exaltiert wirken, was viele Gemeindeglieder wiederum abstoßen kann.

Menschen drücken ihre Gefühle nicht nur in bevorzugter Weise körpersprachlich aus, sondern wecken auch mit körpersprachlichen Signalen die Gefühle anderer und können deren Reaktionen steuern.[5] Wenn PredigerInnen und LiturgInnen nicht nur mit Worten, sondern zugleich auch mit ihrem Körper sprechen, erreichen sie nicht nur das Denken, sondern auch das Fühlen der GottesdienstteilnehmerInnen. So kann der bewußte Einsatz der Körpersprache helfen, ein rationalistisches Gepräge eines Gottesdienstes zu überwinden und die Emotionalität des gottesdienstlichen Geschehens zu verstärken. Körpersprache erreicht auch nicht nur das Bewußte, sondern auch das Unbewußte der GottesdienstteilnehmerInnen. Sie ist „unmittelbarer Ausdruck des Unbewußten und enthüllt dessen dunkle und verwickelte Geheimnisse deutlicher, als Worte es vermögen"[6].

Wenn Worte versagen, helfen oft körpersprachliche Ausdrucksweisen weiter. So kann ein gütiger Blick, eine ergreifende Geste, eine zärtliche Berührung oder aber eine abwehrende Gebärde und ein schroffer Tonfall mehr bedeuten und bewirken als viele Worte.

---

5 O. Schober, Körpersprache. Schlüssel zum Verhalten, 1989, 115.
6 Claude Bonnafont, Körpersprache...a.a.O.44.

Durch nonverbale Signale erhalten verbale Aussagen vielfach erst ihre gewünschte Bedeutung und Aussagekraft. Manche verbale Aussagen blieben mehrdeutig oder gar sinnlos, wenn sie nicht von nonverbalen Signalen begleitet würden. So unterstreichen ein wechselnder Gesichtsausdruck, bestimmte Gesten und Körperhaltungen, ein entsprechender Tonfall und eine bestimmte Lautstärke die Bedeutung einer verbalen Aussage. Das gilt im Gottesdienst nicht nur für die Predigt, sondern auch für die Lesungen und die anderen verbalen Aussagen.[7]

Eine weitere Besonderheit der körpersprachlichen Signale liegt darin, daß sie anzeigen, wann eine Rede zu Ende ist. Wollten wir die synchronisierenden nonverbalen Signale durch zusätzliche Worte wie „Punkt" oder „Ende der Mitteilung" ersetzen, so würde das zuviel Zeit in Anspruch nehmen. Die Synchronisierung einer Rede oder Predigt läßt sich nonverbal einfacher und schneller regeln als durch Worte, so z.B. durch Kopfnicken oder -schütteln, Vorbeugen oder Zurücklehnen des Körpers oder Senken oder Erheben des Tonfalls. Nonverbale Signale der GottesdienstteilnehmerInnen ermöglichen den PredigerInnen, die Wirkung ihrer Aussagen unmittelbar zu beobachten und wiederum darauf zu reagieren. Sie sollten sich also während ihres Sprechens auf der Kanzel bewußt machen, welche nonverbalen Signale sie ständig senden und empfangen, und auf die empfangenen Signale reagieren, um von der Gemeinde verstanden zu werden.

Körpersprachliche Signale werden auch in Bereichen verwendet, in denen man sich besser auf nonverbale als auf verbale Weise verständigen kann. So können insbesondere Formen leicht mit Zeichnungen oder Handbewegungen nonverbal beschrieben werden, so daß Wörter hierbei nicht nötig sind.[8] Deshalb sollten sich die PredigerInnen nicht scheuen, bei der Beschreibung von Formen entsprechende Hand- und Armbewegungen auf der Kanzel auszuführen.

Da die nonverbalen Signale von den SignalgeberInnen weniger gut als die verbalen Signale kontrolliert werden können, auch weil sie teils unbewußt gesendet werden, werden sie im allgemeinen für echter und wahrheitsgemäßer als die verbalen Signale gehalten. Über heikle und tabubeladene Themen sprechen die Menschen meist nur kontrolliert und gebrauchen in kniffligen Situationen oft Notlügen. Ein bekannter Satz im Alltag lautet: „Der Körper lügt nicht." Allerdings hat dieser Satz keine uneingeschränkte Gültigkeit. Wir können vor allem unseren Gesichtsausdruck gut kontrollieren. Besonders in Ländern mit starken gesellschaftlichen Konventionen wie England und Japan zeigen die Menschen ein stets

---

7 Chr. Grethlein, Abriß...a.a.O.249; Birgit Jeggle-Merz, Bewegung als...a.a.O.57.
8 M. Argyle, Körpersprache...a.a.O.341.

freundliches Gesicht. Aber auch in unseren Breitengraden können sich die Menschen insoweit beherrschen, als sie ihre wahren Gefühle meist nicht im Gesichtsausdruck zeigen. Auch unseren Tonfall können wir gut kontrollieren. In der Kinesik gilt allgemein der Grundsatz: je weiter ein Glied des Körpers vom Kopf entfernt ist, desto schwerer ist das Signal von dem, der es aussendet, zu kontrollieren. Insbesondere entgleiten unsere Bein- und Fußsignale leicht unserer bewußten Kontrolle. Das ist wahrscheinlich so zu erklären, daß wir uns zu sehr auf unser Gesicht konzentrieren und so den vom Gesicht entfernten Körperteilen weniger Bedeutung beimessen.[9] Da der Talar mit Ausnahme von Gesicht, Händen und Füßen den ganzen Körper verdeckt, sind unkontrollierte Signale, die von anderen Gliedern und Teilen des Körpers ausgesandt werden, von der gottesdienstlichen Gemeinde kaum wahrzunehmen.

Im Unterschied zur verbalen Sprache kann die Körpersprache Sprachbarrieren überwinden, die zwischen den einzelnen GottesdienstteilnehmerInnen und -gruppen bestehen. Barrieren zwischen unterschiedlichen sozialen Schichten manifestieren sich besonders im Gebrauch der Sprache und im Wortschatz.[10] Die körpersprachlichen Signale dagegen sind bei allen Menschen gleich bzw. ähnlich. Deshalb gelingt es durch die nonverbale Kommunikation bedeutend leichter, Barrieren zwischen unterschiedlichen sozialen Schichten und Gruppen und den verschiedenen Generationen abzubauen oder zu überwinden. Das ist sowohl für die Predigt als auch für die Liturgie von Bedeutung.

Die liturgischen Vollzüge (Segnen, Brotbrechen etc.) enthalten wesentlich mehr nonverbale Elemente als die Predigt und sind deshalb besonders geeignet, Gemeinschaft über soziale und Generationsgrenzen hinweg zu schaffen.

Die große Bedeutung des Körpers und der Körpersprache kommt auch darin zum Ausdruck, daß in vielen bekannten Redewendungen von Gliedern oder Teilen des Körpers die Rede ist, vgl. „ein Brett vorm Kopf haben", „das geht mir an die Nieren", „es fällt mir ein Stein vom Herzen", „das schlägt mir auf den Magen" und andere Ausdrücke.

Um mögliche Mißverständnisse von vornherein auszuschließen, wollen wir schon an dieser Stelle unserer Arbeit betonen, daß die Forderung nach regelrechter Aus-, Fort- und Weiterbildung insbesondere der PfarrerInnen, PfarramtskandidatInnen, LektorInnen, aber auch anderer im Gottesdienst Mitwirkender in der Körpersprache nicht bedeuten soll, daß man sich Gesten und andere körpersprachliche Signale einfach antrainieren soll. Das Aufpfropfen eines bestimmten körpersprachlichen Verhaltens würde nur

9 H. Rückle, Körpersprache für Manager. Signale des Körpers erkennen und erfolgreich umsetzen, 1985³, 383.
10 H. Albrecht, Christus hinter Sprachbarrieren, 1974, 46.

unnatürlich wirken. Es kann vielmehr zunächst nur darum gehen, die im Gottesdienst Mitwirkenden für die Reaktionen des eigenen Körpers und für die körpersprachlichen Signale ihrer Mitmenschen zu sensibilisieren. Praktische Übungen in Kinesik helfen darüber hinaus, das theoretisch Erkannte anzuwenden und Angst und Verkrampfung der im Gottesdienst Handelnden abzubauen.

Haben die PfarrerInnen bzw. andere im Gottesdienst Mitwirkende erst einmal ihre Körpersprache entdeckt, werden sie sie - begeistert von ihrer Vielfalt und Ausdrucksstärke - pflegen und im Dienst auf der Kanzel, am Altar, am Lesepult etc. bewußt einsetzen können. Je breiter das Spektrum der ihnen zur Verfügung stehenden körpersprachlichen Möglichkeiten sein wird, um so besser werden sie in der Lage sein, ihrerseits Signale der GottesdienstteilnehmerInnen wahrzunehmen, zu deuten und auf sie einzugehen.

In einem Punkt empfiehlt sich jedoch sogar ein regelrechtes Training: Unkontrollierte nonverbale Signale, wie z. B. dauerndes Neigen des Kopfes beim Reden, übertriebene Grimassen, eine geballte Faust oder ein erhobener Zeigefinger etc., sollte man sich - sofern sie unbeabsichtigte Wirkungen zeitigen - auf diese Weise abgewöhnen.[11]

---

11 H. Thielicke, Auf dem Weg zur Kanzel. Sendschreiben an junge Theologen und ihre älteren Freunde, 1983, 151; siehe auch: Ch.H. Spurgeon, Ratschläge für Prediger. 21 Vorlesungen, R. Brockhaus Taschenbücher. Reihe: Biblische Studien- und Zeitfragen Nr.6/7, 1962,210.

II. Die Predigt als Dialog und Mehrbahnkommunikation

Seit dem Ende der 60er und dem Anfang der 70er Jahre wurde die Predigt vielfach mehr oder weniger heftig kritisiert. Es wurde behauptet, die Predigt sei monologisch und autoritär, bewirke keine Verhaltensänderungen bei der Gemeinde und sei deshalb für die Verkündigung des Evangeliums in der Gegenwart weitgehend ungeeignet.[1] K.W. Dahm, der die damalige Kritik an der Predigt zusammenfassend vortrug, schrieb: „Die Kommunikationsrichtung (im Predigtgeschehen) ist einseitig, d.h. es besteht kein Rollentausch zwischen Aussagenden und Empfangenden (Gegensatz: Dialog, Gruppengespräch)."[2] Daraus ergab sich für ihn die Frage, „wie wir aus der Einbahnstraße vom Prediger zum Hörer herauskommen" können. „Denn die Einbahnstraße, die zum gegenwärtigen Zeitpunkt zweifellos noch wichtige Funktionen wahrzunehmen vermag, könnte nach allem, was wir über die voraussichtliche gesellschaftliche Entwicklung wissen, in absehbarer Zeit zur Sackgasse werden." Das Mittel, um aus der „Einbahnstraße" von PredigerInnen zu HörerInnen herauszukommen, war für ihn die Bildung von „Kleingruppen". Die Voraussagen von K. W. Dahm haben sich jedoch bis zum heutigen Tag insofern nicht erfüllt, als die Predigt nicht zur „Sackgasse" geworden ist. Umfragen haben ergeben, daß die Mehrheit der KirchgängerInnen die Predigt meistens positiv beurteilt. Wenn offensichtlich nur eine Minderheit unzufrieden ist, so weist das „bestimmt nicht auf allgemeine Predigtabneigung hin"[3]. Es wurden zwar in manchen Gemeinden Kleingruppen gebildet, die nach dem Gottesdienst die Predigt oder auch den ganzen Gottesdienst diskutierten. Aber diese erfreuten sich nicht wachsenden Zuspruchs. Vielmehr ist es nach wie vor in der Regel nur eine kleine Schar von Gemeindegliedern, die nach dem Gottesdienst in der Kirche zur Aussprache zurückbleibt.

Wenn H.-D. Bastian einmal schreibt: „Ein mehr oder weniger gelungener Monolog verläßt die Sakristei, das Wort Gottes besteigt die Kanzel"[4], so nennt H. van der Geest diese Redeweise mit Recht „bösartig,

---

1 H.W. Dannowski, Kompendium der Predigtlehre, 1985, 30.
2 K.W. Dahm, Beruf: Pfarrer. Empirische Aspekte, 1971, 222ff.
3 O. Schreuder, Die schweigende Mehrheit, in: Concilium, 14/1978, 18ff.,18. In gleicher Weise äußert sich: H. van der Geest, Du hast mich angesprochen. Die Wirkung von Gottesdienst und Predigt, 1983², 112.
4 H.-D. Bastian, Verfremdung und Verkündigung. Theol. Existenz heute, NF Nr. 127, 1965, 63

falsch, aber ulkig und nicht ganz unverständlich"[5]. K. W. Dahm zeichnet mit diesen Worten geradezu eine Karikatur des Geschehens auf der Kanzel. Die PredigerInnen sind nicht mit einem Tonband oder einer Schallplatte zu vergleichen, die in monologischer Weise nur Worte, aber keine mimischen und gestischen Signale aussenden können. Vielmehr ist jede Predigt „ein schöpferischer Akt und bleibt davor bewahrt, zur ‚Schallplatte' zu werden"[6]. Ferner schreibt H.-D. Bastian: „Da (im Predigtgeschehen) geht die Information nur von oben nach unten, ein ‚feedback' kommt nicht zustande. Es gibt keine organisierte Kommunikationsform in der evangelischen Kirche 1967, in der der Nichttheologe aufgefordert wäre, mehr zu haben als Ohren. Darum reagiert er ja auch auf den Kirchentagen so explosiv, weil er dort an einigen Stellen ... institutionell legitimiert ist, von seinem Mund Gebrauch zu machen."[7] Dazu haben wir zu bemerken: Es kommt im Predigtteil des Gottesdienstes zwar kein verbales, wohl aber ein nonverbales Feedback zustande, indem die GottesdienstteilnehmerInnen mimische, körperhaltungsmäßige und andere Signale nach oben zur Kanzel senden.[8] So können die GottesdienstteilnehmerInnen beim Hören der Predigt doch „mehr haben als Ohren", nämlich vor allem ein Gesicht, mit dem sie mimische Signale aussenden können. Auf den Kirchentagen ist die/der Nichttheologe/in nicht nur an den Stellen zu finden, an denen sie/er „institutionell legitimiert ist, von seinem (ihrem) Mund Gebrauch zu machen", d.h. in den Diskussionsveranstaltungen, sondern auch in den gut besuchten Gottesdiensten, in denen sie/er zwar während der Predigt schweigt, aber doch körperliche Signale aussendet. Ferner liefern die PredigerInnen der Gemeinde nicht nur bloße „Informationen", sondern mehr als diese. Dazu schreibt H. van der Geest: „So stellt H.-D. Bastian die fast totale Wirkungslosigkeit der Predigt fest. Er betrachtet sie aber unter der Perspektive der Informationsübertragung. Da liegt der Irrtum...Das Wesentliche der Predigt liegt tiefer als Information, sie will zu Begegnung und Vertrauen führen."[9]

5 H. van der Geest, Du hast...a.a.O.108, Anm. 32.
6 H. Langhoff, Predigt als Monolog und Dialog, in: H. Zeddies (Hrsg.), Immer noch Predigt? Theologische Beiträge zur Predigt im Gottesdienst (Im Auftrag der Kommission für Theologie des Bundes der Evangelischen Kirchen in der DDR), 1975, 86; siehe auch: W. Neidhardt, H. Ott, Krone der Schöpfung? Humanwissenschaft und Theologie, Maßstäbe des Menschlichen, Band 10, 1977, 165.
7 H.-D. Bastian, Homiletik und Informationstheorie, in: Predigtstudien, Beiheft I, 1968, 49 bis 53,53.
8 J. Rothermundt drückt den gleichen Sachverhalt mit folgenden Worten aus: „Die Hörer senden nonverbale optische und akustische Signale aus, die der Redner, der Auge in Auge spricht, teils bewußt, teils unbewußt aufnimmt und in seiner Rede verarbeitet.", siehe: ders., Predigt als freie Rede. Erinnerung an ein verdrängtes Problem, in: WPKG 68/1979, 68-85,77.
9 H. van der Geest, Du hast...a.a.O.85.

Auch Chr. Möller wendet sich gegen die Behauptung von K.W. Dahm, H.-D. Bastian und anderen praktischen Theologen, die Predigt sei „Einbahnkommunikation", indem er schreibt: „Geht man solchen Fragen nach, reicht das kommunikationstheoretische Modell von Sender, Kanal und Empfänger nicht mehr aus, weil es bei der Predigt als hörender Rede um einen viel komplexeren Vorgang geht, als daß man ihn auf die Gestalt einer Einbahnkommunikation reduzieren könnte."[10] Er analysiert aber nicht im einzelnen den „komplexeren Vorgang" der Predigt, was wir deshalb im folgenden tun wollen.

Die Kommunikation zwischen PredigerInnen und Gemeinde vollzieht sich im Gottesdienst in der Kirche sowohl auf der verbalen Bahn als auch auf mehreren nonverbalen Bahnen. Insofern ist die Predigt nicht Einbahn-, sondern Mehrbahnkommunikation. Auf der verbalen Bahn geschieht in der Regel nur ein Monolog, indem nur die PredigerInnen sprechen, die GottesdienstteilnehmerInnen dagegen schweigend zuhören. Auf den nonverbalen Bahnen dagegen entspinnt sich ein Dialog, indem die PredigerInnen mimische, körperhaltungsmäßige und andere nonverbale Signale senden und zugleich solche von den GottesdienstteilnehmerInnen empfangen. Insofern ist die Predigt in ihrer Gesamtheit nicht Monolog, sondern Dialog. Anders gesagt: die PredigerInnen können während ihres Predigens von den GottesdienstteilnehmerInnen zwar kein verbales, wohl aber ein nonverbales Feedback empfangen. Anders ist die Situation bei einem Gottesdienst auf dem Fernsehschirm. Da hier das Feedback des Fernsehpublikums entfällt, werden nach manchen Fernsehgottesdiensten Telefonnummern eingeblendet, damit die ZuschauerInnen anschließend mit der Gemeinde, aus der der Gottesdienst gesendet wurde, in persönlichen Kontakt zumindest per Telefon treten können.

Wenn wir feststellten, daß beim Predigen auf der verbalen Bahn nur ein Monolog geschieht, so gilt das nicht uneingeschränkt. H. Chr. Piper schreibt, daß in unseren Breitengraden heute „...die in der Regel zu beobachtende Abstinenz der Predigthörer im Blick auf spontane Reaktionen während oder unmittelbar nach der Predigt... mehr eine stillschweigende Konvention ist als ein dogmatischer Grundsatz"[11]. Nicht zu allen Zeiten und an allen Orten galt und gilt die stillschweigende gesellschaftliche Übereinkunft, daß man während der Predigt still zu sein hat. So wird berichtet, daß die Gemeinde von Hippo bei einer Predigt von Augustinus ihre Zustimmung zu seinen Ausführungen so lautstark zum Ausdruck brachte, daß er die Gemeinde dämpfen mußte, um sich wieder Gehör zu verschaffen. Ferner gab und gibt es durch verbale Äußerungen spontane Unterbre-

---

10 Chr. Möller, Seelsorgerlich predigen. Die parakletische Dimension von Predigt, Seelsorge und Gemeinde, 1983, 44.

11 H.Chr. Piper, Kommunizieren lernen in Seelsorge und Predigt, in: Wege zum Menschen, 4/1980, 138-152, 148f.

chungen in Gottesdiensten anderer Kulturkreise. Gottesdienste der Schwarzen in Afrika und Amerika z. B. sind besonders durch spontane verbale Zustimmung oder Ablehnung gekennzeichnet. In unseren Breitengraden gibt es vor allem in Gottesdiensten in kleineren Gruppen, in Gefängnissen und psychiatrischen Kliniken Zwischenrufe und -fragen, auf die die PredigerInnen eingehen können. Letztere wären auch für die normalen Gemeindegottesdienste in Stadt und Land wünschenswert, weil durch sie mehr Spontaneität in die Gottesdienste käme. Auch auf Gebets-, Lobpreis- und Zustimmungsrufe in Gottesdiensten charismatisch geprägter Gruppen sei hingewiesen.

Die Intensität des nonverbalen Dialogs zwischen PredigerInnen und Gemeinde hängt vor allem von der Qualität und Quantität der Signale ab, die von den PredigerInnen ausgehen. Die PredigerInnen, die ihrem Predigtmanuskript oder -zettel so sehr verhaftet sind, daß sie kaum Blickkontakt mit der Gemeinde haben, können nur wenige nonverbale Signale aussenden und empfangen und führen dadurch nur einen schwachen nonverbalen Dialog mit der Gemeinde. GottesdienstteilnehmerInnen sind über PredigerInnen, die praktisch nur vom Blatt ablesen, somit nur wenig Mimik und Gestik zeigen und nur mit monotoner Stimme sprechen, enttäuscht oder verärgert, weil sie bewußt oder unbewußt einen lebendigen Kontakt mit ihnen vermissen. Deshalb sollten die gehemmten, steifen PredigerInnen und ebenso auch die Gemeinden zur Entfaltung und Praktizierung der in ihnen angelegten Körpersprache angeregt und ermutigt werden, damit sich ein lebendiger Dialog zwischen ihnen entwickeln kann.

Doch selbst für abgelesene Predigten gilt, daß sie nicht ausschließlich als Monolog betrachtet werden können. Auch sie werden von körperlichen Bewegungen begleitet, die letztlich einen nonverbalen Kontakt zur Gemeinde herstellen. Nur ein Roboter auf der Kanzel würde keinerlei körpersprachliche Signale aussenden und empfangen können. Nach J. Fast senden die Menschen „pausenlos Signale aus, empfangen sie und senden als Reaktion auf diesen Empfang weitere Signale aus"[12]. Das trifft erst recht auf Menschen zu, die sonntags auf einer Kanzel stehen, d.h. für PredigerInnen. Der Kommunikationswissenschaftler P. Watzlawick schreibt entsprechend: „Man kann sich nicht *nicht* verhalten. Wenn man also akzeptiert, daß alles Verhalten in einer zwischenpersönlichen Situation Mitteilungscharakter hat, d.h. Kommunikation ist, so folgt daraus, daß man, wie immer man es auch versuchen mag, nicht *nicht* kommunizieren kann."[13] Somit kommunizieren auch die vom Predigtmanuskript oder

---

12 J. Fast, Körpersprache...a.a.O.159.
13 P. Watzlawick, J.H. Beavin, D.D. Jackson, Menschliche Kommunikation, 1980[5], 50.

Stichwortzettel ablesenden PredigerInnen mit der Gemeinde, da auch sie in einer „zwischenpersönlichen Situation" stehen und deshalb mit der Gemeinde einen – wenn auch schwachen – nonverbalen Dialog führen. H.W. Dannowski hat festgestellt: „Die Schlüssigkeit sowohl der Diagnose ,Predigt ist Einweg-Kommunikation' wie der Zielvorstellung ,mündiger Christ' wird gegenwärtig offensichtlich zurückhaltender beurteilt."[14] Wir möchten uns nicht damit zufrieden geben, daß die Predigt heute nicht mehr so scharf attackiert wird wie am Ende der 60er und Anfang der 70er Jahre. Vielmehr sollten die Worte „Einbahn- oder Einwegkommunikation der Predigt" und „Predigtmonolog" für eine Predigt, die in einer Kirche oder einem anderen Gottesdienstraum gehalten wird, in der theologischen und kirchlichen Diskussion nicht mehr gebraucht werden, da sie vom kommunikationswissenschaftlichen Standpunkt aus unhaltbar sind.

Man kann auch sagen: die Predigt ist deshalb kein „Monolog", weil in ihr ein „virtueller Dialog" stattfindet.[15]

---

14 H.W. Dannowski, Kompendium...a.a.O.31.
15 H. Albrecht, Predigen, 1985, 71; H. Arens, Die Predigt als Lernprozeß, 1972, 120; E. Altmann, Die Predigt als Kontaktgeschehen, Arbeiten zur Theologie, 1.Reihe, Heft 13, 1963, 15; J. Rothermundt, Predigt als...a.a.O.76.
Man kann auch sagen: Die Predigt ist deshalb kein „Monolog", weil in ihr ein „virtueller Dialog" stattfindet. H. Albrecht erläutert diesen Begriff treffend mit den Worten: „Laß den anderen in dir zu dir sprechen.", siehe: H. Albrecht, ebd. Der „virtuelle" kann leicht zu einem ,imaginären Dialog entarten.", siehe: J. Rothermundt, Predigt als...a.a.O.76. Das geschieht dann, wenn die PredigerInnen nicht darauf achten, daß sie auch wirklich ein Gespräch mit den anderen und nicht nur mit sich selbst führen. Das können sie vor allem dadurch verhindern, daß sie immer wieder mit den GottesdienstteilnehmerInnen aktuelle Dialoge führen, die sich auch auf das beziehen, was in ihren Predigten zur Sprache kommt.

III. Die einzelnen nonverbalen Signale im Gottesdienst

1. Nonverbale nonvokale Signale

a. Gesichtsausdruck (Mimik)

Der Gesichtsausdruck ergibt sich aus dem Zusammenspiel der Ausdrucksbewegungen und -formen des menschlichen Gesichts. Deshalb spricht man auch vom „Mienenspiel". Bilder, Statuen und Monumente vergangener Jahrhunderte und Jahrtausende zeigen, daß die Sprache des menschlichen Gesichts zu allen Zeiten und an allen Orten ein und dieselbe geblieben ist und die verbale Sprache kommentiert. So nimmt z.B. ein Lächeln einer verbalen Aussage ihren Ernst, ein Stirnrunzeln unterstreicht ihn. Dabei wird der „Löwenanteil nichtverbaler Signale vom menschlichen Gesicht"[1] ausgesandt. Von Mimik und Gestik gehen die wirkungsvollsten Signale aus, und selbst der Tonfall der Stimme ist von stärkerer Wirkung als der verbale Gehalt einer Botschaft. Wenn Mimik und Ton im Widerspruch zueinander stehen, ist die Mimik ausschlaggebend. Weil der Talar der PfarrerInnen außer dem Gesicht, den Händen und Füßen ihren ganzen Körper und damit weitgehend ihre Körpersprache verdeckt, ist es um so wichtiger, daß sie wenigstens mit ihrem Gesicht sprechen und nicht mit einem mehr oder weniger unbeweglichen Gesichtsausdruck auf der Kanzel und am Altar stehen. Für das Gesicht spielen die Augen und somit der Blick des Menschen eine besonders wichtige Rolle. Weil deshalb der Blick eingehender zu besprechen ist, wollen wir ihn in einem besonderen Kapitel behandeln.

Schon Ch. Darwin hatte erkannt, daß der Mensch besonders durch seinen Gesichtsausdruck verrät, was er fühlt und denkt. In der Kinesik unterscheidet man im allgemeinen folgende sechs Arten von Gefühlen: Überraschung, Angst, Ärger, Ekel, Trauer und Glück /Freude.[2] In allen Gefühlsbereichen gibt es Intensitätssteigerungen, die sich auch sprachlich widerspiegeln. So kann z.B. Ärger zur Wut und zum Haß werden. Die sechs Gefühlsarten bewirken Erscheinungsveränderungen in folgenden Teilen des Gesichts, die unabhängig voneinander agieren können:

---

1 D. Morris, Der Mensch...a.a.O.27; siehe auch: M. Argyle, Körpersprache...a.a.O.201; H.P. Dreitzel, Der Körper als Medium der Kommunikation, in: Der Mensch und sein Körper. Von der Antike bis heute. Hrsg. von A.E. Imhof, 1983, 177-208,193.

2 P. Ekman, Gesichtsausdruck und Gefühl, 1988, 52ff.; H.P. Dreitzel, Der Körper...a.a.O.193; O. Schober, Körpersprache...a.a.O.42.

Die Stirn: Auf ihr können waagerechte und senkrechte Falten gebildet werden. Beim Kombinieren beider entsteht die gekrauste Stirn.

Die Augenbrauen: Sie können hoch- und zusammengezogen oder gerunzelt werden.

Die Augenlider: Sie können mehr oder weniger weit geöffnet und geschlossen werden. Ferner können durch Zwinkern und Zukneifen bestimmte Signale gesendet werden.

Die Nase: Sie kann gerümpft, und die Nasenflügel können geweitet und aufgebläht werden.

Der Mund: Er kann nach oben und unten gezogen und verschieden weit geöffnet werden. Dabei können die Zähne und/oder die Zunge gezeigt und die Lippen vorgeschoben und zurückgezogen werden. Aufeinander gepreßte Lippen können den Mund verkniffen erscheinen lassen.

Die Haut: Sie kann blaß oder gerötet, feucht oder trocken sein.

In der Mimik werden ebenso wie in der Gestik sprachbegleitende, -ersetzende und -unabhängige Aspekte des Gesichtsausdrucks unterschieden, vgl. die jeweils entsprechenden Aussagen: „Er berichtete mit heiterem Gesicht"; „Ohne ein Wort zu sagen, verzog sie geringschätzig die Lippen"; „In seinem Gesicht drückte sich ein unaussprechliches Leid aus."[3]

Alle mimischen Bewegungen im Gesicht der PredigerInnen und der LiturgInnen müssen einem echten Gefühl entspringen, um glaubwürdig zu sein. Sollen sie eine verbale Aussage bekräftigen, müssen sie – wie alle anderen nonverbalen Signale – mit dieser übereinstimmen. Wenn sie z.B. über die Freundlichkeit Gottes sprechen, können sie dies nicht mit einer unfreundlichen Miene tun.

Zur Frage der Selbstkontrolle schreibt der Rhetorik- und Kinesiklehrer G. Ammelburg: „Wenn er (der Redner) sich nur einfach natürlich gibt und mit dem Herzen bei der Sache ist, wird sich die entsprechende Mimik unbewußt ohne Zutun des Redners einstellen."[4] Allerdings fährt er dann später fort: „Etwas anderes ist es jedoch, wenn ein Redner sich bestimmte mimische Eigenheiten bewußt oder unbewußt angewöhnt hat. Er tut dann gut daran, diese Angewohnheit schnellstens abzulegen."[5] Als Beispiele dafür nennt er einen spöttischen Zug um den Mund und ein geringschätziges Herabziehen der Mundwinkel. Den PredigerInnen können dabei die EhepartnerInnen, gute FreundInnen oder der Blick auf den Videoschirm helfen, die schlechte mimische Angewohnheit zu erkennen und sich abzugewöhnen. Eine weitere von G. Ammelburg angeführte schlechte Ange-

---

3 B. Weidenmann, Manipulieren, in: Reden und reden lassen. Rhetorische Kommunikation. Begleitmaterial zur gleichnamigen Fernsehreihe in Zusammenarbeit mit dem Südwestfunk und dem Österreichischen Rundfunk, 1975, 223.

4 G. Ammelburg, Sprechen, reden, überzeugen, 1969, 75.

5 Ebd. 76.

wohnheit ist ein „stereotypes Lächeln". Dieses ist gerade unter PfarrerInnen oft anzutreffen. Gewiß sollten sie als „Gehilfen der Freude" (2.Kor.1, 24), die die frohe Botschaft von Christus und seinem Reich zu verkündigen haben, nicht mit Lächeln sparen. Aber es darf kein unechtes Lächeln sein, das von den GottesdienstteilnehmerInnen intuitiv als aufgesetzt empfunden wird. Es verrät sich dadurch, daß es nur mit den Mundwinkeln, aber nicht mit den Augen und nicht durch Hochziehen der Wangen erzeugt wird. Bei manchen Gelegenheiten verbietet sich ein Lächeln außerdem von selbst, insbesondere z. B. beim Fürbittengebet für verstorbene Gemeindeglieder und deren trauernde Angehörige.

Grundsätzlich gilt nach F. Kohlschein, daß die Liturgie „durch ein unpassendes Mienenspiel gestört, durch ein angemessenes entfaltet wird"[6]. Zu stark ausgeprägte oder übertriebene Mimik wirkt eher wie ein Grimassenschneiden und damit lächerlich. Zu schwach ausgeprägte oder fast gar keine Mimik wirkt kalt und unpersönlich.[7]

Von allen Teilen des Körpers ist das Gesicht sowohl am ausdrucksstärksten als auch „der geschickteste nonverbale Lügner"[8], wobei eine bewußte Kontrolle vor allem beim Mund möglich ist, weniger bei der Stirn und gar nicht bei den Augen. Weil mit der gleichen Mimik mehrere Aussagen möglich sind und gleiche mimische Bewegungen unterschiedlich gedeutet werden können, müssen wir nicht nur den mimischen Ausdruck allein, sondern auch andere Ausdruckshaltungen und -bewegungen, z.B. Beinstellung, Armhaltung und Faktoren wie Umgebung, Situation und andere beachten, wenn wir einen körperlichen Gesamteindruck zutreffend analysieren wollen.

Den GottesdienstteilnehmerInnen wird das Verstehen der Predigt erleichtert, wenn sie nicht nur die Worte der PredigerInnen gut hören, sondern zugleich auch ihre mimischen und anderen Bewegungen gut sehen können. Für Gemeindeglieder, die mehr oder weniger weit weg von der Kanzel sitzen, fällt die mimisch/gestisch-visuelle Bahn ganz oder größtenteils aus. Damit in politischen und auch in kirchlichen Großveranstaltungen wie Kirchen- und Katholikentagen die ZuhörerInnen die RednerInnen bzw. PredigerInnen und LiturgInnen nicht nur gut hören, sondern ihr Gesicht und somit auch ihr Mienenspiel aus der Entfernung gut wahrneh-

6 F. Kohlschein, Gibt es ein „liturgisches Gesicht"? Liturgie und Mimik, in: Gottesdienst, 23. Jahrg., 17/1989 (7.9.1989), 133f.,134.
7 Der katholische Altmeister der „Stimmlichen Ausdrucksgestaltung im Dienste der Kirche" F. Schweinsberg schreibt hierzu treffend: „Ausdrucksvolles Sprechen ohne mimische Bewegungen gibt es ebenso wenig wie Eierkuchen ohne Eier.", siehe: F. Schweinsberg, Stimmliche Ausdrucksgestaltung im Dienste der Kirche. Ein Werkbuch für die Wiederaufbauarbeit, 1946, 414.
8 B.H. Reutler, Körpersprache im Bild. Die unbewußten Botschaften. Ihre Merkmale und Deutung auf einen Blick, 1989², 24.

men können, werden heute große Leinwand- oder Monitortafeln in Sälen, Stadien oder an anderen Orten installiert, auf denen das Gesicht der SprecherInnen stark vergrößert übertragen wird. Warum sollten nicht neben dem Einbau von Mikrophonen zur Verbesserung der Akustik auch Leinwandtafeln zur Verbesserung des Sehens in großen Kirchen und anderen Gottesdiensträumen installiert werden, zumal die mimisch/gestisch-visuelle Bahn für die Kommunikation mindestens ebenso wichtig ist wie die vokal-auditive Bahn? Schwerhörige und Hörgeschädigte sind meist darauf angewiesen, die Worte der SprecherInnen im Gottesdienst von deren Lippen abzulesen und auf deren Gesten zu achten, was sie in größerer Entfernung von Kanzel und Altar ohne eine solche Leinwand nicht vermögen. Dabei ist zu bedenken, daß heute schon jede/r sechste BundesbürgerIn unter „ernstzunehmendem Hörschaden"[9] leidet.

Die Mimik der LiturgInnen ist nur dann bedeutungsvoll, wenn sie sich zur Gemeinde und nicht zum Altar wenden.

In dieser Hinsicht hat in der katholischen Kirche das 2. Vatikanische Konzil die Stellung des Priesters am Altar grundlegend gewandelt. Während er vor dem Konzil nur zum geringen Teil der Gemeinde zugewandt war[10], zelebriert er heute die Messe, indem er sich durchweg der Gemeinde zuwendet. Die liturgischen Bücher nach dem Konzil machen allerdings zur Mimik des Vorstehers des Gottesdienstes keine Angaben, sondern überlassen ihm die Aufgabe, sein Mienenspiel den verschiedenen Texten und Handlungen des Gottesdienstes entsprechend anzupassen. In den evangelischen Kirchen ist die Situation nicht so einheitlich wie in der katholischen Kirche. Da M. Luther der Frage nach der richtigen Stellung des Liturgen am Altar keine besondere Bedeutung beimaß, wurde sie in der Folgezeit in den Gemeinden unterschiedlich gehandhabt.

In manchen Gemeinden, insbesondere in denen der reformierten Kirchen, wenden sich die LiturgInnen durchweg der Gemeinde zu. In anderen Gemeinden wenden sie sich bei manchen Elementen oder Teilen der Liturgie, so insbesondere bei den Gebeten, dem Altar und bei anderen der Gemeinde zu. Wir treten dafür ein, daß sie sich während des ganzen Ablaufs der Liturgie der Gemeinde zuwenden, weil nur so ein dauernder Signalaustausch zwischen LiturgIn und Gemeinde auf der mimisch/gestisch-visuellen Bahn möglich ist.

Der katholische Liturgiewissenschaftler F. Kohlschein hat aufgezeigt, wie im katholischen Gottesdienst die einzelnen liturgischen Stücke eine unterschiedliche, jeweils angemessene mimische Reaktion verlangen.[11]

---

9   D. Brockes, Wenn Arme Worte ersetzen, in: Deutsches Allgemeines Sonntagsblatt, 43.Jg., 15/1990(13.4.1990), 16.

10   A. Gerhards, Vorbedingungen, Dimensionen und Ausdrucksgestalten der Bewegung in der Liturgie, in: Volk Gottes...a.a.O.11-24,15.

11   F. Kohlschein, Gibt es...a.a.O.133f.

Da seine Ausführungen weitgehend auch auf den evangelischen Gottesdienst übertragbar sind, sollen sie hier kurz vorgestellt werden. Beim Ruf: „Lasset uns beten" können die LiturgInnen die Gemeinde durch ein einladendes Anschauen und zugleich ein Öffnen der Arme zum Gebet bewegen. Bei der Gebetsstille besteht die Mimik der LeiterInnen der Liturgie im Niederschlagen der Augen, das das „In-sich-gehen" und die Konzentration ausdrückt. Es wird vom Zusammenfügen der Hände begleitet. Dem Gebet nach der Stille entspricht eine Mimik der Sammlung. Bei der Entnahme eines Gebetstextes aus einem Buch ruhen die Augen auf dem Text des Buches, bei einem auswendig gesprochenen Gebet sind sie gesenkt. Es geht beim Beten darum, die Hinwendung zu Gott als „Adressaten" auszudrükken. Bei den letzten Worten des Gebets können sie der Gemeinde einen Blick zuwerfen, um sie zum bestätigenden und bekräftigenden „Amen" einzuladen. Falsch ist es also, wenn beim Beten ständig Blickkontakt mit der Gemeinde gesucht wird. Denn dieses Suchen der horizontalen Kommunikation stört den Duktus des Gebets, das vertikale Kommunikation, d.h. Kommunikation zwischen Gott und Mensch, ist. Bei den Schriftlesungen wechseln Kontaktaufnahme und Konzentration, Anschauen der GottesdienstteilnehmerInnen und Versenkung in den Text je nach dem Inhalt der Lesung ab. Bei direkten oder indirekten Anreden wie „Schwestern" oder „Brüder", „Gemeinde", „wir" oder „ihr" kann Blickkontakt aufgenommen werden. Weder ein ständiges „Mustern" der Gemeindeglieder noch ein die Kommunikation mit ihnen verweigerndes Ruhen der Augen auf dem Buch der Lesung sind hier angemessen. Das, was F. Kohlschein zur Mimik beim „Hochgebet" und insbesondere beim „Erheben der konsekrierten Gaben" schreibt, kann nicht alles unbesehen auf die evangelische Abendmahlsfeier übertragen werden, weil Brot und Wein in der evangelischen Feier nicht mit den „konsekrierten Gaben" in der katholischen Feier identisch sind. So viel gilt aber doch auch für die evangelische Feier, daß die begleitende Mimik der LiturgInnen beim Ruf „Erhebet eure Herzen", bei der Präsentation der Abendmahlselemente, bei der Aufforderung, zum Altar zu kommen (Lk 14, 17) und bei der Austeilung von Brot und Wein im „einladenden Anschauen der Mitfeiernden" bestehen sollte. Ferner sind beim Sprechen der Einsetzungsworte nicht nur die Abendmahlsagende und bei der Austeilung nicht nur die Abendmahlselemente, sondern vor allem die AbendmahlsteilnehmerInnen anzuschauen.

Ebenso können einige Anregungen aus den von F. Kohlschein aufgestellten „Prinzipien einer liturgischen Mimik" für die Gestaltung der evangelischen Feier übernommen werden. Auch in den evangelischen Kirchen sind die LeiterInnen des Gottesdienstes „auf die oft nicht bewußte Bedeutsamkeit (ihres) Mienenspiels aufmerksam" zu machen. Wenn sich die LeiterInnen des Gottesdienstes der Gemeinde zuwenden, möchte ihre

„Herzlichkeit und Offenheit" und wenn sie als repräsentative BeterInnen agieren, sollten „Sammlung und Ernst am Gesicht abzulesen sein". Die Miene wird aber auch je nach Feier im Kirchenjahr und je nach persönlichem Anlaß unterschiedliche Nuancen aufweisen. So wird das Gesicht z.b. am Karfreitag ein anderes Mienenspiel zeigen als in den Osterfestgottesdiensten, und bei einer Beerdigung wird es einen anderen Ausdruck als bei einer Taufe im Gottesdienst annehmen. Die zur jeweiligen Situation passende Miene sollte jedoch nicht wie eine jedezeit verfügbare Maske aufgesetzt werden, sondern durch die Individualität der PredigerInnen geprägt sein, die immer sie selbst bleiben. Die dem Anlaß angemessene „Verwandlung" sollte vielmehr im Bewußtsein ihrer besonderen Rolle als Symbolgestalten in der liturgischen Feier geschehen.

Die Atmosphäre eines Gottesdienstes wird jedoch nicht nur vom Gesichtsausdruck der LeiterInnen desselben, sondern auch von demjenigen ihrer MitarbeiterInnen geprägt. So gehört z.b. zu einer freundlichen Atmosphäre des Gottesdienstes, daß die GottesdiensteteilnehmerInnen am Kircheneingang von PfarrerInnen, KirchenvorsteherInnen oder einem anderen Gemeindeglied mit einer freundlichen Miene, statt mit der Miene eines „Hausdrachens" begrüßt und verabschiedet werden. Nicht zuletzt spielt auch das Verhalten der gottesdienstlichen Gemeinde insgesamt eine Rolle. Ein Austauschstudent aus Zaire berichtete, daß die GottesdienstteilnehmerInnen in seinem Heimatland einander oft zulächeln, was er so in deutschen Gottesdiensten nicht erlebt habe. Wenn die GottesdienstleiterInnen und ihre Mitarbeiterschaft den Gemeinden mit mehr Herzlichkeit und Offenheit begegnen, dann werden mit der Zeit auch die GottesdienstteilnehmerInnen einander herzlicher und offener begegnen. Dadurch wird die horizontale Kommunikation in Gottesdiensten bereichert. Die Entwicklung einer besseren horizontalen Kommunikation im Gottesdienst braucht allerdings längere Zeit. Denn die Folgen einer falschen Erziehung der Menschen im Abendland, nach der man sich im Gottesdienst stumm, ernst und zurückhaltend zu verhalten habe, sind nicht von heute auf morgen zu überwinden.

b. Blick

Es gibt so viele verschiedene Blicke, die sich oft nur in winzigen Einzelheiten voneinander unterscheiden, daß es praktisch unmöglich ist, sie alle zu beschreiben. Der spanische Philosoph Ortega nennt „den Blick, der nur einen winzigen Augenblick dauert, und den insistierenden Blick; den Blick, der über die Oberfläche der Sache huscht, die man anblickt, und den Blick, der sie umklammert wie ein Haken; den direkten Blick und den verstohlenen Blick, dessen Extremform einen eigenen Namen hat: ‚aus den

Augenwinkeln heraus sehen!""[1] Der Blick verrät uns, was in einem Menschen vorgeht. Jeder Blick hat seine besondere Bedeutung. So kann z.b. der Blick nach oben im Alltag das Suchen des Menschen nach der Hilfe einer höheren Instanz[2], im Gottesdienst den nonverbalen Ruf nach der Hilfe Gottes bedeuten. Das Blickverhalten zeigt Denkprozesse an und bestimmt durch den Wechsel von An- und Wegblicken sowie durch die unterschiedliche Dauer der Blickphasen mit, wie ein Gespräch abläuft.[3]

Der Gesichtssinn ist der komplexeste aller menschlichen Sinne. Durch die Augen werden mehr Daten – und zwar diese mit größerer Geschwindigkeit – ins Nervensystem eingespeichert als durch die anderen Sinne. Etwa 80-85 Prozent werden mit den Augen, 10-15 Prozent mit den Ohren und 5 Prozent mit den übrigen Sinnesorganen aufgenommen. So ist der Mensch im wesentlichen ein „visuelles Lebewesen".[4] Das Auge ist das Sinnesorgan, durch das der Mensch nicht nur empfangen, sondern auch senden kann. Er kann durch es werben und einladen, Liebe oder Haß, Zustimmung oder Ablehnung, Gewißheit oder Zweifel ausdrücken. Die Augen sind „Spiegel der Seele," denn sie können psychische Vorgänge im Innern des Menschen widerspiegeln. Sie sind nicht nur „Fenster zur Seele", sondern auch „Auslaßpforte für das Dämonische"[5], vgl. Jesu Wort: „Wenn aber dein Auge böse ist, so wird dein ganzer Leib finster sein"(Mt 6,23). - Immer „sprechen Blicke Bände", schreibt der Kinesiklehrer W. Zielke.[6] Das wird verständlich, wenn wir bedenken, daß sich durch die Kombination der Bewegungen der Pupillen mit denjenigen der Lider und der Augenbrauen und der verschiedenen Arten des Stirnrunzelns eine fast endlose Reihe von Ausdrucksmöglichkeiten ergibt.[7]

Wenn die GottesdienstteilnehmerInnen Botschaften mehr und besser mit ihren Augen als mit ihren Ohren aufnehmen, dann können die PredigerInnen nicht nur mit Worten und mit der Modulation ihrer Stimme die Ohren der Gemeindemitglieder, sondern noch viel stärker mit Mimik, Gestik usw. deren Augen ansprechen. Zugleich geben die Signale der Augen

---

1 J. Fast, Körpersprache...a.a.O.143.
2 S. Molcho, Körpersprache...a.a.O.125f.
3 O. Schober, Körpersprache...a.a.O.55.
4 D. Morris, Körpersignale. Bodywatching, 1986, 49.
5 R. Zewell, Das heilende Auge des Herrn. Über Briefmarken, die eine besondere Botschaft vermitteln, in: Die Welt, „Geistige Welt", Nr. 261 vom 8.11.1986, III.
6 W. Zielke, Sprechen ohne Worte. Mimik - Gestik - Körperhaltung, 1975, 92.
7 Zum Vergleich von Seh- und Hörinformation schreibt E.T. Hall: „Da der Sehnerv, grob gesprochen, ungefähr achtzehnmal so viele Neuronen hat wie der Nerv der Hörschnecke, nehmen wir an, daß er zumindest um so viel mehr Informationen übermittelt, ...daß die Augen etwa eintausendmal so viel Informationen auffangen wie die Ohren." Außerdem gilt: „Sehinformation ist gewöhnlich weniger unklar und schärfer als Hörinformation.", siehe: E.T. Hall, Die Sprache des Raumes, 1976, 54f. (Original: The Hidden Dimension, 1966).

der GottesdienstteilnehmerInnen deutlicher Antwort auf die Predigt, als dies Worte tun könnten. Die Signale der Augen sind somit die beste und wichtigste Quelle für Feedback, das PredigerInnen schon während des Predigens erhalten und auf das sie noch in ihrer Predigt entsprechend reagieren können. Zustimmung zu ihren Aussagen erfahren sie z.b. dadurch, daß GottesdienstteilnehmerInnen ihnen freundlich zulächeln oder für kurze Zeit fest in die Augen blicken, Ablehnung z.b. dadurch, daß sie wegschauen. Der Blickkontakt der PredigerInnen mit ihrer Gemeinde ist eine der wichtigsten Voraussetzungen dafür, Sympathie zu ernten. Allerdings sollte man ihn auch nicht überstrapazieren, da dann erfahrungsgemäß eine intuitive Abwehr die Sympathie ablöst.[8]

Für mangelnden Blickkontakt der RednerInnen nennt der Kinesiklehrer H. Rückle folgende Einzelursachen: „Fachliche oder persönliche Unsicherheit, Angst und Hemmungen, Unkenntnis der Notwendigkeit des Blickkontaktes, bewußte oder unbewußte Ablehnung (Antipathie), Arroganz, Ignoranz, fehlende Identifikation mit der Aussage."[9] Als weitere Ursache ist die Abhängigkeit der PredigerInnen vom Manuskript zu nennen.

Exkurs: Predigen und Predigtunterlage

H. van der Geest hat bei Umfragen unter Gemeindegliedern festgestellt: die „Zuhörer beklagen sich fast ausnahmslos über die Bindung ans Papier...", und er fährt fort: „Der persönliche Stil, die Anrede, unerläßlich für das Wecken von Vertrauen, wird im allgemeinen schwer beeinträchtigt durch das Vorlesen."[10] Der/die Vorlesende kann vor allem nicht den „Akt der im Augenblick des Redens vollzogenen Neugestaltung" vollziehen. Beim Vorlesen oder Ablesen der Predigt fällt ein großer Teil der Körpersprache weg, durch die die GottesdienstteilnehmerInnen die Predigt besser und rascher aufnehmen könnten. Je weniger die PredigerInnen die Predigtunterlage und je mehr sie die Gemeindeglieder anschauen, desto mehr Wirkung wird die Predigt bei der Gemeinde haben. Auch ein noch so geschicktes Vorlesen stört den Kontakt mit der Gemeinde. So schrieb der berühmte Prediger und Evangelist C.H. Spurgeon: „Das beste Lesen, welches ich jemals gehört habe, hat nach dem Papier geschmeckt und ist mir im Halse stecken geblieben."[11] Eine Austausch-

---

8 Der Blickkontakt ist nach Aussagen der Homiletiker A. Schwarz und H.C. Altmann „...für ihn (den Prediger) dasselbe wie für den Seemann Kompaß, Steuer und Ruder. Ohne ihn läuft er wie ein Seemann mit vollen Segeln auf der Sandbank der Langeweile oder dem Riff der Antipathie auf." Siehe: A. Schwarz, Praxis der Predigterarbeitung, 1986, 148; H.C. Altmann, Wie man frei spricht und seine Zuhörer fesselt, 1981, 99.

9 H. Rückle, ...a.a.O. 192.

10 H. van der Geest, Du hast...a.a.O. 62f. - Zur Notwendigkeit der freien Rede statt des Ablesens siehe auch: E. Altmann, Die Predigt als Kontaktgeschehen. a.a.O.; J. Rothermundt, Predigt als...a.a.O.; ders., Der Heilige Geist und die Rhetorik. Theologische Grundlinien einer empirischen Homiletik, 1984,148f.; A. Damblon, Sprechen! Sprechen! Sprechen! Wider die sonntägliche Predigtableserei, in: ZGP, 7.Jg.,1/1989 (Jan./Febr. 1989), 22-25; ders., Anleitung zum Predigen. Ein Lehr- und Übungsbuch, 1991 und andere Arbeiten.

11 C.H. Spurgeon, Gute Winke für Prediger des Evangeliums, 1896³, 190.

studentin aus Kenia fragte nach ihrem ersten Erlebnis eines evangelischen Gottesdienstes in der Bundesrepublik: „Warum hat er (der Prediger) so viel vorgelesen und nicht frei herausgesagt, wie ihm ums Herz ist?"[12]

Zum freien Sprechen auf der Kanzel benötigen PredigerInnen eine geeignete Predigtunterlage. Sie sollten sowohl ein ausführliches Predigtmanuskript, als auch einen Stichwortzettel erstellen. Dann könnten sie nicht mit dem Manuskript, sondern nur mit dem Stichwortzettel die Predigt durch mehrmaliges lautes Sprechen, also nicht durch heute verpöntes Auswendiglernen, einüben. Auf die Kanzel sollte dann nur der Stichwortzettel und nicht das Manuskript mitgenommen werden, weil dieses dazu verleiten kann, die Predigt abzulesen. Predigen ganz ohne Predigtunterlage sollte die Ausnahme bleiben, weil dann die Gefahr besteht, daß PredigerInnen abschweifen oder wesentliche Punkte der Predigt vergessen oder diese in falscher Reihenfolge bringen. Die Erstellung eines ausführlichen Predigtmanuskripts ist deshalb anzuraten, weil es zu einer „präziseren Formulierung"[13] zwingt, eine Selbstkontrolle und zugleich die spätere Rechenschaft über das auf der Kanzel Ausgeführte ermöglicht. Ferner könnten sie so den GottesdienstteilnehmerInnen die von diesen gehörte Predigt nach dem Gottesdienst in schriftlicher Form mit nach Hause geben.[14] Wenn A. Damblon meint, PredigerInnen sollten das ausgeschriebene Manuskript vergessen[15], so raten wir im Gegenteil doch zur Aufbewahrung, denn das aufbewahrte Manuskript ermöglicht es, die Predigt für spätere Gottesdienste noch einmal überarbeitet zu verwenden. Es „ist grundsätzlich nicht einzusehen, warum langfristig und mit einigem Aufwand vorbereitete Gottesdienste nicht an mehreren Orten zu verschiedenen Zeiten wiederholt werden können"[16]. Haben PredigerInnen nur den Stichwortzettel und nicht das Predigtmanuskript aufgehoben, dann wissen sie später nicht mehr genau, was sie beim ersten Mal zu den einzelnen Stichworten gesagt haben und können die Predigt nicht noch einmal halten.

Eine Möglichkeit der Predigtvorbereitung ist auch, in einem ausführlichen Manuskript nur die wichtigsten Stichworte zu unterstreichen oder mit einem Transparentstift kenntlich zu machen, um sich dann bei mehrfachem Durchlesen der Predigt nur die unterstrichenen Worte und nicht die ganzen Sätze einzuprägen. Bei dieser Methode ist aber die Gefahr groß, daß sie auf der Kanzel doch nicht nur die Stichworte, sondern die ganzen Sätze sehen und ablesen. Deshalb sollte diese Methode nur in Ausnahmefällen praktiziert werden, z.B. von AnfängerInnen, denen sie mehr Sicherheit durch das Bewußtsein verleiht, im Notfall beim Steckenbleiben auch ablesen zu können. Das gilt auch für Fortgeschrittene, die so sehr unter Zeitdruck stehen, daß sie nicht mehr die Zeit finden, nach der Niederschrift des Manuskripts auch noch einen Stichwortzettel anzufertigen.

---

12 H. Albrecht, Sprachsymbole, Identität, neue Naivität. Ökumenische Schwierigkeiten im Umgang mit Symbolen, in: Radius, 4.Jg., 1982, 32ff.,32.

13 R. Zerfaß, Grundkurs Predigt, Band 1, 1987, 124.

14 Dies praktizierte Pfr. M.C. von Heyl in den Gottesdiensten in der evangelischen Immanuelkirche in Königstein/Taunus, siehe: ders., Gottesdienst im Zeichen der Limaliturgie, in: Dt Pf Bl 8/1985 (Aug. 1985),370f.,370.

15 A. Damblon, Sprechen!...a.a.O.25.

16 A. Ehrensperger, Gottesdienst. Visionen - Erfahrungen - Schmerzstellen, 1988, 49 und 163.

Wie die PredigerInnen, so sollten auch die LiturgInnen und deren Mitarbeiterschaft die liturgischen Stücke möglichst nicht einfach nur aus einer
Agende und die Gebete nicht aus einem Gebetbuch ablesen, sondern so
weit wie möglich frei sprechen. Freies Reden ist nicht etwa Begabungs-
sache, sondern „erlernbar"[17].

Voraussetzung für den Blickkontakt ist, daß PredigerInnen und Liturg-
Innen die Gemeinde und nicht einen Gegenstand oder Ort im gottesdienstlichen Raum anschauen. Dazu schreibt C.H. Spurgeon: „Etliche Brüder
richten ihre Worte an die Ventilationslöcher in der Decke, als ob sie die
Aufmerksamkeit der Engel zu erlangen suchten; andere wieder blicken auf
ihr Buch herab, als ob sie in Gedanken versunken wären und sich selber
zum Zuhörer hätten und sich dadurch sehr geehrt fühlten. Warum predigen
solche Prediger nicht auf der Prärie und suchen die Sterne zu erbauen?"[18]

Für RednerInnen gibt es nur zwei Blickrichtungen: zu den Zuhörern und
zur Redeunterlage. Neben diesen kann es gelegentlich noch eine weitere
Blickrichtung geben, nämlich dann, „wenn der Text einen Blick zuläßt
oder gar erfordert"[19]. So werden RednerInnen z.B. bei der Aussage: „Wir
wollen alle gemeinsam einmal überlegen, wie..." die Stirn falten und den
Blick kurz nach oben richten, um so das Nachdenkliche mimisch auszudrücken. Entsprechend können die PredigerInnen, wenn sie vom Kreuz
Christi sprechen, statt zur Gemeinde oder auf die Predigtunterlage zum
Altarkreuz oder zu einem Kreuz auf einem Kirchenfenster blicken und auf
es deuten, um auf diese Weise die Aussage zu veranschaulichen. Sie sollten dies aber nur kurz tun und den Blick gleich wieder zur Gemeinde
zurückwenden. Es bleibt also grundsätzlich bei der Forderung: „Der Redner (entsprechend: die/der PredigerIn) soll sich dazu zwingen, so oft und
so lange wie möglich das Publikum (entsprechend: die Gemeinde) anzuschauen und den Blick schweifen zu lassen."[20]

Exkurs: Blickkontakt der PredigerInnen mit der Gemeinde

Zum Schweifen des Blicks schreibt D. Morris: „Die Ideallösung des erfahrenen
Redners ist, daß er sein Publikum von Zeit zu Zeit (und das möglichst häufig) mit
langsam gleitendem Blick anschaut."[21] Wenn PredigerInnen so verfahren, ist es
möglich, viele GottesdienstteilnehmerInnen während des Predigens anzuschauen.
Beim Gleiten oder Schweifen des Blicks kann ein einzelnes Gemeindeglied her-
ausgegriffen werden, dessen Gesichtsausdruck interessiert, gespannt, erwartungs-
voll oder gar zustimmend ist. Die Beobachtung zustimmender ZuhörerInnen bzw.

---

17 J. Rothermundt, Der Heilige Geist...a.a.O.149.
18 C.H. Spurgeon, Gute Winke...a.a.O.183.
19 G. Ammelburg, Handbuch der Gesprächsführung, 1974, 335.
20 ders., Sprechen, reden, überzeugen, 1969, 80.
21 D. Morris, Der Mensch...a.a.O.76.

eines Gemeindegliedes ist für die RednerInnen bzw. PredigerInnen „...nicht mit Gold aufzuwiegen"[22], weil sie so automatisch Selbstsicherheit und Überzeugungskraft gewinnen. Freilich sollte dieses zustimmende Gemeindeglied nicht zu lange, d.h. nur fünf bis zehn Sekunden angeschaut werden[23], um sie zu verunsichern oder ihm gar das Gefühl zu geben, sie wollten es einschüchtern. Wenn PredigerInnen in allen Richtungen im Kirchenraum einzelne GottesdienstteilnehmerInnen gezielt auf diese Weise anschauen, werden sie nach der Predigt feststellen, daß, obwohl sie nur jeweils mit einem Gemeindeglied Blickkontakt aufgenommen hatten, mindestens vier, fünf oder sechs benachbart sitzende Gemeindeglieder sich angesprochen fühlen. Sie brauchten nicht auf eine/n einzelne/n „Gelangweilte/n" zu reagieren, jedoch dann, wenn sie merken, daß bei der ganzen Gemeinde die gespannte Aufmerksamkeit nachläßt. Die Reaktion kann z.B. darin bestehen, eine kurze Pause im Redefluß einzulegen. Blickkontakt sollte nicht nur mit den am entferntesten sitzenden, sondern auch mit den abseits und allein sitzenden Gemeindegliedern in der Nähe aufgenommen werden. Denn gerade letztere sind leicht zu übersehen und zu vergessen. Jedes Gemeindeglied, das in einer Richtung sitzt, in die PredigerInnen während des Predigens überhaupt nicht geblickt haben, wird enttäuscht sein, weil es sich übergangen oder unbeachtet fühlt.

Gründliche Predigtvorbereitung ermöglicht PredigerInnen einen guten Blickkontakt mit der Gemeinde, denn bei oberflächlicher Vorbereitung müssen sie während des Predigens oftmals intensiv nachdenken. Dabei geht der Blick ins Leere und nicht zur Gemeinde. Vor allem zu Beginn und am Ende der Predigt ist auf guten Blickkontakt mit den Gemeindegliedern zu achten. Die ersten vier Minuten einer menschlichen Begegnung sind entscheidend für einen guten Kontakt.[24] Deshalb sollte die Predigteinleitung besonders sorgfältig überlegt werden, damit auf jeden Fall während der ersten Sätze der Predigt die Gemeinde viel angesehen werden kann. Bei den letzten Worten der Predigt sollten PredigerInnen den Blickkontakt nicht vorzeitig abbrechen, weil „der letzte Eindruck beim Publikum (hier: bei der Gemeinde) vorhergegangene Eindrücke verwischen und nachhaltiger wirken kann"[25]. Während des Predigens sollten sie nicht ständig die Brille auf- und absetzen, je nachdem, ob sie die Predigtunterlage oder die Gemeinde sehen wollen. Dadurch wird das Vertrauen der Gemeinde zu ihnen vermindert, weil sie den Eindruck hat, daß sie sehr von der Predigtunterlage abhängig sind. PredigerInnen, die eine Lesebrille tragen, sollten diese während der ganzen Predigt aufbehalten, auch wenn sie so die Gemeinde nur unscharf oder verschwommen erkennen, was ja die Gemeinde nicht wissen kann. Sie erfährt nur, daß sie von ihnen viel angeblickt wird, und das schätzt sie ganz besonders.

---

22 G. Ammelburg, Sprechen...a.a.O.82.
23 R.H. Ruhleder, Rhetorik, Kinesik, Dialektik, 1989[6], 67.
24 L. Zunin, Kontakt finden. Die ersten 4 Minuten - die Brücke zum andern, 1986.
25 G. Ammelburg, Handbuch...a.a.O.336; siehe auch: H. Krusche, Reden und gewinnen, 1985, 64.

Zuletzt sei darauf verwiesen, daß ein guter Blickkontakt zwischen der Gemeinde einerseits und den PredigerInnen, den LiturgInnen und deren MitarbeiterInnen andererseits, nicht unwesentlich davon abhängig ist, ob Kanzelbrüstung, Ambo und Lesepult die richtige Höhe haben. Sie sollten nicht so sein, daß ein zu großer Winkel zwischen den Blickrichtungen zum Blatt und zur Gemeinde ein Heben und Senken des Kopfes erzwingt oder aber der Kopf der PredigerInnen oder anderer SprecherInnen nur zum Teil zu sehen ist. Die ideale Position haben PredigerInnen dann, wenn ihnen beide Blickrichtungen durch bloßes Heben und Senken der Augen möglich ist, während der Kopf in Richtung Gemeinde erhoben bleibt. Wir verweisen auf eine entsprechende Graphik von G. Ammelburg.[26]

Größer gewachsene PredigerInnen und deren MitarbeiterInnen, die ein nicht verstellbares Pult vor sich haben, können sich bis zu einem gewissen Grad dadurch helfen, daß sie ein wenig vom Pult zurücktreten, freilich nur in Reichweite ihres Manuskripts. Kleiner Gewachsene können sich durch eine Unterlage etwas erhöhen. Eine Kanzel, die hoch an der Wand angebracht ist, sollten die PredigerInnen möglichst nicht besteigen, sondern die Predigt vom Ambo oder Lesepult aus halten. Denn auf einer hohen Kanzel werden sie den Winkel zwischen den Blickrichtungen zum Blatt und zur Gemeinde kaum durch bloßes Heben und Senken der Augen bewältigen können. Außerdem ist es für Gemeindeglieder, die unmittelbar unter einer hohen Kanzel sitzen, lästig, wenn sie für längere Zeit ihren Kopf nach oben richten müssen. Das beeinträchtigt ihre Aufnahmefähigkeit für die Predigt. Die Hauptverantwortlichen für den Ablauf des Gottesdienstes sollten aber alles dafür tun, daß alle GottesdienstteilnehmerInnen die Predigt und den ganzen Gottesdienst gut aufnehmen können.

c. Gesten und Körperbewegungen

Unter Geste versteht man grundsätzlich vorwiegend die Bewegung der Hände und Arme, unter Gebärde dagegen in umfassenderem Sinn die Bewegung des ganzen Körpers. Da aber der heutige Sprachgebrauch eine klare Abgrenzung der beiden Begriffe Geste und Gebärde kaum zuläßt[1], werden wir sie synonym gebrauchen. Es gibt so viele Arten von Gesten oder Gebärden, daß wir nur auf eine Auswahl der wichtigsten eingehen können.[2]

Wie bei der Mimik, so können auch bei der Gestik drei Arten unterschie-

---

26 G. Ammelburg, ebd. 335.

1   H.Chr. Schmidt-Lauber, Gesten/Gebärden, Liturgische, in: TRE Band 13, 1984, 151-155,151.

2   So werden wir die Unterscheidung A.R. Sequeiras in „Ausdrucksgebärden" und „Handlungsgebärden" nicht übernehmen, da er selber schreibt, daß diese Unterscheidung von „heuristischem Wert, aber in der Praxis von nur relativer Bedeutung ist". Siehe: ders., Gottesdienst als...a.a.O.37.

den werden: „*Sprachbegleitende Gestik,*" d.h. Handbewegungen zur Unterstreichung des Gesagten; „*sprachersetzende Gestik,*" z. B. Gesten, die kürzer, müheloser oder prägnanter sind als das gleiche mit Worten Ausgedrückte und „*sprachunabhängige Gestik,*" d.h. Gestik, die „Bedeutungsschattierungen, Gefühle und Stimmungen in einer Weise (ausdrückt), die sprachlich nicht möglich wäre"[3].

Für die Gestikulation mit den Händen sind grundsätzlich folgende drei Bereiche zu unterscheiden:[4]

„1. Hände unterhalb der Gürtellinie = negative Aussage
2. Hände zwischen Gürtellinie und Brusthöhe = neutrale Aussage
3. Hände auf Brusthöhe = positive Aussage"

Da zur Verkündigung des Evangeliums in der Regel keine negativen Aussagen passen, sollten PredigerInnen keine kleinlichen Gesten unterhalb der Gürtellinie ausführen. Vielmehr empfiehlt R.H. Ruhleder, die Arme und Hände „auf Höhe der Brust" zu halten und „weite Armbewegungen" auszuführen. Natürliche Gesten kommen aus dem Oberarm. Analoges gilt für die Handhaltung:

„A. Handfläche nach unten = negative Aussage
B. Handfläche senkrecht = neutrale Aussage
C. Handfläche nach oben = positive Aussage"

In speziellen Fällen (etwa beim Segen) ist diese Aussage zu hinterfragen, weil leicht nach unten geneigte Hände das „Von-oben-Kommen" des Segens ausdrücken.

Weil LiturgInnen bei Gebet und Segen mit den Händen grundsätzlich nur positive Aussagen machen sollten, ist es sinnvoll, daß der katholische Priester z.B. beim Fürbittengebet mit ausgebreiteten Armen seine Handteller nach oben hält. Damit drückt er aus, daß er zugleich bittet und in Empfang nimmt. Diese schon in der Spätantike und im Urchristentum bekannte sogenannte „Orantehaltung" kann durchaus auch in evangelischen Gottesdiensten von den LiturgInnen und darüber hinaus auch von den Gemeindegliedern praktiziert werden, damit alle Gottesdienstteilnehmer gemeinsam „mit Herzen, Mund und Händen" (EG 321,1) bitten, loben und danken.

Früher stellte man in heute als veraltet angesehenen Büchern die Redekunst in einer zuweilen bildlich dargestellten, genau abgemessenen Skala bestimmter mimisch-gestischer Ausdrucksmittel dar. Auch in der katholischen Kirche gab es in der nachtridentinischen Liturgie „...rubrizistisch streng festgelegte liturgische Körpersprache"[5]. Diese wurde aber nach dem 2. Vatikanum durch neue liturgische Bücher abgelöst. Denn es kann

---

3 B. Weidenmann, Manipulieren...a.a.O.223.
4 R.H. Ruhleder, Rhetorik...a.a.O.71f.
5 F. Kohlschein, Mit allen Sinnen. Liturgie als Körpersprache (1), in: Gottesdienst, 22.Jahr, 2/1988 (2.2.1988), 9f.,9.

keine „Normal- und Idealform der Gestik" geben, weil „äußerlich und dekorativ aufgepappte Gesten dem Grundgesetz der Wahrheit, Echtheit und Natürlichkeit unserer Redekunst widerstreben und die elementaren Einsichten der differentiellen Psychologie mißachten"[6]. Auch hier gilt das bereits im Kapitel Mimik Gesagte, daß Körpersprache authentisch sein muß, um den Inhalt „lebendig zu verkörpern"[7]. F. Schweinsberg nennt eine „*einzige* äußere Regel", die besagt, „daß alle Armbewegungen vom *Oberarm* ausgehen müssen, weil so alle linkischen, mauschelnden Bewegungen vermieden werden"[8].

Die Spannung zwischen zuviel und zuwenig Gestik können folgende Aussagen verdeutlichen. Eine übersteigerte Gestik wirkt theatralisch, ein Reden ohne Gestik langweilig. F. Schweinsberg warnt vor einem Zuviel an Gesten mit den Worten: „Nur wenn uns eine Gebärde *notwendig* ist, um das, was wir denken, *so* auszudrücken, *wie* wir es denken und erleben, dann hat die Gebärde ihre Berechtigung und ist am Platz; wenn aber nicht, dann bleiben wir ruhig. Unbeweglichkeit ist dann wertvoller als eine ‚aufgeklebte' Gebärde... Jedenfalls ist ein Zuwenig an Gebärden dem Überfluß, dem ‚Gebärdengeplapper', vorzuziehen."[9] Andererseits gilt zugleich auch das, was G. Ammelburg schreibt: „Gesten als optische Unterstützung des gesprochenen Wortes sind eine ausgezeichnete Sache, weil sie die Wirkung beim Publikum erhöhen. Der Redner sollte daher nicht auf sie verzichten, etwa in der Befürchtung, theatralisch zu wirken."[10]

Alle Gesten, seien es nun viele oder wenige, sollen sinnvoll und abwechslungsreich sein. „Die *an*organischen, d.h. die leerlaufenden, nichtssagenden, abgegriffenen, sich wiederholenden Gesten (sind) zu bekämpfen."[11] Wenn z.B. PredigerInnen unablässig die rechte Hand auf und ab bewegen, dann wird zumindest ein Teil der Gemeinde die ständige Wiederholung dieser Geste für langweilig halten oder gar sich an ihr ärgern. Statt dem Inhalt der Predigt zu folgen, wird er daran denken, daß die/der PredigerIn doch endlich einmal mit dieser langweiligen Handbewegung aufhören sollte.

Das Tempo der Gestikulation ist der Sprechgeschwindigkeit anzupassen.[12] Ebenso wie ständiges Schnellsprechen der PredigerInnen, so ermüdet die Gemeinde auch „Hochgeschwindigkeitsgestik". Ein ruhiges Grund-

6   M. Weller, Das Buch...a.a.O.49f.
7   F. Schweinsberg, Stimmliche...a.a.O.416.
8   ebd. 424; siehe auch: C. Michel, Die Gebärdensprache, dargestellt für Schauspieler, sowie für Maler und Bildhauer, 1886, 57; R.H. Ruhleder, Rhetorik...a.a.O.71.
9   F. Schweinsberg, ebd. 421.
10 G. Ammelburg, Sprechen...a.a.O.76.
11 F. Schweinsberg, Stimmliche...a.a.O.422.
12 M. Rüdenauer, Die Kunst...a.a.O. 107.

tempo sowie Sprech- und Gestikulationspausen übertragen Ruhe. PredigerInnen und LiturgInnen können nur dann in ruhiger, entspannter Weise sprechen, wenn sie sich nicht mit den Händen krampfhaft an der Kanzelbrüstung bzw. am Ambo oder Lesepult festhalten oder die Bibel, die Agende oder das Abkündigungsbuch umklammern. Eine Behinderung der Aufnahme der Botschaft durch die Gemeinde kann allerdings auch eine zu lässige Haltung sein. „Lockerheit ist nicht mit Lässigkeit gleichzusetzen. Geistige Konzentration, wie sie zum Reden erforderlich ist, setzt körperliche Konzentration voraus."[13]

Nicht nur in bezug auf die Geschwindigkeit des Sprechens, sondern auch bezüglich des Endes einer Rede sollten Gestik und gesprochene Sprache übereinstimmen. Dazu schreibt H. Allihn: „(So) ist es ebenso verkehrt, wenn die Geste länger andauert als Wort, Satz oder Periode oder früher abbricht, als diese zu Ende sind." Und er zitiert dabei die Bemerkung J.W. von Goethes: „Die Hände sollen niemals von der Aktion in ihre ruhige Lage zurückkehren, ehe ich meine Rede erst ganz vollendet habe, und auch dann nur nach und nach, so wie die Rede sich endigt."[14]

Anders als mit dem Ende verhält es sich mit dem Anfang einer Rede. „Wort und Geste (haben) einen gemeinsamen Ursprung." Von daher „wird sofort klar, daß der aufsteigende Gedanke seinen mimisch-gestischen Ausdruck früher finden wird als sein(en) Ausdruck in einem oder gar mehreren Sätzen". Da die Ausführung der Geste keiner langen Überlegung bedarf, setzt sie in einem „vergleichsweise frühen Ausformungsstadium des Gedankens"[15] ein. Das gilt jedoch nur für den freien Vortrag. Anders ist die Situation bei PredigerInnen, die vom Manuskript ablesen. Weil sie den Überblick über den gerade zu sprechenden Satz erst in der Mitte des Satzes gewinnen, muß „die jetzt einsetzende Geste notwendig zu spät kommen". Die GottesdienstteilnehmerInnen haben durch das „Hinterherhinken der Geste" das Empfinden, „der Prediger stehe nicht so ungeteilt in dem, was er zu sagen habe". Das weckt bei ihnen „leicht den Verdacht, es fehle dem Prediger an subjektiver Überzeugtheit". Außerdem fühlen sie sich bei diesem Gebaren nicht „angesprochen".

Bezüglich des Nachdrucks der Gebärde schreibt C. Michel folgendes: „Diejenige Silbe, auf welche die Stimme die stärkste Betonung legt, erhält den Nachdruck. Der *Nachdruck der Gebärde* ist für die Gebärdensprache dasselbe, was die Betonung für die *Wortsprache* ist."[16] Er weist dabei auf die Regel hin, die Shakespeare im „Hamlet" gibt: „Paßt die Gebärde dem

---

13 Inge Schweinsberg-Reichart, Rednerschulung, 1982[6], 127.
14 H. Allihn, Der *mündliche* Vortrag...a.a.O.332f.; siehe auch: F. Schweinsberg, Stimmliche...a.a.O.424.
15 E. Altmann, Die Predigt als...a.a.O.51.
16 C. Michel, Die Gebärdensprache...a.a.O.59.

Wort (d.h. führt die richtige Gebärde auf der richtigen Silbe aus), das Wort der Gebärde an." Der Nachdruck der Gebärde vor oder hinter der betonten Silbe ist somit ebenso fehlerhaft wie die falsche Betonung in einem Satz. Dabei verrät die Ausführung „matter" Gebärden bei „starker" Stimme „Ungeschicklichkeit". Zuviele Gebärden ermüden die Augen der Gemeindeglieder. Zu kleine Gesten verraten mangelndes Selbstvertrauen oder auch geringes Engagement. Mit den Armen können wir die Gesten unserer Hände vergrößern. Gesten, die mit beiden Händen und Armen ausgeführt werden, sind wirksamer als Bewegungen mit nur einer Hand.

Die Gestik sollte bei einem Vortrag nicht nur dem Thema und der Redesituation, sondern auch der Persönlichkeit der RednerInnen angemessen sein.[17] Nur wenn das der Fall ist, kann sie überzeugend wirken. Je temperamentvoller RednerInnen (und damit auch PredigerInnen) sind, desto mehr Gestik werden sie bei ihrer Rede (bzw. Predigt) einsetzen. Jeder muß „sich die seinem Temperament entsprechende Gestik bewußt machen und sie bewußt einsetzen"[18]. Ein ruhiger, introvertierter Mensch sollte nicht versuchen, sich temperamentvolle Gesten anzulernen, weil diese bei ihm nur „aufgepfropft" wirken. Umgekehrt würde ein temperamentvoller Mensch mit lebendiger Sprechweise unglücklich sein, wollte man ihm die Gestik völlig untersagen. Gestik, die mit der Person der LiturgInnen übereinstimmt und damit echt ist, ruft bei der Gemeinde Gefühle der Sicherheit und des Vertrauens, „frömmelnde" Gestik dagegen Abwehrreaktionen hervor.[19]

In der Praxis können Randbemerkungen zur stimmlichen und gestischen Gestaltung des Redeflusses im Manuskript bzw. Stichwortzettel sehr hilfreich sein, den passenden Ton oder die adäquate Geste einzusetzen.

Exkurs: „Lesepredigten"

Mit den „Lesepredigten", die das Gütersloher Verlagshaus G. Mohn zu den einzelnen Perikopenreihen in fortlaufenden Reihen herausgibt[20], liegt bereits ein Versuch vor, dieses Prinzip in Form von „Fertigpredigten" mit an den Rand geschriebenen Regieanweisungen für Stimmführung und Gestik auf der Kanzel". K. P. Jörns schreibt dazu: „Da wird das Ende aller Predigtkultur (unter Verdrehung des Begriffs Lesepredigt zur Verlesepredigt) eingeläutet."[21] Nun kann es sein, daß nicht

---

17 M. Rüdenauer, Die Kunst...a.a.O.106.

18 G. Ammelburg, Handbuch...a.a.O.14.

19 K. Richter, Kompetenzen. Anforderung an die Gemeinde und ihre Vorsteher, in: Gottesdienst, 25.Jahr, 18/1991 (19.9.1991), 137-139,139.

20 Lesepredigten, 5. Perikopenreihe, Lieferung 1:1. Sonntag im Advent bis Exaudi. In Zusammenarbeit mit M. Schibilsky und Beate Stirle, hrsg. von E. Domay, 1988 und folgende Lieferungen, 1989 ff.

21 K.P. Jörns, Der Lebensbezug des Gottesdienstes. Studien zu seinem kirchlichen und kulturellen Kontext, 1988, 13 Anm. 6; siehe auch seine Rezension der „Lesepredigten" in: GPM 41/1986/87, 451f.

alle Randbemerkungen in den „Lesepredigten" schon ihre beste Form gefunden haben. Die PredigerInnen sollten nicht unwesentliche, sondern nur charakteristische Gesten und bedeutsame Änderungen der Stimmführung in ihren Stichwortzettel an den entsprechenden Stellen der Predigt eintragen. K.P. Jörns schreibt selbst: „Ich übe diese Kritik, gerade weil ich bereit bin, die darin angewandten Kriterien gerne auf die GPM auch angewendet zu sehen."[22] Wie aber könnten diese Kriterien anders angewendet werden als dadurch, daß die PredigerInnen entsprechende Randbemerkungen in ihren Stichwortzettel eintragen, die sie dann auf der Kanzel nicht „verlesen", sondern in die Tat umsetzen?

Die Gestik in Gestalt von Bewegung der Hände und Arme wird ergänzt durch Bewegungen einzelner Finger, des Kopfes, der Füße etc.[23] Grundsätzlich gilt, daß beim Reden aller SprecherInnen nicht nur einzelne Glieder und Teile des Körpers sprechen, sondern vielmehr der ganze Körper, *„der ganze Leib spricht* - sermo corporis - körperliche Beredsamkeit!"[24]

Deshalb müssen wir F. Winter widersprechen, wenn er in seinem Aufsatz „Predigt" im „Handbuch der Praktischen Theologie" schreibt: „Sie (die Gesten) gehen nur von Händen und Gesicht (Mimik) aus."[25] Es wäre unnatürlich, wenn PredigerInnen darauf achten würden und sollten, daß sie beim Predigen nur Bewegungen mit Händen und Gesichtsmuskeln ausführen.

Vor allem im evangelischen Gottesdienst führen sowohl PfarrerInnen als auch die anderen GottesdienstteilnehmerInnen heute noch zu wenige Gesten aus. Besonders bei der Abendmahlsfeier bietet es sich an, nicht nur die *Einsetzungsworte* zu sprechen, sondern auch bewußt die *Einsetzungshandlungen* zu vollziehen, indem die PfarrerInnen wie Jesus das Brot brechen und austeilen. In der Tauffeier sollten sie nicht nur den Kopf des Täuflings mit wenigen Tropfen Wasser benetzen, sondern dreimal richtig mit Wasser übergießen, beim Segnen mehr Gewicht auf die Segensgeste oder -gebärde legen. Es sind beim Sprechen der Segensworte die Arme zu erheben, und mit weit ausholenden Bewegungen ist das Kreuz zu schlagen. Auf diese Weise verkündigen sie nonverbal den gekreuzigten und auferstandenen Christus. Sind ihre zeichenhaften und symbolischen Handlungen zu ausdrucksarm, dann sehen sie sich veranlaßt, sie mit vielen Worten zu erklären und so die Gemeinde zu belehren. Das aber bewirkt noch mehr Wortlastigkeit des Gottesdienstes, die doch gerade überwunden werden soll. Die anderen GottesdienstteilnehmerInnen können behutsam dazu aufgefordert werden, mehr Gestik im Gottesdienst auszuführen, was z.B.

---

22 ders., Rezension der „Lesepredigten" in GPM, a.a.O.452.
23 Bezüglich der Fingergesten verweisen wir vor allem auf die breiten Ausführungen von H. Rückle in seiner Arbeit: „Körpersprache für Manager"... a.a.O.254-261.
24 F. Schweinsberg, Stimmliche ...a.a.O.414.
25 F. Winter, Die Predigt, in: Handbuch der Praktischen Theologie, 2. Band, 1974, 197-312, 311.

durch die gestische Begleitung rhythmischer Lieder mit Händen und Armen, durch Klatschen oder Bewegungen des Oberkörpers im Takt erreicht werden kann. Dabei ist allerdings jeder Zwang zu vermeiden, um die GottesdienstteilnehmerInnen nicht in peinliche Situationen zu bringen. Kinder, die im allgemeinen weniger gehemmt sind, könnten den Erwachsenen die begleitenden Gesten zu den Liedern vormachen und diese dadurch zum Mitmachen ermuntern.[26] Die begleitende Gestik beim Beten schafft Öffnung und bestärkt die Gebetsrede.[27] Das Vaterunser wird durch die Gesten zu einem „getanzten Gebet", wobei diese Gesten ganz einfach sein können, es muß sich keineswegs um ausgeformte Tanzgebärden handeln.[28] Vor allem katholische Autorinnen haben Gestaltungsmöglichkeiten des Vaterunsers durch Gebetsgesten aus ihrer Praxis heraus vorgestellt.[29] Ferner wäre es eine Bereicherung, wenn sich wie katholische und orthodoxe ChristInnen auch evangelische GottesdienstteilnehmerInnen bekreuzigen und so das Kreuz ihres Herrn bezeugen.

Neben der gestischen Aktivität der ganzen Gemeinde gibt es die Möglichkeit, einzelne GottesdienstteilnehmerInnen zu besonderen Gesten und Handlungen einzuladen, auch zu solchen, die im herkömmlichen Gottesdienst von KirchendienerInnen (KüsterInnen) bereits vor dem Gottesdienstbeginn ausgeführt worden sind. So können Jugendliche und auch Kinder den Altar decken, ihn mit Blumen schmücken, die Altarkerzen anzünden, in der Abendmahlsfeier Brot und Wein zum Altar und in der Tauffeier die Kanne mit Wasser zum Taufbecken bringen und die Taufkerze an einer Altarkerze anzünden. Mitten im Gottesdienst ausgeführt, verlebendigen diese Gesten und Handlungen als festlich sinnfällig erlebbare Elemente den Gottesdienst und nehmen ihm zugleich den Charakter des „Einmannbetriebes".

Die Bewegungen im Gottesdienst unterscheiden sich von den Gesten oder Gebärden darin, „daß sie nicht Veränderungen am Körper einer Person, sondern Veränderungen der Person mit ihrem Körper im Raum dar-

---

26 Anstelle eines Kinderchors kann auch ein Bewegungschor aus Erwachsenen der Gemeinde die Gesten zu den Liedern vormachen. Das ist z.B. so geschehen auf der gottesdienstlichen Abschlußteier der Ökumenischen Versammlung für „Gerechtigkeit, Frieden und Bewahrung der Schöpfung" in Basel am 21.5.1989.

27 H.J. Hufeisen, Gesten und Gebärden im liturgischen Raum - ein bewegter Gottesdienst, in: Das missionarische Wort,41.Jg., 6/1988 (Nov./Dez.1988), 225-230; siehe auch: M.B. Merz, Gebetsformen der Liturgie, in: Gottesdienst der Kirche, Handbuch...Teil 3, a.a.O. 97-130, 102.

28 Teresa Berger, Bewegter und bewegender Glaube: tanzend zwischen Gott und Welt, in: Lebendige Katechese. Beihefte zu „Lebendige Seelsorge", 10.Jg., 2/1988 (Dez.1988), 125-128, 127.

29 Irmgard Pahl, Gesten und Gebärden zum Vaterunser, in: Volk Gottes auf dem Weg...a.a.O. 83-86; Raphaele Voss, Tanz in der Liturgie. Eine Einführung mit Beispielen, 1989, 41-45.

stellen"[30]. Und zwar bewegen sich die GottesdienstteilnehmerInnen in zwei Grundrichtungen: in der „Vertikalen" und „Horizontalen". Zu den Bewegungen in der „Vertikalen" rechnen das Aufstehen (vor allem zum Beten, zu den Lesungen, zum Glaubensbekenntnis, zum Segensempfang und zum Einzug einzelner Gruppen, insbesondere bei Ordinationen und Konfirmationen) als Ausdruck der Ehrerbietung; das Hinsetzen (vor allem bei der Predigt, den Abkündigungen) als Ausdruck der geistigen Konzentration oder der Entspannung; das Niederknien (vor allem bei den Gebeten und der Meditation) als Ausdruck der Unterwerfung, Ehrfurchtsbezeugung und der Konzentration; das Verneigen oder Verbeugen (vor allem nach dem Empfang von Brot und Wein am Altar und beim Verlassen des Abendmahlstisches) als Ausdruck der Dankbarkeit, Ehrfurcht und Demut; das Niederfallen und Auf-den-Boden-legen (vor allem in biblischen Szenen, vgl. Ps 95,6; Mt 26,29; Offb 4,10, zu Beginn des katholischen Karfreitagsgottesdienstes und bei katholischen Bischofs- und Priesterweihen) als Ausdruck der Unterwerfung, Ehrerbietung oder Anbetung; das Klopfen an die Brust als Ausdruck des Sündenbekenntnisses, das noch von katholischen Gemeinden in einigen katholischen Ländern vollzogen wird.[31] Das Niederknien geschieht außer in der katholischen gelegentlich auch in der evangelischen Kirche, so beim Segensempfang in Trauung, Konfirmation, Ordination, beim Abendmahlsempfang und auf Kirchentagen. So wurden auf dem Evangelischen Kirchentag in Düsseldorf 1985 in einer „Kapelle der Segnungen" Kniebänke bereitgestellt.[32] D. Stollberg hat darauf aufmerksam gemacht, daß es „einen gewaltigen Unterschied (macht), ob man beim Beten/Singen sitzt, liegt, steht oder kniet, ob man sich bewegt oder auf seinem Platz bleibt", wobei man die Bedeutung des Sitzens oder Stehens beim Singen „vom Atem her begreifen sollte"[33].

Zu den Bewegungen in der „Horizontalen" rechnet M. Josuttis alle jene, die als „Platzwechsel" zu bezeichnen sind.[34] Dazu gehören das Gehen, Schreiten, Hin- und Herwandeln, Ein- und Ausziehen aus dem Gottesdienstraum, Tanzen und andere Bewegungen. Im normalen evangelischen Gottesdienst vollziehen PredigerIn, LiturgIn und deren MitarbeiterInnen oft, die Gemeinde dagegen relativ selten solche Bewegungen. So begeben sich PredigerInnen zur Predigt auf die Kanzel, LiturgInnen zum Altar zu Gebet, Segen und zur Austeilung der Abendmahlselemente, zum Ambo für den Vortrag der biblischen Lesungen, zum Lesepult zur Verlesung der

---

30 M. Josuttis, Praxis... a.a.O.169.
31 M. Josuttis, Der Weg...a.a.O.130.
32 B. von Issendorf, Segen - Wiederentdeckung eines alten Zeichens, in: ZGP 4.Jg., 6/1986 (Sept./Okt. 1986), 17-19,18.
33 D. Stollberg, Rechtfertigung... a.a.O.28; vgl. auch ders., Liturgische Praxis...a.a.O.32.
34 M. Josuttis, Praxis... a.a.O.169.

Abkündigungen, zum Taufbecken zum Vollzug der Taufe und zum Kirchenausgang zur Begrüßung und Verabschiedung der GottesdienstteilnehmerInnen.[35] Die Gemeindeglieder dagegen „können ihren einmal eingenommenen Platz *allenfalls* (von uns kursiv gedruckt) beim Gang zum Abendmahl verlassen" (M. Josuttis). Darüber hinaus weisen wir noch darauf hin, daß bei einer in den Gottesdienst integrierten Tauffeier die Gemeindeglieder, sofern sie Eltern und Paten der Täuflinge sind, sich zum Taufbecken begeben.[36]

Exkurs: Überwindung des Verbalismus im Gottesdienst

F. Steffensky hat mit Recht vom „gestischen Analphabetismus" im deutschen Protestantismus gesprochen.[37] „Die Predigten sind besser, wenn auch länger. Aber es fehlen ...Bewegungen, Tänze." Das kommt letztlich dadurch, daß bis in die jüngste Zeit hinein im Protestantismus die verbale Kommunikation im Gottesdienst überbewertet und die nonverbale Kommunikation unterbewertet wurde. Daraus ergab sich der vielfach beklagte „Verbalismus" - oder anders ausgedrückt die „Wortlastigkeit", die „Verwortung" oder die „Überverbalisierung" des Gottesdienstes, die „Ausschließlichkeit..., mit der im Gottesdienst das (gesprochene) Wort dominiert und alles auf die Predigt abgestellt ist"[38]. Auch dem katholischen Gottesdienst wird nach dem 2. Vatikanischen Konzil „Verwortung" vorgeworfen, da nach R. Volp in der katholischen Kirche seit den Liturgiereformen des 2. Vatikanums „deutliche Tendenzen einer Höherbewertung verbaler Darstellungen im Gottesdienst zu beobachten" sind: „Volkssprachen in allen Teilen der Messe, lauter Vortrag des Hochgebets, die Empfehlung der Predigt wie überhaupt das Postulat der Einheit der Messe in den beiden Teilen ‚Wortgottesdienst' und ‚Eucharistiefeier' (Art.18f. der Institutio)"[39]. So schreibt auch A. Gerhards, daß es in katholischen Kreisen zu einem „Unbehagen am heutigen (katholischen) Gottesdienst"

---

35 Nach D. Deichgräber können „leibübende Verfahren" wie die von Gerda Alexander begründete „Eutonie", die mit dem Namen Charlotte Selver verknüpften Übungen unter dem Titel „Sensory awareness" und die Bewegungsübungen von Moshe Feldenkrais dem Liturgen dazu verhelfen, seine „....Bewegungen und Verrichtungen bewußt, lebendig und fühlsam (zu) vollziehen". Siehe: D. Deichgräber, Meditation und liturgische Gebärde, in: G. Ruhbach, A. Grün, D. Deichgräber, K.-F. Wiggermann, Meditation und Gottesdienst, 1989, 116-123, 118ff.

36 Die einzelnen Bewegungen im Gottesdienst hat R. Guardini in eindrucksvoller Weise in seiner Arbeit „Von heiligen Zeichen" (1927[1])1984 beschrieben und charakterisiert. Auf diese können wir aus Platzgründen nicht näher eingehen.

37 F. Steffensky, Feier des Lebens. Spiritualität im Alltag, 1984, 81.

38 K.H. Bieritz, Daß das Wort im Schwange gehe. Reformatorischer Gottesdienst als Überlieferungs- und Zeichenprozeß, in: JLH, 29. Band 1985, 1986, 90-103,100; A. Adam, Grundriß Liturgie, 1985[2], 322; A.R. Sequeira, Gottesdienst als ...a.a.O.23; W. Böhme, Gottesdienst als Gemeinschaftserlebnis. Über die horizontale und vertikale Dimension des Gottesdienstes, in: Festschrift für Frieder Schulz, hrsg. von H. Riehm, 1988, 43-47,43; H.Chr. Schmidt-Lauber, Gottesdienstreform - als Lernprozeß, in: Herder-Korrespondenz, 42. Jg., 12/1988 (Dez. 1988), 561-566,563.

39 R. Volp, Liturgie als soziales Verhalten, in: WPKG, 64.Jg., 1975, 28-42,29; vgl. auch ders., „Liturgik", Band 2, a.a.O. 838.

gekommen sei. Letzteres habe sich auch „meist an den worthaften Vollzügen" entzündet, was „nicht unwesentlich mit unserer westlichen Kultur (zusammenhänge), die die kognitiven gegenüber den nonverbalen Elementen überzubetonen pflegt"[40]. Er sieht die Gefahr, daß auch der katholische Gottesdienst zu einem „weiteren Ort der Wortinflation wird". Jedoch ist der Verbalismus im evangelischen Gottesdienst noch stärker ausgeprägt als im katholischen, in dem doch die Gläubigen zahlreichere Gesten und Bewegungen als die evangelischen GottesdienstteilnehmerInnen ausführen, z.b. indem sie sich bekreuzigen, mehrfach den Kopf neigen und beim Schuldbekenntnis mit der Hand auf ihre Brust schlagen. Sie gehen auch nicht nur gelegentlich an Sonntagen, sondern in jedem sonntäglichen Hauptgottesdienst zum Altar, um dort die Hostie zu empfangen. Das gleiche gilt in noch stärkerem Maße vom orthodoxen Gottesdienst, in dem darüber hinaus der Priester den großen und kleinen Einzug hält, zum Altar, zur Ikonostase, zu einzelnen Ikonen und zum Volk geht, um diese zu beräuchern, und die Gläubigen begeben sich zur Verehrung der Ikonen, zum Bruder- und Schwesternkuß, zum Aufstecken von Kerzen auf Kerzenbänke und bei anderen Gelegenheiten im Kirchenraum während des Gottesdienstes. Deshalb gilt die Forderung nach Überwindung des Verbalismus durch Einführung von mehr Bewegung aller GottesdienstteilnehmerInnen in stärkerem Maße für den evangelischen als für den katholischen und orthodoxen Gottesdienst. Statt des Küssens der Ikonen und des Bruder- und Schwesternkusses im orthodoxen Gottesdienst können sich evangelische Christen zum Zeichen ihrer Gemeinschaft im Geiste Christi die Hände reichen, wie es heute schon fast durchweg in katholischen und gelegentlich auch in evangelischen Gottesdiensten geschieht. W. Blasig hält „aufgrund entsprechender Studien und Versuche ... eine Reduktion der Wortfülle (im Gottesdienst) auf etwa die Hälfte innerhalb derselben Zeit für angebracht"[41].

Mehr Bewegung im Gottesdienst kann praktisch vor allem dadurch bewirkt werden, daß nicht nur gelegentlich, sondern in jedem sonntäglichen Hauptgottesdienst das Abendmahl gefeiert wird. Dann kann es nämlich nicht geschehen, daß die Gemeinden – wie es heute noch vielfach der Fall ist – während des ganzen Gottesdienstes auf den Bänken oder Stühlen sitzen bleiben, um sich erst zum Schlußsegen zu erheben. Dann verlassen die GottesdienstteilnehmerInnen zumindest während der Abendmahlsfeier ihre Plätze, um am Altar Brot und Wein zu empfangen, es sei denn, diese werden ihnen zu ihren Plätzen gebracht. An ihren Plätzen sollten sich die Gemeindeglieder häufiger erheben, so insbesondere zu Gebeten und gelegentlich auch zum Singen, denn im Stehen können sie besser als im Sitzen atmen. Es ist auch angebracht, daß evangelische GottesdienstteilnehmerInnen zum Beten niederknien. H. Nitschke hat darauf hingewiesen, daß

---

40 A. Gerhards, Die Bedeutung des Gottesdienstes für den Menschen heute. Gedanken zur Gebetswoche für die Einheit der Christen, in: Festschrift für Frieder Schulz...a.a.O.48-57, 53; siehe auch: K. Richter, Kompetenzen...a.a.O.137.
41 W. Blasig, Für eine Erneuerung des Sonntagsgottesdienstes. Bemerkungen zum Problem des mangelnden Kirchgangs, in: ZGP 7.Jg., 2/1989 (März/April 1989), 17-22,17.

Knien vor dem Herrn „nicht ‚katholisch' (ist), sondern eine alte Weise des Betens, die wir schon aus dem Neuen Testament kennen"[42]. Durch mehrfaches Aufstehen, Hinsetzen und Niederknien der Gemeindeglieder im Verlauf des Gottesdienstes wird nicht nur dem motorischen Bedürfnis der Gemeindeglieder, insbesondere der Kinder und Jugendlichen, Rechnung getragen. Vielmehr bringt die Gemeinde durch die Bewegungen auch äußerlich zum Ausdruck, was sie innerlich bewegt, d.h. Dankbarkeit, Ehrfurcht usw. Ferner befördert der gemeinsame Vollzug dieser körperlichen Bewegungen das Zusammengehörigkeitsgefühl der GottesdienstteilnehmerInnen und verbessert so die horizontale Kommunikation.

Mehr Bewegung kommt auch dadurch in den Gottesdienst, daß die Gemeindeglieder, anstatt ihre Gaben am Ausgang in einen Opferstock oder in einen „Klingelbeutel" zu werfen, der durch die Reihen gereicht wird, diese vielmehr in eine Schale auf dem Altar legen. Warum sollte diese Art der Kolekteneinnahme, die heute vor allem in afrikanischen Gemeinden praktiziert wird, nicht auch von unseren Gemeinden übernommen werden? In manchen evangelischen Gemeinden gibt es auch in Deutschland bereits einen „Dankopferumzug". Wenn die Kollekte auf den Sitzplätzen oder am Ausgang eingesammelt wird, werden Passivität, Bequemlichkeit und die Mentalität des Betreutwerdens befördert, während die Gemeinde aktiviert werden kann, wenn diese ihre Gaben selbst zum Altar bringt. In der Urkirche wurde die „Darbringung" von Brot und Wein am Altar mit diakonischen Naturalopfern (Öl, Käse, Milch, Geflügel) verbunden, die später als „Dankopfer" von der Gabenbereitung zum Abendmahl getrennt wurde.[43] Bei der Darbringung der Kollektengaben auf dem Altar stehen die Gemeindeglieder nicht zuletzt so auch in der Nachfolge Jesu, der nach dem Zeugnis des Matthäus gesagt hat: „Wenn du deine Gabe auf dem Altar opferst und dort kommt dir in den Sinn, daß dein Bruder etwas gegen dich hat, so laß dort vor dem Altar deine Gabe und geh zuerst hin und versöhne dich mit deinem Bruder und dann komm und opfere deine Gabe." (Mt 5,23f.) In der „Erneuerten Agende" wird die Gestaltung des „Dankopfers in offener Form" in Variante C 2 des Abendmahlsteils behandelt.[44]

Exkurs: Gestaltung der Agenden und Liturgieblätter

Die Gesten der LiturgInnen, die sie ausführen („sie/er erhebt die Arme"), die Haltung, die sie einnehmen („sie/er steht vor oder hinter dem Altar"), die Richtung, in die die Rede ergeht („sie/er wendet sich zur Gemeinde"), der Ton, der die Rede begleitet („sie/er spricht oder singt")[45] und ebenso auch die Bewegungen, die aus-

---

42 H. Nitschke, Im Hause des Herrn. Führung durch den evangelischen Gottesdienst, 1985, 45.
43 J. Stalmann, Tagungsordnungspunkt...a.a.O.144.
44 Erneuerte Agende (EA), Vorentwurf, 1990, 120.
45 K.H. Bieritz, Liturgisches Stichwort: Beten im Gottesdienst, in: ZGP 7.Jg., 2/1989 (März/April 1989), 31-33,31.

geführt werden („sie/er tritt zum Altar, zum Ambo, zum Lesepult, zum Taufbecken, geht zum Ausgang des Gottesdienstraums"), sollten in den gottesdienstlichen Agenden aufgeschrieben sein. In ihnen sollte auch festgelegt sein, wer (PredigerIn, PraedikantIn, LiturgIn, LektorIn, Gemeinde, LiturgIn mit der Gemeinde, Orgel, Chor), wo (Kanzel, Altar, Ambo, Lesepult, Taufstein), in welcher Haltung (stehend, sitzend, kniend) und in welcher Reihenfolge spricht, singt und sich bewegt. Agende kommt vom lateinischen agenda, was in der Übersetzung heißt: „das, was zu tun ist". Die protestantischen Agenden, wie sie heute in der Regel benutzt werden, handeln aber weniger von dem, was zu tun, sondern vielmehr von dem, was zu sagen und zu singen ist. Die katholischen Meßbücher dagegen enthalten auch liturgische Handlungsanweisungen für den Priester in Gestalt der sogenannten „Rubriken" (der Name kommt daher, daß sie stets rot gedruckt sind). Die evangelischen agendarischen Ordnungen und Liturgieblätter haben sich seit der Reformationszeit bis in die Gegenwart damit begnügt, die „...liturgischen Stücke und Texte einfach der Reihe nach abzudrucken"[46]. Evangelische Agenden zeigen also nur die verbale, nicht aber die nonverbale Kommunikation an. Aus diesem Sachverhalt ergibt sich „eine merkwürdig reduzierte Kommunikationsstruktur" (M. Josuttis).[47] Anders ist es schon im Lima-Dokument von 1982 über Taufe, Eucharistie und Amt. Hier wird im Abschnitt über die Taufe in den Artikeln 17-21 auch auf nonverbale Elemente der Taufhandlungen eingegangen.[48] In der Zukunft sollte also grundsätzlich in den evangelischen Agenden so wie in den katholischen Meßbüchern nicht nur die verbale, sondern auch die nonverbale Kommunikation im Gottesdienst strukturiert werden. Das bedeutet, daß nicht nur die verbalen Aussagen der LiturgInnen, sondern auch ihre nonverbalen Aussagen in Gestalt ihrer Gesten und Bewegungen in zeitlicher Reihenfolge im Wechsel mit anderen MitarbeiterInnen und mit der Gemeinde angegeben werden. Nur so können auch die evangelischen Agenden dem Gewicht gerecht werden, das der nonverbalen Kommunikation im Gottesdienst zukommt.

Aber nicht nur in den Agenden, sondern auch in den Liturgieblättern für die Gemeindeglieder sollten die Bewegungen der LiturgInnen, ihrer Mitarbeiterschaft und der Gemeindeglieder aufgezeichnet sein. Das heißt praktisch, daß auf diesen Blättern auch vermerkt ist, wann und an welchen Stellen im Gottesdienst das Gemeindeglied sich erhebt, setzt, niederkniet, zum Altar geht und andere Bewegungen durchführt. Abweichungen von dieser grundsätzlichen Ordnung in beson-

---

46 Ders., Struktur. Überlegungen zu den Implikationen eines Begriffs im Blick auf künftige Funktionen liturgischer Bücher, in: JLH 23 (1979), 32-52,37; siehe auch: Versammelte Gemeinde. Struktur und Elemente des Gottesdienstes. Zur Reform des Gottesdienstes und der Agende, 1980, 33.

47 M. Josuttis, Der Pfarrer ist anders. Aspekte einer zeitgemäßen Pastoraltheologie, 1982, 98.

48 K.H. Bieritz, Die Taufe als Zeichenhandlung. Überlegungen zu ihren nichtverbalen Elementen, in: Festschrift für Frieder Schulz...a.a.O. 347-362, 347; auch in den von H. Nitschke und Chr. Zippert herausgegebenen Berichten über Abendmahlsgottesdienste wird vereinzelt der nonverbale Kommunikationszusammenhang beschrieben, siehe: Abendmahl. Liturgische Texte, Gesamtentwürfe, Predigten, Feiern mit Kindern, besondere Gestaltungen, Besinnungen, 1977, 113ff. und 123ff.

deren Gottesdiensten sollten vor Gottesdienstbeginn jeweils bekannt gegeben oder besondere Liturgieblätter ausgeteilt werden. Wenn die Liturgieblätter, die in manchen Gemeinden in die Gesangbücher eingeheftet sind, diese Angaben über die Bewegungen der Gemeindeglieder nicht oder unzureichend enthalten, dann müssen die LiturgInnen die Bewegungen jeweils durch Worte oder Zeichen ansagen. Das wäre nicht erforderlich, wenn die GottesdienstteilnehmerInnen diese auf dem ihnen ausgehändigten Liturgieblatt lesen könnten. Die regelmäßigen Kirchgänger wissen aus Gewohnheit, wann sie aufstehen, sich hinsetzen müssen usw. Die gelegentlichen oder dem Gottesdienst entfremdeten KirchgängerInnen dagegen werden verunsichert, wenn sie dies nie genau wissen, weil das Liturgieblatt dazu keine oder zu wenige Angaben enthält. Liturgieblätter mit ausführlichen „Regieanweisungen" auch zu Bewegungen der Gemeindeglieder im Gottesdienst einschließlich Tauf- und Abendmahlsfeier, auf die durchaus mehrmals hingewiesen werden kann, sind also sehr nützlich.

Welche Bewegungen die Gemeinde an welcher Stelle im Gottesdienst ausführen soll, sollte im „Arbeitskreis für Gottesdienst" jeder Gemeinde beraten und im Kirchenvorstand beschlossen werden. Neben allen Aktivitäten der LiturgInnen, ihrer MitarbeiterInnen und der Gemeinden im Gottesdienst haben unbedingt auch Phasen der Stille und Besinnung ihren Platz, die nicht „Sendepausen" sind, sondern positive Funktionen haben. Das heißt, Gottesdienste dürfen nicht zu Action-Veranstaltungen ausarten, in denen ununterbrochen viel passiert. Ebenso sollte in jedem Gottesdienst genügend Raum für Kreativität und Spontanität bleiben.[49] Bei aller durch die Agende vorgegebenen Ordnung des Gottesdienstes sollten die GottesdienstteilnehmerInnen sich frei, natürlich und unverkrampft bewegen und körperlich ausdrücken können, was sie fühlen und was sie bewegt und erfüllt. Dabei ist auch gelegentliches spontanes Beifallklatschen angebracht, wie es z.b. schon im 4.Jahrhundert durch die Predigten des Chrysostomus ausgelöst wurde.[50] In letzter Zeit gab es dies vor allem in den Gottesdiensten der Kirchen- und Katholikentage und in Familiengottesdiensten in der evangelischen und katholischen Kirche. Spontaner Beifall wäre aber auch eine Bereicherung für den sonn- und feiertäglichen Hauptgottesdienst.

---

49 Th. Sorg, Christus vertrauen - Gemeinde erneuern. Gemeindeaufbau in der Volkskirche, 1987, 70.

50 A. Ehrensperger, Gottesdienst...a.a.O.20; Paverd van de Frans, Zur Geschichte der Meßliturgie in Antiocheia und Konstantinopel gegen Ende des vierten Jahrhunderts. Analyse der Quellen bei Johannes Chrysostomus, 1970, 135; siehe auch: F. Kohlschein, Bewußte, tätige und fruchtbringende Teilnahme, in: Lebt unser Gottesdienst? Die bleibende Aufgabe der Liturgiereform, hrsg. von Th. Maas-Ewerd, 1988, 38-62,60, Anm. 31.

d. Körperhaltung

Jeder Mensch spricht nicht nur mit Worten, Gesten und Körperbewegungen, sondern auch mit dem Verharren in Körperhaltungen.[1]

Wenn G. Otto schreibt: „Geht man davon aus, daß Kommunikation nicht nur durch Sprache stattfindet, sondern ebenso durch Körperhaltung und Körpersprache"[2], so ist dazu zu bemerken, daß die Körperhaltung nicht ein Element neben der Körpersprache, sondern vielmehr ein wichtiges Teilgebiet der Körpersprache ist. Wenn F. Mildenberger in seiner „Kleinen Predigtlehre" ausführt: „Noch eine Frage will ich in diesem Zusammenhang der Gestaltung unserer Predigt nennen: Die Frage nach Mimik und Gestik" und an späterer Stelle seiner Arbeit auch nur von der „Beweglichkeit des Gesichtsausdrucks" und der „Ausdrucksfähigkeit der Hände und Arme", nicht aber vom Ausdruck der Körperhaltung schreibt[3], so übersieht er das Gebiet der Körperhaltung.

Wie wichtig in jeder Kommunikation die Körperhaltung ist, geht schon aus der Feststellung hervor: „Körperhaltungsfigurationen und Körperstellungen (enthüllen) auf einen Blick einen Großteil dessen, was in einer Interaktion vor sich geht."[4] Deshalb bedarf die Körperhaltung besonderer Aufmerksamkeit und Pflege nicht nur beim Predigen, sondern auch bei der Gestaltung des ganzen Gottesdienstes. F. Schweinsberg spricht ausdrücklich von der „mitschaffenden Körperhaltung"[5]. Freilich ist die Körperhaltung nur dann „mitschaffend", wenn sie der mündlichen Rede nicht widerspricht, sondern sie bestätigt und verstärkt. So läßt sich z.B. „Zuwendung... nicht aussagen und mitteilen, indem man sich abwendet"[6]. In der Tat, wenn PredigerInnen ihren Oberkörper von der Gemeinde oder auch nur von einem Teil der Gemeinde abwenden, also mit anderen Worten ihr die „kalte Schulter" zeigen, so können sie in dieser Körperhaltung nicht glaubwürdig von der Zuwendung Christi zu allen Menschen reden und alle

---

1 A.R. Sequeira behandelt Bewegungen und Haltungen zusammen in nur einem Kapitel mit der Überschrift „Die Bewegungen als liturgische Ausdrucksdimension", siehe: ders., Gottesdienst als...a.a.O.24-39. Wir jedoch wollen wie M. Argyle und andere Vertreter der Kinesik die Haltungen in einem gesonderten Kapitel besprechen, um sie auf diese Weise klar von den Bewegungen zu unterscheiden, obwohl Bewegungen und Haltungen einander zugeordnet sind, siehe: M. Argyle, Körpersprache ...a.a.O.255-266. Auch in den Ausführungen von Chr. Grethlein und Birgit Jeggle-Merz, die sich beide auf A.R. Sequeira berufen, vermissen wir eine klare Unterscheidung von Bewegungen und Haltungen, siehe: Chr. Grethlein, Abriß...a.a.O.32f.; Birgit Jeggle-Merz, Bewegung als...a.a.O.60.
2 G. Otto, Grundlagen der Praktischen Theologie, 1986, 204.
3 F. Mildenberger, Kleine...a.a.O.152f.
4 A.E. Scheflen, Die Bedeutung der Körperhaltung in Kommunikationssystemen, in: Seminar: Kommunikation, Interaktion, Identität, Suhrkamp Taschenbuch Wissenschaft 156, 1976, 221-253,221.
5 F. Schweinsberg, Stimmliche...a.a.O.423.
6 K.H. Bieritz, Daß das Wort...a.a.O.103.

zu dessen Nachfolge aufrufen. PredigerInnen haben darauf zu achten, daß sie vielmehr während der ganzen Predigt und entsprechend LiturgInnen während aller liturgischen Handlungen im Gottesdienst mit dem Körper gänzlich der Gemeinde zugewandt sind. So sollten z.B. LiturgInnen beim Vollzug einer Taufe nicht so am Taufbecken/-stein stehen, daß sie der Gemeinde nur eine Seite ihres Körpers oder gar den Rücken zuwenden, sondern der Gemeinde auch körperlich stets ganz zugewandt sein.

Bei allen Kommunikationsprozessen hat die Körperhaltung die Funktion, die verbale Rede und den sonstigen Austausch einzurahmen, zu interpretieren und zu akzentuieren. Wie das Senken des Kopfes das Ende einer Feststellung oder das Heben des Kopfes das Ende einer Frage markiert, so weisen größere Veränderungen der Körperhaltung auf das Ende von Sätzen, Gedankengängen oder längeren Erklärungen hin. Sie dienen nicht nur zur Abgrenzung und Akzentuierung von Worten, Sätzen und Gedankengängen, sondern auch zur Aufnahme von Beziehungen. Wir kommentieren eine Aussage oder Rede durch eine angespannte, konzentrierte oder aber entspannte Körperhaltung. Das gilt für das alltägliche wie auch für das gottesdienstliche Geschehen.

Schon beim Gang zur Kanzel spielt die Haltung der PredigerInnen eine nicht unwesentliche Rolle. Gehen sie mit hängenden Schultern, eingesunkener Brust (und todernster Miene) zur Kanzel, dann können sie nicht glaubwürdig von der befreienden und frohmachenden Botschaft von Christus und seinem Reich sprechen. Die Haltung, mit der die PredigerInnen zur Kanzel, die LiturgInnen zum Altar und die LektorInnen zum Ambo oder Lesepult gehen, verrät schon viel über ihre Persönlichkeit. Dazu schreibt Inge Schweinsberg-Reichart treffend: „Auch im Nonverbalen ist das Äußere Spiegel eines Inneren. Wir werden beurteilt, wie wir erscheinen (noch ehe wir den Mund auftun) und nicht, wie wir zu sein wünschen oder vorgeben."[7] Beim Gang zur Kanzel, zum Altar und zum Taufbecken sollten sich PfarrerInnen der Freude und zugleich des Ernstes ihres Dienstes bewußt sein und in ihrer äußeren Haltung ausdrücken. So hat C.H. Spurgeon festgestellt: „Wir gehen nicht auf die Kanzel, um es uns gemütlich zu machen, sondern um eine sehr ernste Arbeit zu tun, und demgemäß muß auch unsere Stellung sein."[8] Wer daraufhin seine Haltung in seinem Dienst bedenkt und dementsprechend gestaltet, beeinflußt zugleich sein inneres Selbst. K. Blum schreibt für Führungskräfte in der Wirtschaft: „Der Redner muß von Anfang an durch sein Auftreten, seine Haltung und durch die Art der Darstellung seines Themas den Zuhörer für sich und seine Sache gewinnen."[9] Entsprechend gilt für PredigerInnen und ihre

7 Inge Schweinsberg-Reichart, Rednerschulung...a.a.O.127.
8 H. Lemmermann, Lehrbuch der Rhetorik, 1962, 168.
9 K. Blum, Rhetorik für Führungskräfte, 1985, 247.

MitarbeiterInnen im Gottesdienst: Sie sollten von Anfang an auch durch ihr Auftreten, ihre Haltung und durch die Art ihres Vortrages und ihrer Verkündigung die GottesdienstteilnehmerInnen für das Evangelium zu gewinnen suchen.

Wie Körperbewegungen, so sind auch Körperhaltungen im Alltag meist unwillkürlich, unbewußt und spontan. Sie können aber auch bewußt eingesetzt werden, um bestimmte Aussagen zu machen (so sagt z.b. die gebeugte Haltung Ehrfurcht und Demut aus), dürfen aber nicht unnatürlich wirken. Denn nach G. Voigt bringen „eine unnatürliche und zur Schau gestellte Andachtshaltung (etwa auf dem Weg zum Altar und von dort zurück), ein aufdringliches Sich-Geben beim Singen und Beten...unserem Herrn bei denen, die ihn noch nicht kennen, in Mißkredit"[10]. Je nach der besonderen Situation im Gottesdienst sind unterschiedliche Haltungen angebracht. So gehört zur Begrüßung der Gemeindeglieder zu Beginn des Gottesdienstes eine einladende Haltung. Ein leicht nach vorn geneigter Oberkörper signalisiert Entgegenkommen, Zuneigung und zugleich Respekt vor den Gemeindegliedern. Analog dazu ist bei der Begrüßung und Verabschiedung eine freundliche Haltung, beim Sündenbekenntnis eine reuige, schuldbewußte, bei den Kasualhandlungen im Gottesdienst (Taufe, Abendmahl, Konfirmation) eine würdevolle und beim Umgang mit Leidtragenden eine mitfühlende, teilnahmsvolle Haltung angebracht.

Zur Haltung der PredigerInnen schreibt der praktische Theologe F. Winter: „Im übrigen hat der Zeuge völlig ruhig zu stehen oder auch im kleinen Kreis zu sitzen, wobei die Körperhaltung locker zu sein hat."[11] Dazu ist zu bemerken, daß die Forderung, „völlig ruhig zu stehen", der Forderung nach einer „lockeren" Körperhaltung widerspricht. Denn PredigerInnen mit einer lockeren Körperhaltung werden gerade nicht „völlig ruhig" stehen, sondern sich auch auf der Kanzel mit Maßen bewegen und so die Körperhaltung verändern. So rät R.H. Ruhleder: „... bleiben Sie nicht festgemauert an einer Stelle stehen."[12] Wenn eine enge Kanzel PredigerInnen dazu zwingt, praktisch doch auf einer Stelle stehenzubleiben und nicht wie am Ambo oder Lesepult einen Schritt nach rechts oder links zu machen, dann sollten sie doch wenigstens bei festem Standort den Körper zur Seite, vor und zurück bewegen und dadurch eine abwechslungsreiche Haltung einnehmen, denn: „Eine steife Haltung wirkt unnatürlich." Wie viele und wie stark ausgeprägte Bewegungen und damit Haltungsänderungen auszuführen sind, kann nicht generell bestimmt werden, da es hierbei letztlich um eine Frage des persönlichen Temperaments geht.[13] Andererseits ist es

---

10 G. Voigt, Unser Gottesdienst. Wege zum Verstehen und Erproben, 1974, 38.
11 F. Winter, Die Predigt...a.a.O.31.
12 R.H. Ruhleder, Rhetorik...a.a.O.69.
13 H. Krusche, Reden...a.a.O.55.

notwendig, daß sich LiturgInnen und LektorInnen, die am Ambo oder Lesepult mehr Bewegungsspielraum als die PredigerInnen auf der Kanzel haben, davor hüten, beim Reden hin und her zu laufen. Denn „unmotiviertes Hin- und Herlaufen stört allerdings die Konzentration der Zuhörer".

Die äußere Haltung eines Menschen läßt Rückschlüsse auf seine innere Haltung zu.[14] Eine äußerlich starre Haltung deutet auf eine innere Erstarrung oder Verhärtung, vielleicht auch auf Gefühlsarmut, eine lässige Haltung auf Arroganz, ein nach vorn geneigter Körper auf Unsicherheit, ein nach rückwärts gebeugter Oberkörper auf Überheblichkeit und eine aufrechte, feste Haltung auf Selbstbewußtsein hin. Was sich daraus für die rechte Haltung der PredigerInnen ergibt, sagt L. Fendt in seiner „Homiletik" mit folgenden Worten: „Die Haltung des Predigers auf der Kanzel sei gerade und doch nicht gezwungen gerade, ruhig und doch nicht steif, nicht vornüber gebeugt, nicht hingelehnt, nicht ein Sich-hin-und-her-bewegen, nicht ellenbogengemütlich, nicht hin- und herschreitend, nicht hin- und herschwankend."[15] Zur letzteren Aussage schreibt F. Schweinsberg in seiner plastischen humorvollen Weise: „Wiege dich auch nicht hin und her wie eine Pappel im Abendwind; denn Seekrankheit zu erregen, ist wohl nicht deine Arbeit."[16] Ein nach vorwärts oder rückwärts geneigter Oberkörper kann jedoch unter Umständen auch angebracht sein.[17] So können sich z.B. PredigerInnen nach vorne über das Kanzelpult lehnen, um die Eindringlichkeit an einer Stelle der Predigt zu unterstützen oder etwas zurücktreten, um laut eine Stelle pathetisch zu sprechen. P. Ebeling empfiehlt, beim Stehen die Füße nicht zu dicht nebeneinanderzustellen, um die Balance nicht zu verlieren, die Knie durchgedrückt zu lassen und nicht auf den Füßen zu wippen, weil sich das auf die Körperhaltung überträgt.[18]

Nach so vielen Forderungen und Ratschlägen, was PredigerInnen für eine gute Körperhaltung auf der Kanzel zu beachten haben, ist erneut auf das bereits mehrfach über die Natürlichkeit und Authentizität der Körpersprache Gesagte hinzuweisen. Es ist gut, auf folgende Aussage von F. Schweinsberg zu hören: „Die ganze rednerische Haltung muß aus dem Innern kommen, und sie kommt sicher ganz von selbst, wenn der Redner wirklich sich selbst gibt."[19] Allerdings geschieht das Überwinden einer fal-

---

14 Ebd.
15 L. Fendt, B. Klaus, Homiletik, 1970[2], 114.
16 F. Schweinsberg, Stimmliche...a.a.O.424.
17 G. Ammelburg, Sprechen...a.a.O.73.
18 P. Ebeling, Das große Buch der Rhetorik, 1985[3], 150. Schließlich sollte der Prediger nach H. Thielicke auch nicht steif „wie ein Stockfisch auf der Kanzel" stehen. Siehe: H. Thielicke, Auf dem Weg...a.a.O. 161; siehe auch: H. Krusche, Reden...a.a.O.4.
19 F. Schweinsberg, Stimmliche...a.a.O.421.

schen Gewohnheit, wie z.B. eines „Rechts- oder Linksdralls", nicht ganz von selbst. Sondern darum müssen sich PredigerInnen schon selber bemühen. G. Ammelburg weist darauf hin, daß fast jeder Redner die Neigung hat, „den Schwerpunkt seiner Rederichtung und damit auch seine Körperhaltung nicht zur Mitte seines Zuhörerkreises, sondern seitlich davon zu orientieren"[20]. Fehlt eine bewußte Steuerung der Körperhaltung, besteht die Gefahr, daß einige GottesdienstteilnehmerInnen nach der Predigt denken oder vielleicht auch sagen werden, sie hätten sich „nicht angesprochen gefühlt".

Ein Feedback zu ihren Aussagen erhalten PredigerInnen nicht nur durch die mimischen Bewegungen, sondern auch durch die Körperhaltungen und Haltungsänderungen der GottesdienstteilnehmerInnen. Ein nach vorne geneigter Kopf oder ein vorgebeugter Oberkörper signalisiert Interesse, Respekt und Zuneigung, ein zu Boden gerichteter Kopf oder ein zurückgelehnter Oberkörper Desinteresse oder Ablehnung. Allerdings könnte ein gesenkter Kopf, wobei das Gesicht mit den Händen bedeckt sein kann, auch besagen, daß die GottesdienstteilnehmerInnen sich konzentrieren möchten und nicht abgelenkt werden wollen. Wenn sie aber zur Decke, zu den Wänden oder gar zum Ausgang schauen und den Oberkörper dem Ausgang zuwenden („Fluchtposition"), dann sind diese Reaktionen untrügliche Zeichen für Desinteresse. Übertrieben häufige Veränderungen der Gesamtkörperhaltung können „Unbehagen, Langeweile, Ungeduld oder Gereiztheit"[21] ausdrücken. Auf diese Zeichen sollte sofort entsprechend reagiert werden, indem die PredigerInnen zum Ende ihrer Ausführungen kommen, ein anderes Thema aufgreifen oder statt eintöniger Rede mehr Stimmodulation einsetzen. Ferner sollten sie kontrollieren, ob ihre Reaktionen positive Haltungsänderungen der gelangweilten GottesdienstteilnehmerInnen bewirkt haben.

Die nonverbalen Aussagen der Körperhaltung setzen sich naturgemäß aus der Haltung der einzelnen Körperglieder und -teile, d.h. der Haltungen der Wirbelsäule, der Schultern, des Rückens, des Bauches, der Arme und Hände und des Kopfes zusammen.[22] Da wir nicht auf alle eingehen können, sollen hier nur die Haltung des Kopfes der PredigerInnen und der Hände der GottesdienstteilnehmerInnen beim Beten besprochen werden.

In bezug auf die Kopfhaltung der PredigerInnen zitiert C.H. Spurgeon folgende „sehr gute" Ausführungen von J. Wesley: „Der Kopf sollte nicht zu hoch gehalten oder bäurisch vorgestreckt werden, auch darf er nicht auf die Brust herunterhängen; man sollte ihn nicht nur bald auf die eine, bald auf die andere Seite legen, sondern mit Anstand und Bescheidenheit

20 G. Ammelburg, Handbuch...a.a.O.331.
21 L. Zunin, Kontakt...a.a.O.29.
22 M. Argyle, Körpersprache...a.a.O.255.

in seiner natürlichen Lage und Stellung aufrecht halten. Ferner sollte er weder beständig unbeweglich gehalten werden wie eine Bildsäule, noch auch sich stets bewegen und umhergeworfen werden. Um beide Extreme zu vermeiden, sollte er ohne Hast, wie die Umstände erfordern, bisweilen nach der einen, bisweilen nach der anderen Seite gewendet werden, zu anderen Zeiten aber, während man vor sich hinblickt, nach der Mitte der Versammlung hingerichtet bleiben."[23]

Die Haltung der Hände beim Beten ist in den Konfessionen verschieden. Die katholischen Christen beten in der Regel mit aneinandergelegten, nach oben weisenden, die protestantischen mit ineinandergeschlagenen oder verschränkten Händen, wobei die Finger auf die BeterInnen zurückweisen.[24] Indem die BeterInnen beim Beten nicht nur Worte sprechen, sondern zugleich eine bestimmte Gebetshaltung einnehmen, ist ihr Inneres und Äußeres, d.h. ihr ganzer Mensch, beteiligt. Weil in der Zuwendung des Menschen zu Gott der ganze Mensch beteiligt sein sollte, sind es keine „belanglosen Äußerlichkeiten", wenn auf eine angemessene Haltung beim Gebet und darüber hinaus im ganzen Gottesdienst Wert gelegt wird. Die körperlichen Vollzüge bleiben nicht ohne Rückwirkung auf den inneren Mitvollzug. Manches wird den BeterInnen „innerlich gar nicht ganz zu eigen", wenn sie es nicht auch äußern.[25] Deshalb ist der körpersprachliche Vollzug beim Beten so wichtig.

e. Körperkontakt oder -berührung (Tastsinn)

Körperkontakt ist „die ursprünglichste Form der sozialen Kommunikation"; andere Formen der nonverbalen Kommunikation sind „eine spätere Entwicklung, sowohl in der Evolution als auch in dem individuellen Wachstum"[1].

So berichtet A. Montagu, daß beim Embryo „sich der Tastsinn als erster (entwickelt); lange bevor sich Ohren und Augen bilden, reagiert der noch nicht 3 cm große Embryo aktiv auf die Stimulation seiner Haut"[2]. Der Säugling und das heranwachsende Kind lernen die Welt mit dem Tastsinn kennen und erfahren dabei durch Ertasten und Berühren „Geborgenheit und Zuwendung und (gewinnen) dadurch Vertrauen und Sicherheit"[3]. Der Säugling berührt die Mutter mit den Händen und

23 C.H. Spurgeon, Gute Winke...a.a.O.116.
24 Über Sinn und Bedeutung dieser unterschiedlichen Haltungen der Hände beim Beten informiert Y. Spiegel, Glaube wie er leibt und lebt. Teil 3: Bilder vom neuerstandenen Leben, 1984, 9; siehe auch: A.R. Sequeira, Gottesdienst als...a.a.O.53f.; M. Josuttis, Der Weg...a.a.O.130f.
25 Gotteslob. Katholisches Gebet- und Gesangbuch für das Bistum Limburg, 1990[10], 79f.

1 M. Argyle, Körpersprache...a.a.O.267.
2 A. Montagu, Die Haut, in: Das Schwinden der Sinne, hrsg. von D. Kamper und Chr. Wulf, Ed. Suhrkamp, NF 188, 1984, 210-224,211.
3 A.R. Sequeira, Gottesdienst als...a.a.O.21.

beim Stillen mit dem Mund, wird gestreichelt, geküßt und umarmt und fühlt so den Schutz ihrer Arme.

Nicht nur Hände, Mund und Arme, sondern der ganze Körper des Menschen ist mit fühlender Haut überzogen. Deshalb ist die Haut mit ihrem Tastsinn das größte aller Sinnesorgane.

Der Tastsinn ist zugleich der unmittelbarste und intimste aller Sinne, weil er der einzige ist, der dem Menschen erlaubt, in der Berührung und damit im Fühlen des anderen sich selbst zu fühlen. Das kommt in alltäglichen Redewendungen wie „hautnahes" Erleben oder „unter die Haut gehen" zum Ausdruck. Einem Subjekt oder Objekt „zum Anfassen" kommen wir besonders nahe. So schreibt O. Betz: „Was nicht angefaßt (nicht ,begriffen') werden kann, das bleibt meist unfaßbar, unbegreiflich."[4]

Wie wichtig das Tasten für die johanneische Tradition ist, zeigt die Aussage des 1. Johannesbriefes, die besagt, daß der menschgewordene Gott nicht nur gehört und gesehen, sondern auch „mit unseren Händen betastet" werden konnte, siehe 1. Joh 1,1f.

Wir unterscheiden aktive von passiver Berührung.[5] Die Haut kann sowohl Signale senden und zwar über ihren Zustand durch ihre Farbe, ihren Geruch und Geschmack (z.B. beim Schwitzen), ihre Feuchtigkeit und ihre Temperatur, als auch Signale empfangen, z.B. dann, wenn sie beim Streicheln berührt wird. Einen Trostsuchenden können wir nicht nur mit Worten trösten, sondern auch dadurch, daß wir unsere Hand liebevoll auf seine Schulter legen, ihn streicheln oder ihn in unsere Arme schließen. Dabei dient unser Körperkontakt der Verstärkung und Vertiefung unserer verbalen Kommunikation. Durch gleichzeitigen verbalen, visuellen und taktilen Kontakt kann Glück erhöht und Trauer verinnerlicht werden. Der Körperkontakt zwischen Menschen kann nach dem Grad der Intimität, Häufigkeit und Dauer eingestuft werden. So rangiert z.B. eine Umarmung vor einem Händedruck. Beim Händedruck und -schütteln gibt es weitere Unterscheidungen, z.B. diejenige in Händeschütteln mit einer oder mit beiden Händen, ferner graduelle Unterschiede, z.B. verschiedene Grade der Festigkeit des Händedrucks und andere.

Berührungen haben oft sexuelle Bedeutung. Intime Berührungen werden dann nicht als unerlaubte Eingriffe in die Intimsphäre angesehen, wenn sie in der Ausübung des Berufs, z.B. der ÄrztInnen, der FriseurInnen und auch der PfarrerInnen erfolgen. So werden Berührungen der PfarrerInnen bei der Durchführung von Amtshandlungen (Taufe, Trauung usw.) von den Gemeindegliedern ohne Bedenken in dem Bewußtsein akzeptiert, daß sie durch die Ordination zu diesen Berührungen ermächtigt worden sind.

---

4 O. Betz, Unsere fünf Sinne, in: CiG 39.Jg., 30/1987, 245f., 245.
5 M. Argyle, Körpersprache...a.a.O.267.

J. Fast schreibt: „Wer die Schulter eines Menschen mit der Hand oder mit dem Arm berührt, kann eine lebendigere und direktere Botschaft übermitteln, als er es mit Dutzenden von Wörtern tun könnte."[6] Wenn eine Botschaft durch Berührung wirksamer als durch Aussprechen vieler Worte übermittelt werden kann, erhebt sich die Frage, warum in Gottesdiensten die frohe Botschaft nicht nur durch viele Worte, sondern auch durch viel mehr Berührung vermittelt wird. In der Tat gab es im urchristlichen Gottesdienst wesentlich mehr Berührungen als vor allem in heutigen protestantischen Gottesdiensten. So wurde in den Gottesdiensten der Urchristenheit der liturgische Kuß praktiziert, vgl. RM 16,16; 1. Kor 16,20; 1. Petr 5,14. Ferner feierte die Urgemeinde an jedem ersten Tag der Woche das Brotbrechen, d.h. das Abendmahl, vgl. Apg 2,42 und 20,7, in dem es auch zu zahlreichen Berührungen kommt. So berühren die Kommunizierenden mit der Hand und mit dem Mund das Brot und mit den Lippen den Kelch mit Wein. Auch im orthodoxen Gottesdienst gibt es bis zum heutigen Tag wesentlich mehr Berührungen als insbesondere im evangelischen Predigtgottesdienst. So kommt es zu Berührungen, wenn orthodoxe ChristInnen in der Eucharistiefeier Brot und Wein empfangen, im sonstigen Gottesdienst die Ikonen, das Evangeliar und das Handkreuz des Priesters küssen, andere GottesdienstteilnehmerInnen küssen oder umarmen, sich bekreuzigen, sich niederbeugen, um die Erde zu berühren, Kerzen und an hohen Festtagen Palmen oder Weidenkätzchen oder Blumen in den Händen halten[7] und dabei diese berühren. Da mit der Taufe im orthodoxen Gottesdienst Salbungen vor und nach der Taufe verbunden sind, berührt der Priester Stirn, Augen, Nase, Mund, Ohren, Brust, Hände und Füße des Täuflings, indem er diese mit wohlduftendem Myron salbt. Im katholischen Gottesdienst gibt es zwar weniger Berührungen als im orthodoxen, aber doch mehr als im evangelischen Gottesdienst. Insofern können wir von einem „Gefälle zwischen östlichen, westlich-katholischen und reformierten Gottesdiensten"[8] sprechen. Im katholischen Gottesdienst kommt es vor allem dadurch zu Berührungen, daß die GottesdienstteilnehmerInnen in jedem Sonntagsgottesdienst die Hostie empfangen können, daß sie sich mehrfach bekreuzigen, daß sie beim Sündenbekenntnis sich mit der Faust auf die Brust schlagen und damit die Brust berühren können. Ferner wird meist der Friedensgruß praktiziert, bei dem die Gläubigen beim Handschlag die Hand ihrer NachbarInnen berühren.

6 J. Fast, Körpersprache...a.a.O.12.
7 K.Chr. Felmy, Der Himmel auf Erden. Das geistliche Leben der Russischen Orthodoxen Kirche, in: Tausend Jahre Kirche in Rußland. Katalog zur Ausstellung, 1987, 47-63,57.
8 H. Reifenberg, Berührung als gottesdienstliches Symbol. Liturgisch-phänomenologische Aspekte des taktilen Elementes, in: ALW 27 (1985), 1-34,5.

M. Josuttis stellt zum heutigen westlichen Gottesdienst fest: „Derartige intensive Kommunikationsformen (Berührungen) erscheinen im Gottesdienst der christlichen Gemeinde äußerst selten. Man findet sie in der Form der Handauflegung bei bestimmten Einführungs- oder Einsegnungshandlungen."[9] Wir meinen jedoch, daß es im heutigen evangelischen Gottesdienst zu mehr Berührung als nur bei Einführungen oder Einsegnungen, d.h. bei Ordinationen, Taufen und Konfirmationen im Gottesdienst, kommen kann. So werden die GottesdienstteilnehmerInnen Brot und Wein berühren, wenn in den Gottesdienst eine Abendmahlfeier integriert ist. Dabei ist es nicht unwesentlich, ob sie die künstliche, glatte Oberfläche einer Oblate oder Hostie oder die natürliche, rauhe Oberfläche eines Stückes gebackenen Brotes berühren. Ferner kann es zu Berührungen der Hände kommen, wenn die PfarrerInnen die GottesdienstteilnehmerInnen am Kirchenausgang per Handschlag begrüßen und verabschieden und wenn auch im evangelischen Gottesdienst der Friedensgruß praktiziert wird, indem die Gläubigen einander als Zeichen des Friedens und der Versöhnung die Hände reichen. Wenn M. Josuttis das Händereichen eine „hilflose Geste"[10] nennt und es damit abwertet, möchten wir es im Gegensatz zu ihm aufwerten, indem wir meinen, daß es besser zu dieser als zu gar keiner Berührung im Gottesdienst kommt. Der Gottesdienst, dessen „Verhaltenssequenz" er beschreibt, ist insofern kein sinnlicher oder sinnenhafter Gottesdienst, als er neben der Handauflegung bei den nur gelegentlichen „Einführungs- und Einsegnungshandlungen" keine taktilen, sondern nur auditive und visuelle Elemente enthält. Die Verkündigung ist aber im Gottesdienst nur dann ganzheitlich und voll wirksam, wenn in ihm alle Sinnesorgane angesprochen werden, d.h. auch das Tastorgan. „Der Respekt vor den Ängsten, die die körperliche Annäherung zwischen Unbekannten auslösen kann", kann dadurch „gewahrt" werden, daß keiner zum Friedensgruß gezwungen wird, sondern daß jeder sich so abseits setzen kann, daß er nicht in die Lage kommt, die Hand geben zu müssen. In der Zeitschrift „Christ in der Gegenwart" heißt es zum Friedensgruß im katholischen Gottesdienst: „Aber in den meisten Gemeinden ist das Einander-die-Händegeben so herzlich, so persönlich, so ausdrucksvoll geworden, daß es ein Unsinn wäre, hierauf im deutschen Sprachraum zu verzichten. Der deutsche Brauch, einander zum Gruß die Hände zu geben, ist schön und sinnvoll..."[11] Das gleiche gilt auch für den Friedensgruß und den Handschlag bei Begrüßung und Verabschiedung im evangelischen Gottesdienst. Den GottesdienstteilnehmerInnen, die den PfarrerInnen an der Kirchentüre nicht die Hand geben möchten, sollte die Hand nicht demonstrativ entgegen-

---

9   M. Josuttis, Praxis...a.a.O.170.
10 Ders., Der Weg...a.a.O.132.
11 Wir reichen uns die Hände, in: CiG 43.Jg., 38/1991, 311.

gestreckt werden, damit, wer will, die Kirche oder den Gottesdienstraum auch ohne Handschlag betreten und verlassen kann. W. Neithardt hat darauf hingewiesen, daß manche GottesdienstteilnehmerInnen ausdrücklich in der üblichen Anonymität bleiben wollen.[12] Dieser Wille sollte respektiert werden. Berührungsängste, die durch falsche Erziehung in der Vergangenheit entstanden sind, werden nur nach und nach überwunden werden können. Die überwiegende Mehrzahl der Gemeindeglieder ergreift aber gern die Hand der PfarrerInnen, weil sie mit ihnen in persönlichen Kontakt kommen möchten. Darüber hinaus gibt es heute bei Jugendlichen „so etwas wie eine neue Sinnlichkeit", denn man „geht zärtlicher miteinander um, umarmt einander, sorgt für ein gutes Klima"[13]. So geschieht es vielfach, daß Jugendliche beim Friedensgruß nicht nur einander die Hand reichen, sondern sich auch umarmen oder sich mit den Wangen berühren.

Es gibt viele Formen und Größen von Händen und ebenso auch viele Arten des Händedrucks: „...fest und freundlich, sanft und reizend, kalt und feucht, aggressiv und unecht oder so seltsam, als ergriffe man eine Pranke oder eine Flosse."[14] Festigkeit, Dauer und Art des Handgriffs wirken zusammen und übermitteln bestimmte Botschaften. So wird z.B ein schlaffer Griff, gleich ob die Hand feucht oder trocken ist, mit Gleichgültigkeit assoziiert. L. Zunin hat berichtet, daß ihm der Leiter der Personalabteilung einer großen Firma einmal sagte, daß bei Einstellungsgesprächen unabhängig von der Eignung folgendes Kriterium gilt: „Wenn sein Händedruck schlaff und feucht ist, kommt der Bewerber nicht in Frage." Er schließt daraus: „Solche Reaktionen auf Körpersprache haben vermutlich mehr Gewicht, als wir ahnen."[15] So ist auch von Bedeutung, wie die PfarrerInnen bei Begrüßungen und Verabschiedungen den Gemeindegliedern die Hand geben. Es kann sein, daß Gemeindeglieder PfarrerInnen nicht mögen, weil ihnen ihr Händedruck nicht gefällt. Nun erfahren PfarrerInnen in der Regel nicht, ob Gemeindegliedern ihr Händedruck gefällt oder nicht, weil diese es meist nicht wagen, dies auszusprechen.[16] In „Kontakt-

---

12 W. Neithardt, Psychologische Überlegungen zur Gestaltung von Gottesdiensten für die Gegenwart, ThPr, 5.Jg., 1970, 233-245,235; H. van der Geest, Du hast...a.a.O.114; siehe auch: W. Jetter, Symbol und Ritual, 1978, 207.

13 C. Stauss, Die Bedeutung der Taufe für die Zulassung zum Abendmahl - aus praktischer Sicht, in: Die Bedeutung der Taufe für die Zulassung zum Abendmahl. Ein Votum der Kommission für theologische Grundsatzfragen des Bundes der Evangelischen Kirchen in der DDR, 1989, 19-24,21; siehe auch: H. Fischer, Gottesdienst praktisch. Arbeitshilfe für Lektoren und Gottesdienstmitarbeiter, 1986², 58.

14 L. Zunin, Kontakt...a.a.O.117.

15 Ebd. 119.

16 Erst in der vierten Gemeinde, in der ich arbeitete, sagte mir bei einem Hausbesuch ein blindes Gemeindeglied, daß ich einen zu schlaffen Handgriff hätte und mich um einen besseren Handschlag bemühen sollte, was ich dann auch tat. Bis zu diesem Hausbesuch hatte ich nichts davon gewußt, weil es mir bis zu diesem Zeitpunkt noch niemand gesagt hatte.

Workshops", wie L. Zunin sie anbietet[17], kann jede/r erfahren, wie ihr/sein Handgriff von den Mitmenschen empfunden wird und wie jede/r ihn verbessern kann. Denn ein guter Händedruck ist erlernbar! In solchen Workshops fordert L. Zunin die Gruppenmitglieder dazu auf, „einander aufs Gratewohl die Hand zu geben, sich des Blickkontakts bewußt zu sein und den Handschlag sofort abzuschätzen". Ihr Urteil tragen die Gruppenmitglieder auf einer Skala ein, die von 1 bis 5 reicht, wobei 5 die „uninteressanteste" und 1 die „wärmste, freundlichste, aufrichtigste und anregendste Kombination aus Händedruck und Blickkontakt" ist. Nach dem Austausch der Noten besprechen die Gruppenmitglieder die Gründe für ihre Bewertung. L. Zunin hat von seinen Erfahrungen berichtet, nach denen „manche erstaunt sind, weil sie ihren Handschlag immer für ausreichend gehalten haben und nun fast nur Noten zwischen 4 und 5 bekommen". Dieser „Rückkopplungseffekt" ermöglicht den KursteilnehmerInnen, „einen wirksameren Händedruck zu entwickeln, der echte Gefühle besser ausdrückt und auch andere abzuschätzen zu lernen". Warum sollte man in Predigerseminaren und kirchlichen Aus- und Fortbildungskursen nicht auch solche Kontaktübungen durchführen, die den Händedruck der kirchlichen MitarbeiterInnen verbessern, anstatt in diesen Veranstaltungen nur Predigten und gemeindliche Dinge zu besprechen?

Berührung durch Handauflegung geschieht nicht nur bei Einführungs- oder Einsegnungshandlungen, sondern auch bei Krankensalbungen unter Bezugnahme auf Jak 5,14f. und bei „Salbungs- und Segnungsgottesdiensten". Letztere wurden auf dem Ruhrkirchentag 1991 von W. Hollenweger mit der Kirchentagsgemeinde gefeiert.[18] Auf diese können wir hier nicht näher eingehen, weil wir uns auf die Besprechung des Hauptgottesdienstes beschränken wollen. Aber auch in den Hauptgottesdiensten kann die Handauflegung mehr als bisher praktiziert werden. So könnten und sollten die LiturgInnen bei Taufen nicht nur den Täuflingen, sondern auch deren Eltern und Paten die Hände auf deren Kopf oder Hände legen. Außer bei der Handauflegung beim Segen könnten die LiturgInnen auch bei der Salbung mit wohlriechendem Öl den Säugling bei der Taufe berühren, wie es im urchristlichen Gottesdienst geschah und im orthodoxen Gottesdienst noch heute geschieht. Bei den Abendmahlsfeiern ist eine gute Möglichkeit, daß die LiturgInnen die KommunikantInnen nicht nur mit dem Friedenswunsch, sondern zugleich auch mit dem Segen durch

---

17 L. Zunin, Kontakt...a.a.O.261ff.
18 Der Ablauf eines solchen „Salbungs- und Segnungsgottesdienstes" ist von Heike Schmoll in ihrem Bericht vom Kirchentag kurz beschrieben worden, siehe: dies., „Das Wort - mit Leib und Sinnen", in: Kirchentag '91. Das Nachlesebuch. Hrsg. im Auftrag des Deutschen Evangelischen Kirchentages von R. Runge, 1991, 129-134,130.

Handauflegung entlassen. Die im Kreis um den Altar stehenden AbendmahlsteilnehmerInnen könnten und sollten vor dem Verlassen des Altars einander die Hände reichen. Das könnte auch beim gemeinsamen Sprechen des Vaterunsers geschehen. Das Handauflegen wird erst dann zur wirklichen Berührung, wenn die Hände (nach D. Emeis) solange auf dem Kopf oder den Händen der SegensempfängerInnen ruhen, bis Wärme übergehen kann.[19] Letzteres geschieht nicht, wenn die Handauflegungen unter Zeitdruck erfolgen, so daß es nur zu kurzen Berührungen kommt, die keine „leibhaftigen" Wahrnehmungen zulassen, oder geistliche Erfahrungen ermöglichen.

Spricht man - wie in besonderen Blinden- und Taubstummengottesdiensten - auch in den Hauptgottesdiensten alle Sinnesorgane an, können auch GottesdienstteilnehmerInnen mit eingeschränkter Sinneswahrnehmung erreicht werden. Werden insbesondere in jedem Hauptgottesdienst das Abendmahl gefeiert, der Friedensgruß per Handschlag weitergegeben und Handauflegungen bei entsprechenden liturgischen Handlungen durchgeführt, sind dafür wesentliche Vorraussetzungen gegeben.

f. Räumliches Verhalten

Im Gottesdienst sprechen nicht nur PfarrerInnen, MitarbeiterInnen und die Gemeinde, sondern auch der gottesdienstliche Raum. Kirchen sind „nicht nur Sehenswürdigkeiten, sondern steingewordene Predigten"[1]. Die Anordnung von Altar, Kanzel, Taufstein und anderen Elementen im Gottesdienstraum entscheidet über die Möglichkeiten der Kommunikation und ihre Ausrichtung (nach vorn, nach den Seiten, in die Mitte, nach oben). Farben, Lichtverhältnisse, Bilder, Skulpturen und andere Dinge im Raum prägen die Stimmung oder Atmosphäre eines Gottesdienstes.[2] Über die Bedeutung der Bilder im Gottesdienst haben wir an anderer Stelle, auf die wir verweisen, mehr ausgeführt.[3] Eintretende GottesdienstteilnehmerInnen werden den Gottesdienstraum nur dann gern betreten, wenn dieser einen einladenden, freundlichen und festlichen Eindruck macht. Es ist ein Widerspruch, wenn mit Worten zu „Festgottesdiensten", d.h. zu Gottesdiensten an den Festtagen des Kirchenjahres (Weihnachten, Ostern, usw.), eingeladen wird, die Menschen, die der Einladung folgen, dann aber einen

---

19 D. Emeis, Symbolisches Handeln in sakramentalen Feiern, in: Lebendige Seelsorge, 37.Jg., 2/3/1986 (Juni 1986), 87-91,90.

1 G. Kugler, H. Lindner, Neue Familiengottesdienste 4. Liturgie. Symbole. Schulabschluß. Familiengottesdienst im Freien, 1980, 102.

2 M. Josuttis, Der Weg...a.a.O.139.

3 H. Wenz, Die Bedeutung der Bilder im Gottesdienst, in: Pastoralblätter, 132.Jg., 1/1992 (Jan. 1992), 45-51.

unfestlichen Gottesdienstraum betreten, in dem sich keine für den Gottesdienst günstige Atmosphäre ausbreiten kann. Die Atmosphäre eines Raumes wird nicht nur von seiner Ausgestaltung, sondern auch von der Anzahl und den Aktivitäten der Anwesenden beeinflußt.[4] Die gleiche Predigt, einmal in einem nüchternen, rein auf Zweckmäßigkeit ausgerichteten Raum mit nur wenigen, fast nur sitzenden GottesdienstteilnehmerInnen und ein anderes Mal in einer festlich geschmückten Kapelle mit besonderer Anziehungskraft vor vielen Gemeindegliedern mit viel innerer und äußerer Bewegung gehalten, wirkt anders, weil der jeweilige Raum anders mitspricht.

Vor allem in der protestantischen Kirche war man wenig an Fragen der Baukunst und der konkreten Gestaltung interessiert.[5] Durch ihre Nüchternheit und ihre Sterilität können sich in protestantischen Gottesdiensträumen vielfach keine wirkliche Gemeinschaft und kein echtes Heimatgefühl bilden. Die Mehrzahl der nach dem zweiten Weltkrieg in der ehemaligen BRD neuerbauten evangelischen Kirchen sind für den „Gottesdienst in neuer Gestalt" ebenso verbaut wie die alten.[6] Heute dagegen werden nicht mehr „nichtssagende, gestaltlose Zweckräume" errichtet, sondern vielmehr „Feierräume", die die Kommunikation und die Gemeinschaft fördern, in denen lebendige Liturgie möglich wird.[7] Da man die alten Kirchen und Gemeinderäume für Gottesdienste nicht einfach durch neue ersetzen kann, sollten sie nach Möglichkeit so umgebaut und umgestaltet werden, daß sie geeigneter für eine gute Kommunikation und eine lebendige Liturgie im Gottesdienst werden. Auch in der katholischen Kirche machte der „Verbalismus" Kirchenräume zu „Vortrags- und Diskussionssälen" (A. Lorenzer)[8], wobei inzwischen auch hier eine Neubesinnung auf eine „Resakralisierung der alten Kirchenräume"[9] eingesetzt hat.

Auf die „Hörsamkeit" eines Raumes, die besonders vom „Nachhall" abhängig ist[10], können wir nicht näher eingehen. Sie sollte jedenfalls so gut

---

4   R. Fleischer, Einführung in die semiotische Gottesdienstanalyse, in: Neue Wege der Verkündigung, hrsg. von P. Düsterfeld, 1983, 99-122,117.

5   Chr. Grethlein, Abriß...a.a.O.86.

6   D. Trautwein, Lernprozeß Gottesdienst. Ein Arbeitsbuch unter besonderer Berücksichtigung der „Gottesdienste in neuer Gestalt", 1972, 242; H.W. Heidland, Das Verkündigungsgespräch, 1969, 49f.; siehe auch: H. Blankesteijn, Der Leib in der Liturgie, in: KuK, 44.Jg., 3/1981, 151-154,154.

7   Wir brauchen Kirchen - aber welche? (Berichte über eine Kirchbautagung in Schwäbisch-Gmünd im Jahre 1991), in: CiG, 43.Jg., 38/1991, 307f.,308.

8   A. Lorenzer, Das Konzil der Buchhalter. Die Zerstörung der Sinnlichkeit. Eine Religionskritik, 1981, 235.

9   A. Gerhards, Vorbedingungen...a.a.O.18; J.E. Lenssen, Liturgie und Kirchenraum. Anstöße zu einer Neubesinnung, 1986.

10 H. Krusche, Reden...a.a.O.85f.

sein, daß die GottesdienstteilnehmerInnen den verbalen Ausführungen aller Sprecher im Gottesdienst mühelos folgen können. F. Schweinsberg schreibt dazu: „Wenn er (der Gottesdienstteilnehmer) nur teilweise versteht und fortwährend ‚für sich ergänzen' muß, dann ist seine Empfangsbereitschaft, sei es nun bewußt oder unbewußt, immer herabgesetzt und die Rede damit ihrer vollen Wirkungskraft beraubt."[11] Die am weitesten entfernten PredigtzuhörerInnen müssen maßgebend sein für die Beurteilung der Akustik, wobei ein Lautsprecher nur als ein „Notbehelf" oder als „notwendiges Übel" in Kauf genommen werden kann.[12] Es ist ratsam, vor dem Gottesdienst Standfestigkeit des Mikrophons, seine Lautstärke, die Pultbeleuchtung und andere technische Dinge der Anlage zu überprüfen, wobei in kleineren Räumen ohnehin ein Sprechen ohne Mikrophon vorzuziehen ist, da das Mikrophon das „Gesprochene entpersönlicht". Wo es aber um der guten Hörsamkeit willen erforderlich ist, ist ein Mikrophon zu empfehlen, das am Körper getragen werden kann. Mit ihm ausgerüstet, sind die PredigerInnen nicht an Kanzel, Altar, Ambo oder Lesepult gebunden, sondern können in die Gemeinde hineingehen, wenn die GottesdienstteilnehmerInnen – trotz behutsamer Aufforderung – nicht nach vorne auf leere Plätze vorrücken. Ist ein Mikrophon nicht fest installiert, dann müssen die SprecherInnen auch nicht eine von der Höhe des Mikrophons abhängige unnatürliche Körperhaltung einnehmen.

Altar, Kanzel, Ambo, Lesepult und Taufstein müssen für alle GottesdienstteilnehmerInnen gut sichtbar sein. Wie wichtig das Sehen ist, zeigt die Tatsache, daß besonders aufmerksame HörerInnen nach einem Platz streben, von dem aus sie die RednerInnen gut sehen können, denn sie wollen „der Geburt der Rede beiwohnen"[13]. Mit Recht fordert F. Steffensky Gottesdiensträume, die nicht „zentralistisch" allein auf Kanzel und Altar ausgerichtet sind, nur Reden, Hören und Zustimmung zulassen, sondern viele Bezugspunkte bieten.[14] Solche weiteren Bezugspunkte können außer Altar und Kanzel neben Taufbecken, Erntekrone, Adventskranz, Weihnachtsbaum und Krippe, Epiphaniasstern, Opferstock und anderen Objekten auch Blumen und Kerzen sein. Letztere schaffen nicht nur auf dem Altar, sondern auch an anderen Orten im Gottesdienstraum aufgestellt, eine warme Atmosphäre. Brennende Kerzen geben dem Raum eine „gedämpfte Beleuchtung", die die Menschen einander näher bringt.[15]

---

11 F. Schweinsberg, Stimmliche...a.a.O.215.
12 Ebd. 222f.
13 Ebd. 416.
14 F. Steffensky, Glossolalie - Zeichen - Symbol. Bemerkungen zum Symbolgebrauch in christlichen Gottesdiensten, in: JLH 17/1972, 80-91,90.
15 E.T. Hall, Die Sprache...a.a.O.121.

Während die ZuschauerInnen und ZuhörerInnen eines Gottesdienstes, der auf dem Fernsehbildschirm erscheint, praktisch nur passive Empfänger der Botschaft des Gottesdienstes sind, haben die TeilnehmerInnen eines Gottesdienstes in einem Gottesdienstraum die Chance, durch vielfältige Bewegungen während des Gottesdienstes mehrfach aktiv zu werden. Im Idealfall bietet der Gottesdienstraum dafür ausreichend Platz. Sie können zum Altar gehen, dort Brot und Wein empfangen, im Kreis stehend einander die Hände reichen, was FernsehzuschauerInnen nicht möglich ist. Schon die frühesten Berichte zeigen die christliche Liturgie in räumlich entfalteten Bewegungen. H. Muck erinnert an die „Einzugsriten, Darbringungen, Umschreitungen". Insbesondere die Gabendarbringung war „ein Vorgang mit viel Bewegung aller Beteiligten"[16]. Die Bewegungsarmut vieler evangelischer und katholischer Gottesdienste ist vor allem darauf zurückzuführen, daß die Gottesdiensträume zu wenig Platz bieten. Vor allem festinstallierte Bank- und Stuhlreihen, in denen nur kleinere Bewegungen, wie z.B. Gesten zum Vaterunser oder zu rhythmischen Liedern, ausgeführt werden können, verhindern größere Bewegungsabläufe, wie z.B. Umzüge im Kirchenraum und liturgischen Gemeindetanz.[17] Bewegliche Stühle dagegen ermöglichen es, die Zahl der Sitzplätze der Größe der gottesdienstlichen Gemeinde anzupassen. Auf diese Weise können auch wenige GottesdienstteilnehmerInnen in einem zu großen Raum näher zueinander gebracht werden. Denn weit voneinander entfernt sitzende Gemeindeglieder in einem zu großen Raum erwecken den Eindruck einer schwach besetzten Kirche und irritieren sowohl die Gemeinde als auch PfarrerInnen und MitarbeiterInnen. Mit beweglichen Stühlen können ferner Halbkreise gebildet werden, die für Nachkommende offen sind. Bei dieser Sitzordnung kann bei mehreren Kreisen jede/r nicht nur den Hinterkopf der/des vor ihm Sitzenden, sondern auch das Gesicht der Gegenübersitzenden sehen. Mit ihnen kann sie/er sich durch Zeichengebung verständigen. Für Tischabendmahlfeiern können Stühle um Tische herum in der Kirche gruppiert werden, auf denen Gegenübersitzende Blickkontakt haben können. Solche Sitzordnungen fördern das Gemeinschaftserlebnis. Da die Zahl der GottesdienstteilnehmerInnen unterschiedlich groß ist, sollten variable Raumgrößen und auch variable Raumausstattungen für verschiedene Zwecke geschaffen werden.[18] Dabei können große Räume vor allem durch Trennwände verkleinert werden.

---

16 H. Muck, Bewegung im Raum, in: KuK, 44.Jg., 3/1981, 147-150, 149.
17 M. Klöckener, Die entfremdete Beziehung zwischen Jugendlichen und Liturgie, in: LJ 39.Jg., 1989, 228-252; A.R. Sequeira, „Liebe heißt Bewegung". Über die Möglichkeiten einer tänzerischen Liturgie, in: KuK 44.Jg., 3/1981, 155-158,157.
18 M. von Kriegstein, Predigt als Gespräch. Pastoralpsychologische und didaktische Reflexionen von Predigten und Gesprächsgottesdiensten, 1979, 175.

Flexible Raumaufteilung und Sitzordnung ermöglichen auch die anzustrebende Teilnahme von Kindern am Gottesdienst.[19] J. Schröer zitiert folgendes Votum von Besuchern aus der Ökumene nach ihrer Teilnahme an deutschen Gemeindegottesdiensten im Herbst 1982: „Laßt die kleinen und kleinsten Kinder wieder in den Schiffen und zwischen den Pfeilern dieses reichen geschichtlichen Erbes herumlaufen und sich daran freuen... Laßt sie sich willkommen und erwünscht im Hause Gottes fühlen! Was ihr dem Geringsten unter diesen getan habt, das habt ihr mir getan."[20] Nicht nur in Familiengottesdiensten, sondern auch in regulären Hauptgottesdiensten sollten Kinder anwesend sein und mitwirken können, denn sie bringen Kreativität und Spontaneität in den Gottesdienst.[21] Dabei könnten Kindergottesdienste als Zielgruppengottesdienste zu anderer Zeit als am Sonntagvormittag doch beibehalten werden.

Außer einer guten Sitzordnung und passenden Farbgebung[22] spielt die richtige Raumtemperatur eine wichtige Rolle. M. Argyle und P. Trower haben von einem Experiment berichtet, das ergab, daß sich Personen sympathischer finden und dadurch besser miteinander kommunizieren können, wenn sie in einem Raum mit angenehmer Temperatur und nicht in einem überheizten Raum zusammentreffen.[23] Zu den räumlichen Faktoren, die die Gemeinde im positiven oder im negativen Sinne beeinflussen, gehören auch der Zustand des gottesdienstlichen Raums und seine Pflege (Stil, Heizbarkeit, Akustik, Wegeverhältnisse), zeitliche Gegebenheiten (Gottesdienstzeit, Verhältnis zum Kirchenjahr, Arbeitsrhythmus der Bevölkerung) und gemeindliche Gegebenheiten (Gemeindegruppen, Mitarbeit von LektorenInnen, Stand der kirchlichen Unterweisung, Verhältnis zum Abendmahl usw.).[24] Allerdings haben diese in gewissem Umfang veränderbaren Gegebenheiten „ambivalenten Charakter. Es gibt schöne Kirchen, die auch zu günstigen Zeiten leer bleiben und häßliche, die sich füllen". Die räumlichen, zeitlichen und gemeindlichen Gegebenheiten sind eben nur einige von vielen Faktoren, die das gottesdienstliche Geschehen bestimmen oder beeinflussen.

---

19 Chr. Grethlein, Abriß...a.a.O. 250.

20 J. Schröer, Visitation aus der Ökumene, in: An den Grenzen kirchlicher Praxis. Eine Freundesgabe für Peter Krusche, hrsg. von P. Stolt, 1986, 49-58,51.

21 H. Wenz, Probleme des „Familiengottesdienstes". Vom „familien-" zum kinderfreundlichen Hauptgottesdienst, in: Pastoralblätter, 132.Jg., 6/1992 (Juni 1992), 362-365,364.

22 Nach M. Argyle und P. Trower wirken helle, gelbe Farbtöne freundlich, Rot ist warm, und dunkle Blautöne verbreiten eine düstere Atmosphäre, siehe: dies., Signale von Mensch zu Mensch. Die Wege der Verständigung, 1981, 70.

23 Ebd.

24 Chr. Schröter, Die Bedeutung der Gemeindesituation für die Predigtgestalt, in: H. Zeddies (Hrsg.), Immer noch Predigt? Theologische Beiträge zur Predigt im Gottesdienst, 1975, 66-78,72.

Wir wollen nun noch kurz auf die „proxemics", zu deutsch: die Beziehungsforschung (Proxemik), eingehen, die von dem Anthropologen E.T. Hall entwickelt worden ist. Sie vermittelt wichtige Erkenntnisse über die Beziehungen von Menschen im Raum.[25] Er unterscheidet folgende Zonen oder Entfernungen von Menschen in Nordamerika in einem Raum:

intim 50 cm: bei intimen Beziehungen (man kann den anderen riechen, seine Wärme fühlen, mit ihm flüsternd reden)

persönlich 50-120 cm: bei nahen Beziehungen (man kann den anderen berühren, aber nicht seinen Atem riechen)

sozial 2,5-3,5 m: bei unpersönlichen Beziehungen (z.B. man steht hinter einem Tisch; eine lautere Stimme ist erforderlich)

öffentlich 3,5 m und mehr: bei Persönlichkeiten des öffentlichen Lebens und bei öffentlichen Anlässen.

Nach dieser Unterscheidung befinden sich die PfarrerInnen auf der Kanzel und am Altar, Ambo oder Lesepult in der Regel in der öffentlichen Zone, beim Vollzug einer Taufe zu Eltern und Paten und beim Spenden der Abendmahlselemente zu dem Kommunikanten in der persönlichen Zone. Wenn in einem Gottesdienst keine Tauf- und Abendmahlsfeiern stattfinden und PfarrerInnen die Gemeindeglieder an der Kirchentür weder begrüßen noch verabschieden, dann bleiben sie während des ganzen Gottesdienstes für alle GottesdienstteilnehmerInnen grundsätzlich nur in der öffentlichen Zone. Zur Herbeiführung eines guten Kontaktes zwischen PfarrerInnen und Gemeinde sollten sich die PfarrerInnen aber zeitweise im Gottesdienst auch in der persönlichen Zone befinden, weil sie nur so den Gemeindegliedern nahekommen können. Gerade die Nähe in der Kirche suchen viele Menschen und wandern, wenn sie sie dort nicht finden, in Sekten ab. Auch aus diesem Grund plädieren wir dafür, daß in jedem Hauptgottesdienst an Sonn- und Feiertagen das Abendmahl gefeiert wird und daß die PfarrerInnen in jedem Gottesdienst die GottesdienstteilnehmerInnen am Eingang zum Gottesdienstraum begrüßen und verabschieden.

Stehen allerdings die PfarrerInnen auf der Kanzel und am Altar, Ambo oder Lesepult zu nahe bei den GottesdienstteilnehmerInnen, dann besteht die Gefahr des „Scheibenwischerblicks"[26]. Das heißt, ihre Augen kreisen ständig von links nach rechts und zurück im Raum, ohne wirklichen Blickkontakt mit den Gemeindegliedern aufgenommen zu haben. Deshalb ist der richtige Abstand von Kanzel, Altar, Ambo und Lesepult zur Gemeinde wichtig. PredigerIn und LiturgIn sollten der Gemeinde gegenüber erhöht stehen, damit sie von allen GottesdienstteilnehmerInnen gut gesehen und

25 E.T. Hall, Die Sprache...a.a.O.119ff.; siehe auch die prägnante Zusammenfassung seiner Untersuchungsergebnisse von M. Argyle in: Körpersprache...a.a.O.282.
26 R.H. Ruhleder, Rhetorik...a.a.O.67.

gehört werden können, allerdings nicht so hoch, daß PredigerInnen „von oben herab" auf die Gemeinde predigen müssen, weil sie in dieser Position im Widerspruch zu ihrer Botschaft von der Solidarität mit der Gemeinde stehen.[27] Ebenso verhält es sich mit einer von der Gemeinde zu weit entfernten Kanzel. H. Lemmermann hat für weltliche Redner geschrieben: „Oft steht das Pult in zu weitem Abstand von der Hörerschaft, z.B. auf einer Bühne. Herunter von der Bühne – hinein in den Saal!"[28] Dies gilt auch für PredigerInnen: Herunter von der Kanzel – hinein in die Gemeinde! Über die Kanzeln, die erst im 13. Jahrhundert von Dominikanern, Franziskanern und Augustiner-Eremiten „erfunden" wurden[29], schrieb C.H. Spurgeon: „Sie (die Kanzeln) sind eine schreckliche Erfindung... Kein Anwalt würde von einer Kanzel aus vor Gericht sprechen."[30] Wenn sie jedoch die Körpersprache der PredigerInnen und ihre Kommunikation mit der Gemeinde nicht wesentlich behindert, hat sie als Zeichen für den Ort der Verkündigung des Wortes Gottes in der Kirche doch ihre Berechtigung.

Beweglichkeit und Glaubwürdigkeit ist auch für die GottesdienstteilnehmerInnen oberstes Gebot. Dazu schreibt W. Hahne: „Wer mit seiner Körpersprache eine andere Botschaft sendet als die von ihm in Worte gefaßte, kann schwerlich überzeugen. Er ist unglaubwürdig. Wer im Kirchenraum seinen angestammten Platz beansprucht und verteidigt und dabei aus voller Kehle das Schlußlied ‚Wir sind nur Gast auf Erden...' mitsingt, ist es nicht weniger."[31]

Zur festlichen Ausschmückung des Altars eignen sich besonders weiße Altartücher, damit man nicht „die Blumen nun auf den nackten Altartisch legen muß"[32]. Außer dem Altarkreuz, der Bibel, der Agende, den Abendmahlsgeräten und den Kerzen sollten auf den Altar Vasen „mit noch nicht

---

27 In manchen alten Kirchen können allerdings die GottesdienstteilnehmerInnen, die auf den Plätzen der hinteren Reihen der Emporen sitzen, die/den PfarrerIn nicht sehen, wenn sie/er statt auf der hohen Kanzel am Ambo oder Lesepult im Kirchenschiff steht. In diesem Fall sollte sie/er an Sonn- und Feiertagen mit geringer Gottesdienstteilnahme die Gemeindeglieder bitten, nicht auf den Emporen, sondern im Kirchenschiff Platz zu nehmen, damit alle sie/ihn während des ganzen Gottesdienstes sehen können. Eine hohe Kanzel sollte sie/er nur in Gottesdiensten mit großer Teilnahme besteigen, in denen die Sitzplätze im Kirchenschiff nicht ausreichen, sonst aber vom Ambo oder Lesepult aus predigen, um der Gemeinde nahe sein zu können.
28 H. Lemmermann, Lehrbuch...a.a.O.140.
29 P. Poscharsky, Die Kanzel. Erscheinungsform im Protestantismus bis Ende des Barocks, 1963, 287.
30 C. H. Spurgeon, Ratschläge...a.a.O.205.
31 W. Hahne, De arte celebrandi oder von der Kunst, Gottesdienst zu feiern: Entwurf einer Fundamentalliturgik, (1990) 1991², 276.
32 Mit diesen Worten hat A. Lorenzer die Praxis in manchen katholischen Gottesdiensten unmittelbar nach dem 2. Vatikanischen Konzil kritisiert, siehe: ders., Das Konzil...a.a.O. 236. Allerdings gibt es heute wieder weiße Tücher auf katholischen Altären.

vertrockneten Blumen"[33] gestellt werden. Aber nicht nur der Altar, sondern auch der Taufstein, der Ambo, das Lesepult und andere Objekte im Gottesdienstraum können mit Blumen und Kerzen geschmückt werden. Wohltuend für die Augen der GottesdienstteilnehmerInnen ist es, wenn diese auf grüne Pflanzen im Hintergrund von Kanzel und Altar schauen. Wenn Kanzel und Altar mit Posamenten und Antependien in den Farben des Kirchenjahres geschmückt werden und die PfarrerInnen über ihrem Talar eine Stola in den jeweiligen Farben des Kirchenjahres tragen, ist ihre Kleidung in den Raumschmuck einbezogen. Damit kommen wir zur Besprechung der liturgischen Kleidung im folgenden Kapitel.

g. Kleidung und andere Aspekte der äußeren Erscheinung

Menschen senden nicht nur mit Worten und mit körperlichen Bewegungen, sondern auch mit ihrer Kleidung Signale aus.[1] Die Amtskleidung der evangelischen PfarrerInnen besteht bis heute noch vorwiegend aus dem schwarzen Talar, weißem Beffchen und schwarzem Barett als Kopfbedekkung.

Exkurs: Die Entwicklung zum schwarzen Talar

E. Hofhansl stellt in seiner Schilderung der Entwicklung zum schwarzen Talar fest, daß es keinerlei Hinweise für eine besondere liturgische Kleidung im Neuen Testament gibt.[2] Der schwarze Talar entwickelte sich aus der „mittelalterlichen Schaube, der ständischen Tracht der Gelehrten und des wohlhabenden Bürgertums". Er wurde durch eine Verordnung des Preußenkönigs Friedrich Wilhelm III. von 1811 und durch die Konsistorialverfügungen von 1817 für evangelische Pfarrer und Rabbiner zur Erzielung von „Gleichförmigkeit" oder Vereinheitlichung der liturgischen Kleidung eingeführt. Nachdem W. Löhe am schwarzen Talar Anstoß genommen hatte, wurde im Jahre 1867 anläßlich einer Paramentenausstellung in Neuendettelsau vom Paramentenverein der Beschluß gefaßt, daß „künftig auch ...die priesterliche Kleidung der Geistlichen grundsätzlich in den Kreis der Paramentik aufgenommen werden"[3] solle. Dieser Beschluß wurde jedoch nicht verwirklicht, so daß es beim schwarzen Talar mit weißem Beffchen blieb.[4]

33 W. Pohl, „Liturgie", in: Kindergottesdienst-Helferhandbuch, 1981, 407; siehe auch: P.M. Clotz, Liturgie im Kindergottesdienst, Materialheft 45 der Beratungsstelle für Gestaltung von Gottesdiensten und anderen Gemeindeveranstaltungen, 1985, 36; H. Wenz, Kanzel und Ambo, in: ZGP 1995/1 (Jan./Febr. 1995), 13f.

1 Wir beschränken uns auf die Besprechung des Talars der evangelischen PfarrerInnen und verweisen bezüglich der anderen liturgischen Gewänder auf die Arbeit der Lutherischen Liturgischen Konferenz Deutschlands (Hrsg.), Liturgische Kleidung im Gottesdienst (zu beziehen über die Geschäftsstelle der LLKD, Herrenhäuser Str. 12, 30419 Hannover). Siehe auch: R. Volp, Liturgik 1, a.a.O.454-462.

2 E. Hofhansl, Liturgische Gewänder, in: TRE Band 13, 1984, 159-167,159f.

3 Ebd. 165.

4 Immerhin wurde W. Löhe nach einem Bericht von H. Kressel, den E. Hofhansl zitiert hat, am 5.1.1872 mit einer Albe und einer roten Stola bekleidet bestattet, siehe: E. Hofhansl, ebd. 166; H. Kressel, Wilhelm Löhe als Liturg und Liturgiker, 1952, 111, Anm. 84.

Während W. Löhe noch als „einsamer Streiter" für den hellen Talar mit farbiger Stola eintrat, werden diese heute schon in Gemeinschaften wie Berneuchener, Brüder von Taizé, Schwestern von Grandchamp, mitteleuropäische Erneuerungsbewegungen (hochkirchliche Bewegung, Michaelsbruderschaft), Herrnhuter Brüdergemeine und anderen Gemeinschaften in der lutherischen und auch in der reformierten Kirche getragen. Aber auch in einigen deutschen Landeskirchen, und zwar in Baden, Görlitz, Hannover, Nordelbien, Pommern, Rheinland und Thüringen, gibt es heute schon stets oder gelegentlich helle liturgische Kleidung in Gottesdiensten.[5] Während in der rheinischen und der thüringischen Landeskirche die helle Mantelalbe mit Stola in allen Gottesdiensten getragen werden darf[6], ist der helle Talar in anderen Landeskirchen nur bei besonderen Anlässen oder Gelegenheiten, so in Tauf- und Abendmahlsfeiern, Konfirmationen, Trauungen, Christusfesten, Osternachtsfeiern, evangelischen Messen und Jugendgottesdiensten, erlaubt. Entsprechend befürwortet D. Stollberg zwar bei „festlichen Anlässen ein weißes Chorhemd..., das durch die farbige Stola komplettiert wird", meint aber zugleich, daß der schwarze Talar auch weiterhin als „Regelfall der liturgischen Amtstracht" gelten möge, der „bei Haupt- und Nebengottesdiensten sowie bei Amtshandlungen getragen werden sollte"[7]. Wir meinen dagegen, daß der helle Talar nicht nur bei besonderen Anlässen und Gelegenheiten, sondern in allen Gottesdiensten getragen werden könnte, wobei allerdings die Traditionen in den einzelnen Gemeinden nicht außer Acht gelassen werden dürfen. Im Unterschied zum schwarzen Talar trägt der helle Talar nicht zu einer düsteren, sondern stets zu einer fröhlichen Atmosphäre im Gottesdienst bei.[8] Schwarz ist die Farbe der Vornehmheit, Trauer und des Todes, eigentlich „gar keine Farbe",

---

5 Insofern ist es abwegig, wenn J. Grates und Hanne-Lore Mommsen in ihren Beiträgen zur Rubrik „Echo und Aussprache" des Dt Pf Bl als Reaktion auf meinen Aufsatz im Dt Pf Bl: „Zur Reform der liturgischen Kleidung" behaupten, mein Aufsatz könne ein Beitrag „zum 1. April" sein, siehe: H. Wenz, Zur Reform der liturgischen Kleidung, in: Dt Pf Bl 91.Jg., 3/ 1991 (März 1991). 101f.; J. Grates, Leserbrief, in: Dt Pf Bl 91.Jg., 6/1991 (Juni 1991), 242 und 247; Hanne-Lore Mommsen, Leserbrief, in: Dt Pf Bl 91.Jg., 6/1991 (Juni 1991), 247. Wenn etwas allen Gemeinden empfohlen wird, was in manchen landeskirchlichen Gemeinden bereits regelmäßig oder gelegentlich praktiziert wird, so kann diese Empfehlung kein Beitrag „zum 1. April" sein.

6 Kirchenrat H. Krech von der thüringischen Landeskirche hat mir brieflich mitgeteilt: „Aufgrund der bisherigen Entwicklung habe ich den Eindruck, daß die Mantelalbe mit Stola mehr und mehr zur Dienstkleidung in unserer Landeskirche wird."

7 D. Stollberg, Stola statt Beffchen. Protestantismus und Sinnlichkeit - anhand eines Details, in: Dt Pf Bl 2/1990 (Febr. 1990), 45-47,47.

8 H. Wenz, Zur Reform...a.a.O.102. Auch für U. Valeske sind schwarze Talare „... kein Ausdruck der frohen Botschaft, sondern des Ernstes und der Trauer und erinnern an die Roben der Richter", siehe: ders., Beobachtungen bei Mediengottesdiensten, in: Una sancta 45.Jg., 2/1990, 132f., 132.

vielmehr etwas, „das weder Liebe noch Haß, weder Treue noch Falschheit symbolisiert"[9]. Dagegen ist „die *weiße Farbe* die Summe aller Farben des Spektrums und *Zeichen der Freude*"[10]. Insbesondere zeigt „die Reaktion kleiner Kinder auf den schwarzen Talar ..., wie problematisch die dunkle, Angst verbreitende Farbe des Talars ist"[11]. Aber auch Erwachsenen kann der schwarze Talar einen düsteren Eindruck vermitteln. Das zeigt der Ausspruch von Jenny Yeboah, einer Austauschstudentin aus Kenia, nach ihrer ersten Teilnahme an einem evangelischen Gottesdienst in der Bundesrepublik: „Am schlimmsten war die Predigt, so streng und kalt und düster wie der Pastor in seinem Talar"[12]. Wer dafür plädiert, daß der weiße Talar nur bei „festlichen Anlässen" getragen werden sollte, macht sich nicht bewußt, daß jeder Sonntag ein Tag der Auferstehung des Herrn ist und somit jeder sonntägliche Gottesdienst als Fest der Auferstehung Christi begangen wird. Nicht Schwarz, sondern Weiß ist für die Christen das „Symbol der Auferstehung", ist die „Farbe der Seligen und der Engel (Mt 17,2; 28,3)"[13]. Gewiß kann auch Schwarz den Eindruck von Feier- und Festlichkeit vermitteln, vgl. der schwarze Frack oder Smoking und das schwarze Kostüm bei Festlichkeiten. Aber Schwarz bewirkt doch grundsätzlich den Eindruck von ernster, strenger, Weiß dagegen von froher, gelöster Feierlichkeit und Festlichkeit. Wenngleich auch Schwarz festlich sein kann, so würde doch wohl kein Mensch auf den Gedanken kommen, Täuflingen bei ihrer Taufe schwarze statt weiße Kleider anzuziehen. Zur Freude über die Auferstehung Christi paßt jedenfalls der helle oder naturweiße Talar besser als der schwarze. Zu bedenken ist auch, daß im heutigen optischen oder visuellen Zeitalter die Farbe eine größere Rolle als in früheren Zeiten spielt. K.H. Bieritz schreibt treffend: „Einer Predigt, die auf Überwindung von Distanz zielt ...,kann durch all dies (schwarzer Talar und andere gegenständliche Elemente im Gottesdienstraum) kräftig widersprochen werden; der Prediger auf der Kanzel fällt sich auf solche Weise ständig ins Wort"[14]. Deshalb erscheinen manche PfarrerInnen, um nicht distanzierend auf ihre MitarbeiterInnen und ihre Gemeinde zu wirken, in Jugend-, Familien-

---

9 F. Merkel, Schwarz oder heller? Zur Amtstracht evangelischer Pfarrer, in: Festschrift für Frieder Schulz...a.a.O.219-227, 223.

10 H. Herr, Das gottesdienstliche Kleid, in: Gebeteter Glaube. Festschrift der Lutherischen Konferenz in Hessen und Nassau 1989 für H.O.F. Gibb, 1989, 292-303,297 (Erstveröffentlichung in: KuK 1967, 1).

11 Chr. Grethlein, Abriß...a.a.O.252.

12 H. Albrecht, Sprachsymbole...a.a.O.32ff.,32.

13 Ingrid Riedel, Farben in Religion, Gesellschaft, Kunst und Psychotherapie, in: Buchreihe „Symbole", 1983, 180f.

14 K.H. Bieritz, Die Predigt im Gottesdienst, in: P.C. Bloth u.a.(Hrsg.),Handbuch der Praktischen Theologie, Bd. III: Praxisfeld Gemeinde, 1983, 116; siehe auch: D. Trautwein, Lernprozeß...a.a.O.244.

oder anderen Zielgruppengottesdiensten oder Gottesdiensten „in offener Form" nicht im unpersönlich wirkenden schwarzen Talar, sondern im gewöhnlichen Anzug. So aber wird nicht mehr an der Kleidung erkennbar, wer den Gottesdienst leitet, obwohl der besondere Auftrag der Leitung des Gottesdienstes auch in der Kirche des allgemeinen Priestertums diese äußerliche Heraushebung rechtfertigt. Auch ist ein Gottesdienst ohne liturgische Kleidung zeichen- oder symbolärmer und damit aussageschwächer, ganz abgesehen davon, daß die/der LeiterIn oder „VorsteherIn" des Gottesdienstes zu den „Hauptzeichen" der Liturgie gehören.[15]

Bei der Frage nach der rechten liturgischen Kleidung der PfarrerInnen sollte auch der ökumenische Aspekt berücksichtigt werden. In katholischen, anglikanischen und orthodoxen Gottesdiensten und in den Gottesdiensten vieler afrikanischer, südamerikanischer und anderer Gemeinden tragen die PfarrerInnen oder PastorInnen helle Talare und farbige Stolen. Auch im Weltluthertum gibt es neben dem schwarzen Talar auch helle, prächtige Meßgewänder, vor allem in den lutherischen Kirchen Skandinaviens. Bei ökumenischen Konferenzen erzielen evangelische Geistliche im schwarzen Talar eine „unvorteilhafte äußere Wirkung in der bunten Vielfalt konfessioneller Traditionen"[16]. Die Vertreter der katholischen Kirche und anderer Denominationen vermitteln mit ihren bunten Gewändern dagegen den Eindruck des Sinnenhaften und Lebendigen.

Exkurs: Weitere Einwände gegen die Einführung des hellen Talars

Gegner einer Einführung oder Zulassung des hellen Talars meinen vor allem, die Kirche habe heute andere größere Sorgen als die Sorge um die rechte liturgische Kleidung. Dazu ist zum einen zu bemerken, daß die Kleidung aus biblischer Sicht keine Nebensächlichkeit oder „Äußerlichkeit" ist. So sagt Jesus im Gleichnis von der königlichen Hochzeit, daß der Mensch ohne „hochzeitliches Gewand" nicht zur Hochzeit zugelassen, sondern in die Finsternis geworfen werden solle (Mt 22,11ff.par.). Ferner fordert Paulus dazu auf, Christus wie ein Kleid „anzuziehen" (Röm 13,14; Gal 3,27). Zum anderen ist die Sorge um die rechte liturgische Kleidung dann keine kleine Sorge, wenn sie nicht isoliert gesehen, sondern vielmehr als ein Teil der Aufgabe, dem Gottesdienst mehr Farbigkeit zu verleihen, verstanden wird.

Ein weiterer Einwand gegen die Einführung des hellen Talars ist die Behauptung, „die Gemeinden könnten das als einen Schritt nach Rom verstehen".[17] Um diesem Mißverständnis vorzubeugen, sollten die Gemeinden vor der Einführung des hellen Talars dahingehend aufgeklärt werden, daß der helle Talar insofern nicht einfach „katholisch" ist, als es auch in den orthodoxen und anderen Kirchen helle oder farbige Talare gibt. Außerdem sollten wir als evangelische ChristInnen im Zeitalter der Ökumene nicht bestrebt sein, uns vom „Katholischen" abzugrenzen,

15 W. Hahne, DE ARTE...a.a.O.332.
16 J. Riebesel, Plädoyer für eine Nebensache. Gedanken über die Amtstracht des evangelischen Pfarrers, in: Z d Z 10/1979 (Okt.1979), 385ff.,385.
17 H. Herr, Das gottesdienstliche Kleid...a.a.O,300.

sondern ihm nach Möglichkeit anzunähern. Wenn gesagt wird, der schwarze Talar sei ein gut eingeführtes „Markenzeichen" der evangelischen PfarrerInnen, das erhalten werden sollte, so ist darauf zu antworten: Die Überwindung der Farblosigkeit und Eintönigkeit und die Schaffung einer hellen, fröhlichen Atmosphäre im Gottesdienst ist wichtiger als die Erhaltung eines Markenzeichens, das den Gottesdienst verdüstert.

Gibt es, wie F. Merkel überzeugend nachgewiesen hat[18], weder für den schwarzen, noch für den hellen Talar „zwingende theologische, aesthetische und farbsymbolische Gründe", so sollte der helle Talar mit farbiger Stola um der Farbigkeit des Gottesdienstes willen den PfarrerInnen und ihren Gemeinden zwar nicht aufgezwungen, aber doch empfohlen werden. Die Anschaffungskosten sind für den weißen sogar noch geringer als für den schwarzen Talar.[19] Nachdem die Gemeinden über die Bedeutung der liturgischen Gewänder informiert worden sind, könnte der helle Talar durch Beschluß der Kirchenvorstände bzw. Gemeindekirchenräte generell in allen Gottesdiensten zugelassen werden, wobei kein/e PfarrerIn zum Tragen der hellen Amtskleidung gezwungen werden darf. Nachdem das Echo auf die Einführung des hellen Talars in den Gemeinden, in denen er bereits gelegentlich probeweise oder regelmäßig getragen wurde, „überwiegend positiv" (D. Stollberg) war, ist mit einer gleichen Reaktion der Gemeinden zu rechnen, in denen bisher nur das Tragen des schwarzen Talars üblich ist. Die Kirchenleitungen der Landeskirchen wären gut beraten, das Tragen des hellen Talars mit farbiger Stola nach entsprechender Entscheidung der Landessynoden nicht nur auf dem Verordnungsweg zu erlauben, sondern zugleich auch Mittel zur Information der PfarrerInnen und Gemeinden über liturgische Kleidung zur Verfügung zu stellen, weil sonst erfahrungsgemäß nur eine Minderheit von dieser Erlaubnis Gebrauch macht.[20] Es ist sinnvoller und ansprechender, die farbige Stola zum hellen statt zum schwarzen Talar zu tragen.

Bei der Reform der liturgischen Kleidung könnte eine Kürzung des Talars erwogen werden, daß er nicht mehr bis zum Knöchel reicht - „Talar ist die anatomische Bezeichnung für den Fußknöchel; bis dahin soll der

---

18 F. Merkel, Schwarz oder...a.a.O.223.
19 Siehe R. Beile, Leserbrief in: Mitteilungsblatt der Hochkirchlichen Vereinigung Augsburgischen Bekenntnisses (Beiblätter zur Schriftenreihe „Eine Heilige Kirche"), Nr. 152 4/1989 (Okt.-Dez. 1989), 35f.,36 und die Kataloge der einschlägigen Firmen für die Herstellung von Talaren und Zubehör.
20 In der badischen Landeskirche wird bei entsprechenden Anfragen den PfarrerInnen „Informationen" und der Aufsatz von F. Merkel, Schwarz oder...a.a.O. zugeschickt. In der Evangelischen Kirche im Rheinland wurde die Talarfrage mit Bildern in ihrem Kirchenblatt: „Evangelisch. Informationen ihrer Evangelischen Kirche im Rheinland", 17. Jg., 1/1990/14f. thematisiert. Ähnliche Aktionen könnten auch in anderen Landeskirchen durchgeführt werden.

Talar reichen"[21] -, sondern wie die Roben der Richter und Anwälte in Wadenhöhe aufhört. Ein zu langer Talar kann die PfarrerInnen in ihrem Dienst behindern. Ferner sind „die im Laufschritt aufschließenden Talarträger ein nicht sehr erhebender Anblick"[22]. Schließlich wären auch die Barette zu modernisieren, die „oft sehr geschmacklos und altmodisch wirken"[23].

D. Stollberg hat sich für die Option „Stola statt Beffchen" ausgesprochen, weil für ihn das Beffchen ein „Relikt des einst notwendigen Puderschutzes der Perückenzeit"[24] ist. In der Tat ist es nicht nur antiquiert und kann durch sein „weniges Weiß" ohnehin nicht die düstere Wirkung des vielen Schwarz des Talars aufheben[25], sondern es ist auch überflüssig.

In früheren Zeiten zeigte das Beffchen noch die konfessionelle Zugehörigkeit des Amtsträgers an. Es galten die zwei vom Hals zur Brust herabhängenden Stoffstreifen, wenn sie gespalten sind, als lutherisch, wenn sie halbgespalten sind, als uniert und wenn sie zusammengenäht sind, als reformiert. Aber diese Unterscheidungsmerkmale sind heute in den Gemeinden weitgehend unbekannt und im heutigen Zeitalter der Bestrebungen zur Überwindung des Konfessionalismus überflüssig geworden.

Das Beffchen dient heute nicht mehr als Statussymbol und hat seine Funktion als Identifikationszeichen verloren. Da es außerdem beim Sprechen behindert, riet C.H. Spurgeon: „Weg mit den engen Halsbinden und bis oben zugeknöpften Westen, damit der Blasebalg sich frei bewegen und die Pfeifen mit Luft füllen kann."[26] Die farbige Stola dagegen behindert PfarrerInnen in keiner Weise in ihrem Dienst und kann durch den Wechsel ihrer Farbe in die liturgische Kleidung eine gewisse Abwechslung bringen. Denn K.H. Bieritz schreibt im Blick auf den schwarzen Talar mit weißem Beffchen: „Die Kostümierung der Hauptdarsteller ist wenig abwechslungsreich..."[27] Wir plädieren daher nachdrücklich dafür, das Beffchen durch die Stola zu ersetzen.[28]

---

21 F. Merkel, ebd. 222.
22 F. Kalb, Grundriß der Liturgik. Eine Einführung in die Geschichte, Grundsätze und Ordnungen des lutherischen Gottesdienstes, 1985³, 98.
23 W. Jannasch, Amtstracht der Geistlichen, in: RGG, 3.Aufl., 1.Band 1957, Sp. 343-345,344.
24 D. Stollberg, Stola statt...a.a.O. Entsprechend ist nach E. Hofhansl das Beffchen ein „Rest des ehemaligen Rundkragens und wurde als den Halsausschnitt bedeckendes Wäschestück von allen Bürgern (des Mittelalters) getragen", siehe: ders., Liturgische...a.a.O.165.
25 J. Stalmann, Tagungsordnungspunkt...a.a.O.67.
26 H. Allihn, Der mündliche Vortrag...a.a.O.372. - Allerdings können sich die PredigerInnen bei der Verwendung von Einknöpfbeffchen genug Luft zum Atmen verschaffen, siehe: J. Grates, Leserbrief...a.a.O.247.
27 K.H. Bieritz, Gottesdienst als „offenes Kunstwerk"? Zur Dramaturgie des Gottesdienstes, in: PTh 1986, 358-373,358.
28 F. Merkel, Schwarz oder...a.a.O.225f.

Vom Gesichtspunkt einer vollen Wirksamkeit der Körpersprache der PfarrerInnen aus ist auch der Talar nachteilig, weil er außer dem Gesicht, den Händen und Füßen den ganzen Körper verdeckt. Dadurch läßt er einen Großteil der Körpersprache für die Gemeinde nicht erkennbar werden. S. Molcho schreibt: „Mit den Armen vergrößern wir die Gesten unserer Hände."[29] Das vermögen aber die TalarträgerInnen nur unzureichend, weil die langen und weiten Ärmel des Talars die Bewegungen der Arme behindern und verdecken. Der Kinesiklehrer H. Rückle berichtet, daß beobachtet worden sei, „daß diejenigen, die langärmelige Kleidung tragen, mehr Handgestik zeigen als diejenigen, deren kurze Ärmel den ganzen Arm für die Gestik freilassen"[30]. In einer zukünftigen Phase der Reform der liturgischen Kleidung wäre zu bedenken, ob nicht jeglicher Talar aufgegeben werden könnte. Die AmtsträgerInnen und Diensthabenden wären durch eine Stola ausreichend ausgewiesen. Daß die Stola genügen kann, zeigt die Tatsache, daß manche KlinikpfarrerInnen bei Amtshandlungen nur eine Stola über der Alltagskleidung tragen.[31] Auch der katholische Pfarrer, obgleich er im Gottesdienst die Meßgewänder trägt, braucht bei Gruppeneucharistiefeiern und bei der Spendung der Sakramente bei Hausbesuchen nur die Stola über den Straßenanzug anzulegen und befindet sich damit schon im Dienst.

Die Kleidung und die ganze Erscheinung der PfarrerInnen sollten gepflegt sein. W. Zielke schreibt über die Kleidung der RednerInnen: „Ist sie (die Kleidung) betont nachlässig, so fühlt sich das Publikum nicht für ganz ernst genug genommen (für uns ist es wohl nicht nötig, mit gepflegtem Äußeren aufzutreten). Ein Publikum, welches sich mißachtet fühlt, wird schwerlich zu gewinnen sein."[32] Entsprechendes gilt für die PfarrerInnen und ihre Gemeinde. Neben gepflegter Kleidung verdient auch die Frisur Beachtung beim Auftreten vor der Gemeinde.

Schließlich gehen auch von der körperlichen Gestalt des Menschen Signale aus, die er im Unterschied zu Kleidung, Frisur, Schmuck etc., die „gänzlich unter der Kontrolle dessen, der sie trägt"[33], stehen, naturgemäß nur sehr bedingt beeinflussen kann. Gleichwohl wird, wie Untersuchungen belegen, vom Körperbau eines Menschen auf dessen Persönlichkeitsmerkmale geschlossen.[34] So sind nicht selten solche Äußerlichkeiten entschei-

29 S. Molcho, Körpersprache...a.a.O.149.
30 H. Rückle, Körpersprache...a.a.O.356.
31 D. Stollberg, Stola statt...a.a.O.45; siehe auch: Chr. Vasterling, Kirchliches Ornat oder bürgerliches Gewand? Erwägungen zur Amtstracht der lutherischen Geistlichen, in: LM 1966, 346-350,347.
32 W. Zielke, Sprechen ohne...a.a.O.128.
33 M. Argyle, Körpersprache...a.a.O.303.
34 So ergaben nach M. Argyle (ebd. 315) entsprechende Untersuchungen folgende Beurteilungen der Zielpersonen: „Die dicke Person wurde u.a. als eher warmherzig, einfühlsam, gutmütig, liebenswürdig und von anderen abhängig beurteilt; die muskulöse Person wurde als stärker und kühner angesehen; die schmächtige Person wurde als eher angespannt und nervös, pessimistisch und ruhig angesehen."

dend, wenn mehrere Bewerber für ein Amt zur Auswahl stehen.[35] Größere Kandidaten werden dann in der Regel gegenüber kleineren bevorzugt, und die Qualifikation für das entsprechende Amt tritt in den Hintergrund.

Da unstrittig auch für die Akzeptanz von PfarrerInnen in der Gemeinde nicht nur deren homiletische, liturgische, seelsorgerliche und kommunikative Kompetenz, sondern auch ihre körperliche Attraktivität von Bedeutung ist, kann man versuchen, eventuelle Schwächen mit kleinen Tricks auszugleichen.

h. Geruchs- und Geschmackssignale

Ein Gottesdienst ist nur dann sinnlich oder sinnenhaft, wenn in ihm alle Sinne der Gemeindeglieder angesprochen werden, d.h. wenn in ihm alle GottesdienstteilnehmerInnen nicht nur hören, sehen und fühlen, sondern auch riechen und schmecken können. Zu dieser Erkenntnis hat nicht zuletzt auch die feministische Theologie beigetragen. So schreibt Erika Moltmann-Wendel: „Um den ganzen Gott wieder zu erfassen, müssen wir auch wieder alle unsere Organe brauchen, müssen schmecken, sehen und spüren, wie freundlich der Herr ist...“[1] Der Schöpfer hat uns Menschen dazu die Sinnesorgane gegeben, daß wir sie alle gleichermaßen gebrauchen. M. Luther hatte noch gesagt: „Drum sind allein die Ohren die rechten Organe eines Christenmenschen; denn aus keines Gliedes Werk, sondern aus dem Glauben wird er gerechtfertigt und als ein Christ geachtet.“[2] Wir können nicht akzeptieren, daß die Gemeindeglieder, sobald sie die Türschwelle zum Gotteshaus überschritten haben, zur Erfahrung des lebendigen Gottes und Jesu Christi nur noch die Ohren und nicht mehr in gleicher Weise auch die anderen Sinnesorgane gebrauchen sollten. Mit Recht hat auch K.B. Ritter festgestellt, daß „die (biblischen und außerbiblischen Schriften), wenn sie die Erfahrung der göttlichen Gegenwart beschreiben, ebenso oft vom Sehen, Fühlen und Schmecken sprechen wie vom Hören“[3].

Zur schöpfungstheologischen tritt die inkarnationstheologische Begründung. Gott hat sich in Jesus von Nazareth so inkarniert, daß er nicht nur gehört, sondern auch gesehen und betastet werden konnte, vgl. 1. Joh 1,1. Wie Jesus von Nazareth alle seine Sinne in gleicher Weise gebrauchte, so sollen auch wir es in seiner Nachfolge tun. Doch darüber soll im Kapitel

---

35 Ebd. 316.

1 Erika Moltmann-Wendel, Das Land, wo Milch und Honig fließt. Perspektiven einer feministischen Theologie, 1987², 162.

2 E. Vogelsang (Hrsg.), Martin Luthers Hebräerbrief-Vorlesung von 1517/18, 1930, 154.

3 K.B. Ritter, Gottesdienst als ganzheitliche Erfahrung, in: D. Stollberg, Liturgische Praxis, a.a.O. Anhang, 99-116, 101.

„Das Zeugnis der Evangelisten von der Körpersprache Jesu" mehr ausgeführt werden.[4]

Wir wollen die Ansprache des Geruchs- und Geschmackssinns in einem gemeinsamen Kapitel besprechen. Einerseits, weil beide zusammen „chemischer Sinn" genannt werden, denn sie sind als die entwicklungsgeschichtlich ältesten Sinne im Unterschied zu den anderen Sinnen an chemische Substanzen als stoffliche Überträger gekoppelt.[5] Andererseits, weil die Sinneswahrnehmungen des Riechens und Schmeckens so eng miteinander verbunden sind, daß wir oft die eine für die andere gebrauchen, indem wir „Schmecken" sagen, in Wirklichkeit aber „Riechen" meinen.

Exkurs: Die Verbindung des Schmeckens und Riechens

Wir schmecken nur, wie bereits Aristoteles beschrieb, ob etwas salzig, sauer, süß oder bitter ist. Alle anderen Empfindungen nehmen wir mit der Nase wahr. Das ist möglich, weil die beiden Nasenhöhlen durch einen Kanal mit der Mundhöhle verbunden sind.[6] Die enge Verbindung der beiden Sinne kann uns z.B. bei einer verstopften Nase bewußt werden, „die uns den Geschmack für eine Lieblingsspeise raubt"[7].

So wird in einer Abendmahlsfeier nicht nur der Geschmacks-, sondern auch – und zwar in erster Linie – der Geruchssinn der TeilnehmerInnen angesprochen. Denn die „Blume" oder das „Bukett" des Weins nehmen sie mit ihrer Nase wahr.

Wie die Bewegungsdimensionen, so wurden „manche Sinne" – genauer gesagt: der Tast-, Geruchs- und Geschmackssinn, die auch „Nahsinne" genannt werden – in Theologie und Gottesdienstgestaltung „unterschätzt und vernachlässigt"[8]. Das gilt insbesondere für die evangelische Theologie und Gottesdienstgestaltung. So schreibt F. Steffensky: „Aber es fehlen (im protestantischen Gottesdienst) Farben, *Gerüche* (von uns kursiv gedruckt), Bewegungen, Tänze...(er ist) sinnlich verarmt."[9] Es wird in ihm viel der Gehörsinn, wenig der Gesichtssinn, noch weniger der Tast- und Geruchssinn und, wenn in ihm keine Abendmahlsfeier integriert ist, praktisch überhaupt nicht der Geschmackssinn angesprochen.

Exkurs: Die Ansprache der „Nahsinne" in Gottesdiensten

Wie wenig Bedeutung Martin Luther dem Geschmackssinn zugemessen hat, zeigt die Tatsache, daß für ihn die Abendmahlsspeise auch „Holzäpfel" hätte sein

---

4 Siehe S. 153-161
5 H. Hatt, Physiologie des Riechens und Schmeckens, in: Vom Reiz der Sinne, hrsg. von A. Maelicke, 1990, 93-126, 93.
6 Ebd. 107.
7 A. Maelicke, Was Sinn macht, in: Vom Reiz...a.a.O.1-21,1; siehe auch H. Hatt, ebd.
8 W. Hahne, DE ARTE... a.a.O.275; siehe auch: Chr. Grethlein, Abriß...a.a.O.30f.; Birgit Jeggle-Merz, Bewegung als...a.a.O.52.
9 F. Steffensky, Feier...a.a.O.81.

können.[10] Im katholischen Gottesdienst wird zwar der Gesichtssinn mehr als im protestantischen Gottesdienst angesprochen. So sehen die katholischen GottesdienstteilnehmerInnen die reichere Ausgestaltung des Gottesdienstraums, die farbigen Gewänder des Priesters, die vielfältigen Handlungen des Zelebranten und seiner HelferInnen am Altar und andere Dinge. Aber auch für den katholischen Gottesdienst gilt, daß in ihm die übrigen Sinne „unterschätzt und vernachlässigt" werden. So konnte A. Lorenzer von der „Zerstörung der Sinnlichkeit" durch die römisch-katholische Liturgiereform des 2. Vatikanischen Konzils sprechen, wenngleich Chr. Grethlein mit Recht diese Kritik eine „zu pauschale Kultuskritik"[11] genannt hat. Deshalb schreibt auch K. Richter, daß die „spiritualistische Engführung ...schon bei Augustinus beginnt, der nur mehr die beiden Sinne Gehör und Gesicht gelten läßt"[12]. Im Unterschied zu den evangelischen und katholischen Gottesdiensten sind die Gottesdienste der Orthodoxie sinnlich wesentlich reicher. Und über die Gottesdienste in der Dritten Welt schreibt K. Richter, daß sie „...vor Sinnenhaftigkeit buchstäblich bersten"[13]. Daraus ergibt sich für die evangelische und katholische Kirche, daß ihre Gottesdienste wesentlich sinnlicher oder sinnenhafter und insbesondere der Geruchs- und Geschmackssinn der GottesdienstteilnehmerInnen erheblich mehr angesprochen werden sollten.

Es geht heute „um die Wiedergewinnung der Sinnlichkeit..., um das Ja zu unseren Augen und Ohren, zu unserer Nase und zu unserem Mund"[14]. Jesus hat sich an den ganzen Menschen gewandt. Er hat nicht nur ein hörbares Wort (verbum audibile) und sichtbares Wort (verbum visibile), sondern zugleich auch ein fühlbares, riechbares und schmeckbares Wort hinterlassen. Es gilt also heute, ein verengtes Wortverständnis zu überwinden!

Die Kirchen haben die große Chance, daß sie in ihren Gottesdiensten in Gottesdiensträumen alle Sinne der Gemeindeglieder mit visuellen (sehbaren), akustischen (hörbaren), haptischen (fühlbaren), olfaktorischen (riechbaren) und gustatorischen (schmeckbaren) Signalen erreichen können. Diese Chance sollten sie mehr als bisher nutzen!

Der Geruchs- und der Geschmackssinn der GottesdienstteilnehmerInnen werden vor allem dann im Gottesdienst angesprochen, wenn in ihn eine Abendmahlsfeier integriert ist. Denn in dieser Feier riechen und schmecken sie Brot und Wein.

---

10 H. Albrecht schreibt unter Berufung auf eine Feststellung von K.G. Steck: „Für den Theologen Luther ist gegenüber dem Wort etwa das Symbol des Brotes als Leibes Christi gleichgültig, ihm sind die Einsetzungsworte jedenfalls ‚wichtiger als die stofflich-immanente Qualität des sakramentalen Symbols; es könnten auch Holzäpfel sein'", siehe: H. Albrecht, Predigen...a.a.O.45; K.G. Steck, Art. Symbol, EKL III, Sp. 1238.
11 A. Lorenzer, Das Konzil...a.a.O.; Chr. Grethlein, Abriß...a.a.O.36.
12 K. Richter, Die Liturgie als Feier in Symbolen, in: Lebendige Seelsorge, 37.Jg., 2/3/1986 (Juni 1986), 100-103,103; ders., Was die sakramentalen Zeichen bedeuten. Zu Fragen aus der Gemeinde von heute, 1988,27; siehe auch: W. Hahne, DE ARTE...a.a.O.273.
13 K. Richter, Was die sakramentalen...a.a.O.29.
14 D. Stollberg, Rechtfertigung...a.a.O.29; siehe auch: H. Albrecht, Predigen...a.a.O.52; K. Richter, Was die sakramentalen...a.a.O.29.

Die besondere Bedeutung und der Vollzug des Abendmahls sind nicht allein an der Gestalt der Feier zu erkennen, sondern ergeben sich vor allem auch durch das Erfassen seines Gehalts. Den Gehalt des Abendmahls können wir erfassen, wenn wir nicht nur auf die nonverbalen Handlungen Jesu (Brotbrechen, Austeilen usw.) achten, sondern zugleich auch auf seine Worte hören. So hat er bei seinem Abschiedsmahl vor allem die Worte gesprochen: „Das tut zu meinem Gedächtnis." (Lk 22,19) Das heißt, die Abendmahlsfeier ist eine Gedächtnisfeier seiner Lebenshingabe, seines Todes am Kreuz und seiner Auferstehung am dritten Tag. Ferner gilt, daß das Mahl den Bund Gottes mit den Menschen „...erneuert und in Glaube und Hoffnung das endzeitliche Mahl im Reiche des Vaters im voraus zeichenhaft darstellt und bereits beginnt und so den Tod des Herrn verkündet, ‚bis er kommt' (1.Kor 11,26)"[15]. Die AbendmahlsteilnehmerInnen erleben mithin in der Feier nicht nur in besonderer Weise die Gegenwart Jesu Christi und die Gemeinschaft mit ihm und den anderen TeilnehmerInnen, sondern sie erwarten zugleich auch aufgrund seiner Verheißung seine Wiederkunft bzw. Ankunft in Herrlichkeit.

War ursprünglich das Herrenmahl mit einem (Sättigungs-)Mahl verbunden, so bahnt sich schon z.b. in Korinth (1.Kor 11) der Wegfall des Sättigungsmahls an. Insofern gibt es eine grundsätzliche Differenz zwischen dem Tun Jesu und dem Tun der Kirche. Der sakramentale Ritus des Essens vom einen Brot und des Trinkens aus einem Kelch, den Jesus gestiftet oder eingesetzt hat, hat sich jedoch bis heute erhalten und wird nach seiner Verheißung auch bleiben bis zur Parusie des Herrn.

Bedeutsam ist, die Gottesdienstteilnehmer wirklich durch Essen und Trinken und nicht nur „durch Worte schmecken und sehen zu lassen, wie freundlich der Herr ist" (E. Jüngel)[16]. Wie schon oft erwähnt: In jedem Hauptgottesdienst sollte nicht nur über das Essen und Trinken und den Segen des Abendmahls gepredigt, sondern auch Brot gegessen und Wein getrunken werden. Denn nur dann, wenn das geschieht, ist der Hauptgottesdienst ein sinnenhafter Gottesdienst. Neben reinen Wortgottesdiensten im Laufe der Woche bietet sich ein Hauptgottesdienst mit Abendmahlsfeier an jedem Sonn- und Feiertag an, weil in ihm alle Schichten und Gruppen der Gemeinde zusammentreffen und miteinander feiern.

Heute wird das Abendmahl in vielen evangelischen Gemeinden meist in integrierter Form, also als Teil des Hauptgottesdienstes und nicht mehr als gelegentliches „Anhängsel" an den Gottesdienst, gefeiert. Damit ist die evangelische Kirche in der Praxis „auf dem Weg zur Wiedergewinnung der

---

15 H.B. Meyer, Eucharistie. Geschichte, Theologie, Pastoral, in: Gottesdienst der Kirche. Handbuch der Liturgiewissenschaft, Teil 4, 1989, 32.
16 E. Jüngel, Schmecken und Sehen, Predigten III, 1983, 5.

Vollgestalt des Gottesdienstes mit Wort und Sakrament ein beträchtliches Stück vorangekommen"[17].

Exkurs: Integriertes oder angehängtes Abendmahl?

W. Jetter möchte dagegen diesen Weg nicht „vorbehaltlos bejahen", sondern hat kritische Fragen an Liturgie und Praxis des „Vollgottesdienstes" gestellt.[18] Er sieht zwar die vielfältigen Vorteile der integrierten Abendmahlsfeier, nennt aber zugleich als Nachteil vor allem „...den ‚gesetzlichen' Zwang..., mit dem diese Sitte (Integration der Abendmahlsfeier) heute vielfach gegen eine vierhundertjährige andersartige Gewöhnung alternativlos durchgesetzt werden soll". In der Tat darf dieses Ziel nicht durch „gesetzlichen Zwang" durchgesetzt werden. Eine Änderung der bisherigen Praxis kann nur durch Information der Gemeinden über die Vor- und Nachteile beider Formen durch Beschluß des Kirchenvorstandes oder Gemeinderats vollzogen werden. Das Angebot von Alternativen ist dabei wichtig. So könnten neben dem Hauptgottesdienst mit integrierter, aus Zeitgründen meist relativ kurzer Abendmahlsfeier, Wortgottesdienste ihren Platz haben, gelegentlich aber auch alternative längere Abendmahlsgottesdienste, z.B. am Gründonnerstag, angeboten werden. Enthalten letztere eine ausführliche Beichte und Absolution und möglicherweise auch eine „gesungene Liturgie", können sich die Gemeindeglieder besonders darauf vorbereiten und freuen. Die „vierhundertjährige andersartige Gewöhnung" (an die gelegentlich angehängte Feier) sollte jedoch heute endlich überwunden werden, denn sie ist nur ein Hindernis auf dem Weg zu einem wahrhaft sinnenhaften Gottesdienst!

Die sonntäglich integrierte Abendmahlsfeier ist entgegen W. Jetters Behauptung nicht eine „neue Abendmahlssitte", sondern vielmehr nur die Rückkehr zur Tradition der Urgemeinde, in der man die Feier des „Brotbrechens" „täglich" hielt, vgl. Apg 2,42 und 46. Die Agende der VELKD sieht seit 1955 den Gottesdienst mit Predigt und Abendmahl als sonntäglichen Hauptgottesdienst vor, wenngleich sich fast überall eine „reduzierte Form" durchsetzte, „die nach Kirchengebet und Vaterunser einfach mit dem Segen schließt"[19]. Auch die Lima-Erklärung hält im Unterschied zur reformatorischen Praxis „die allsonntägliche Abendmahlsfeier für angemessen"[20]. Die Erneuerte Agende (EA) stellt Grundformen des Gottesdienstes mit Abendmahl vor, bietet aber zugleich doch auch wieder einen „Predigtgottesdienst", nur optional mit Abendmahl, an. „Er kann auch mit einem Abendmahl verbunden werden", wobei dieser Liturgietyp „in der Tradition reformierter und oberdeutschlutherischer Kirchen"[21] steht. Die EA hat also den Weg zum sonntäglichen Gottesdienst mit integriertem Abendmahl auch nicht konsequent beschritten. Schon in den Jahren 1937/38 hatte der reformierte Theologe K. Barth angeklagt: „Wir wissen nicht einmal mehr, daß ein Gottesdienst ohne die Sakramente (!) ein äußerlich

---

17 H.Chr. Schmidt-Lauber, Gottesdienstreform...a.a.O.562.

18 W. Jetter, Neue Abendmahlssitten?, in: EvKom,21.Jg.,6/1988 (Juni 1988),347-350.

19 D. Rößler, Grundriß der Praktischen Theologie, 1986, 378; siehe auch: F. Kalb, Grundriß...a.a.O.108.

20 A. Birmelé, Th. Ruster, Vereint im Glauben - getrennt am Tisch des Herrn. Arbeitsbuch Ökumene 3, 1987, 78.

21 EA...a.a.O.15.

unvollständiger Gottesdienst ist. Wir feiern mit der größten Selbstverständlichkeit in der Regel solche äußerlich unvollständigen Gottesdienste. Mit welchem Recht tun wir das eigentlich?"[22] Unsere Antwort auf seine Frage kann nur lauten: Wir haben eigentlich kein Recht zur Feier sonntäglich unvollständiger Gottesdienste! Es wird höchste Zeit, daß die Forderung der liturgischen Erneuerungsbewegungen unseres Jahrhunderts (Berneuchener Bewegung, Evangelische Michaelsbruderschaft, Arbeit von Alpirsbach) nach regelmäßigen statt gelegentlichen Abendmahlsfeiern[23] endlich ganz erfüllt wird!

W. Jetter möchte die Abendmahlsfeier als gelegentliches Anhängsel an den sonntäglichen Gottesdienst trotz der auch von ihm gesehenen vielfältigen Nachteile beibehalten („der bekümmernde Massenauszug der Festtagsgemeinde vor der anschließenden Abendmahlsfeier; die manchmal lieblos-hastige Art, in der sie anhangsweise gehalten wurde; die verkümmerte Rolle, die das Abendmahl im Bewußtsein der evangelischen Frömmigkeit in der Regel gespielt hat; die gedrückte Stimmung, in der es häufig gefeiert wurde;... die Abwesenheit fast aller ökumenischer Seitenblicke..."). Diese Form der Abendmahlsfeier gibt den GottesdienstteilnehmerInnen jedoch die Möglichkeit, wenn sie nicht zum Tisch des Herrn gehen wollen, vor Beginn der Abendmahlsfeier den Gottesdienst zu verlassen, ohne die Feier zu stören. W. Jetter sieht auch die Möglichkeit des Sitzenbleibens und der Nichtannahme von Brot und Wein, meint aber dazu: „Wer sich gegen den Konformitätsdruck entscheidet und, nicht mitkommunizierend, in seiner Bank sitzen bleibt, exponiert sich damit vor aller Augen als Nichtteilnehmer". Wir meinen dagegen, daß auch diejenigen, obwohl sie Brot und Wein nicht empfangen, doch am gemeinsamen Singen, Beten und Meditieren der Abendmahlsgemeinde teilnehmen. Es gilt, daß nicht nur „das Eingangslied den Gottesdienst zur Sache aller gemacht hat", wie W. Jetter selbst schreibt, sondern vielmehr auch die Abendmahlslieder „Sache aller" sind, d.h. Lieder, die von Kommunizierenden und Nichtkommunizierenden gemeinsam gesungen werden. Um dieser Gemeinsamkeit willen, gilt es insbesondere die Nichtkommunizierenden zum gemeinsamen Singen, Beten und Meditieren während der Feier aufzufordern oder zum persönlichen Segen in den Kreis um den Altar einzuladen, prinzipiell jedoch jedem freizustellen, ob er während der Abendmahlsfeier nur sehen und hören oder auch am Tisch des Herrn die Abendmahlselemente fühlen, riechen und schmecken will.

In einer „Handreichung" der EKHN zur Abendmahlsfeier heißt es: „Jesus nahm Brot und Wein ,in der Nacht, da er verraten ward', weil dies die damals üblichen, auch im Kult verwendeten Speisen waren. Wichtig dabei

---

22 K. Barth, Gotteserkenntnis und Gottesdienst nach reformatorischer Lehre. 20 Vorlesungen über das Schottische Bekenntnis von 1560, gehalten an der Universität Aberdeen im Frühjahr 1937 und 1938, 1938, 199; siehe auch: F. Merkel, Karl Barth und der kirchliche Gottesdienst, in: JLH 30.Band, 1986,30-42,38 - Am Ende seines Lebens fragte K. Barth nochmals: „Warum wird uns nicht jeden Sonntag in jeder Kirche (mindestens in Anwesenheit der ganzen Gemeinde) auch das heilige Abendmahl gefeiert?...Würden wir nicht gerade so umfassend ,Kirche des Wortes', das nun einmal nicht Rede, sondern Fleisch wurde?", siehe: ders., Letzte Zeugnisse, 1969, 55; zitiert von F. Merkel, ebd. 38.

23 A. Ehrensperger, Gottesdienst...a.a.O.34ff.; R. Volp, Liturgie 2, a.a.O.1201.

war nicht die Beschaffenheit von Brot und Wein an sich, sondern ihre Bedeutung als Zeichen."[24] Daß die Beschaffenheit von Brot und Wein doch von Wichtigkeit ist, zeigt der Bericht von C.G. Jung über seinen ersten Gang zum Abendmahl anläßlich seiner Konfirmation im Jahre 1890. In ihm schreibt er unter anderem: „Ich aß das Brot, es schmeckte fad, wie erwartet. Der Wein, von dem ich nur den kleinsten Schluck nahm, war dünn und säuerlich, offenbar nicht vom besseren. Dann kam das Schlußgebet, und alle gingen hinaus, nicht bedrückt und nicht erfreut, sondern mit Gesichtern, die sagten: ‚So das wär's jetzt'- Nur allmählich, im Laufe der folgenden Tage, dämmerte mir: es hat sich nichts ereignet... Ich wußte, daß mir Gott unerhörte Dinge antun konnte... aber diese Feier enthielt, für mich wenigstens, keine Spur von Gott. Es war zwar die Rede von ihm, aber es waren nur Wörter."[25] Zu diesem Bericht C.G. Jungs schreibt W. Neithardt treffend: „Ihr (der Jugendlichen) erster Gang zum Abendmahl bewirkte eine Aversion gegen diese Feier, die das Leben lang anhielt."[26] Der Bericht zeigt uns, daß wir uns doch um eine gute „Beschaffenheit von Brot und Wein" bemühen sollten. So sind nicht nur die bereits zitierten „Holzäpfel" M. Luthers, sondern auch die in manchen Gemeinden immer noch üblichen weißen Oblaten oder Hostien für eine Abendmahlsspeise denkbar ungeeignet. Letztere sind geruchsneutral, sprechen also nicht den Geruchssinn an. Zum anderen schmecken sie nicht nach Brot, sondern „nach Papier"[27], haben also keinen guten Geschmack. Deshalb wurde schon auf dem Kirchentag in Nürnberg in den sogenannten „Lorenzer Ratschlägen" gefordert, daß im Abendmahl „richtiges Brot" verwendet werden sollte[28], das gut schmeckt. In katholischen Gottesdiensten werden seit einiger Zeit nicht mehr weiße, sondern braune „Brothostien" verwendet, die nach Brot schmecken. Auch in manchen evangelischen Feiern gibt es schon bräunliche Oblaten. Aber die bräunlichen Hostien und Oblaten sind noch nicht die beste Lösung. Zum einen haben sie nicht den „Duft des frisch gebackenen und gebrochenen Brotes"[29] und schmecken auch nicht

---

24 Wir feiern Abendmahl. Eine Handreichung für alle, die am Gemeindeaufbau verantwortlich mitarbeiten. Versuche zur kirchlichen Praxis, hrsg. von der EKHN, 1982, 21f.

25 Diesen Bericht von C.G. Jung zitiert W. Neithardt in seinem Aufsatz: Psychologische Überlegungen zum Kinder-Abendmahl, in: Abendmahl auch für Kinder? Grundsätzliche Überlegungen, Praxisberichte und Materialien, hrsg. von H. Eggenberger, 1979, 27 bis 36,27.

26 Ebd. 28.

27 K. Richter, Wein oder Traubensaft? in: CiG 36.Jg., 7/1984 (12.2.1984),51. O. Herlyn nennt die weiße Oblate entsprechend „unsägliches Eßpapier", siehe: ders., Theologie der Gottesdienstgestaltung, 1988, 112.

28 G. Kugler, Meine Erfahrungen mit neuen Formen des Abendmahls, in: Wie feiern wir Abendmahl?, Herrenalber Texte 26, hrsg. von W. Böhme, 1980, 45-58,57; R. Volp, Liturgie 2,a.a.O.1200.

29 W. Hahne, DE ARTE...a.a.O.274,Anm. 98.

so würzig wie dieses. Zum anderen sind die Oblaten, seien sie nun weiß oder braun, wie A. Denecke schreibt, eine „...liturgisch-sakrale Kunstspeise ... ein sakrales Sonder-Brot, unnatürlich, wenn nicht gar widernatürlich am Gaumen klebenbleibende Oblaten"[30]. Die Abendmahlsspeise sollte natürlicher und aussagekräftiger sein, als Oblaten und Hostien es sein können. Außerdem können Oblaten und Hostien auch das Mißverständnis des Magischen bei den AbendmahlsteilnehmerInnen hervorrufen.

Wenn trotz dieser Mängel weiterhin in manchen evangelischen und katholischen Gemeinden Oblaten oder Hostien statt wirklichem Brot gebraucht werden, hat dies auch praktische Gründe. In der von uns bereits zitierten „Handreichung" der EKHN heißt es: „Oblaten wurden gebräuchlicher als gewöhnliches Brot, weil sie länger haltbar sind; also nach der Abendmahlsfeier nicht etwa rasch verschimmeln und weil sie leichter als Brot in herkömmlicher Form in mehrere Teile gebrochen werden können."[31] Ferner entstehen bei Oblaten und Hostien nicht so leicht Krümel, die auf den Boden fallen können. Jedoch sollten diese praktischen Gründe letztlich bei der Entscheidung für Oblate/Hostie oder richtiges Brot nicht ausschlaggebend sein. Wichtiger ist doch, daß die AbendmahlsteilnehmerInnen in der Feier richtiges schmackhaftes Brot sehen, fühlen, riechen und schmecken. Zum Brechen der Priesterhostie schreibt K. Richter treffend: „...die gebrochene Priesterhostie erläutert kaum das Brotbrechen, nach dem die Urgemeinde die ganze Feier benannte."[32] Analoges gilt für das Brechen einer Oblate durch die evangelischen LiturgInnen. In der Eucharistiefeier der orthodoxen Gottesdienste gibt es kleine Kuchen, die sogenannten „Prosphoren"[33], die von einigen Frauen in den Gemeinden aus reinem Weizen mit normalem Sauerteig nach alter Tradition gebacken werden. Sie duften nicht und schmecken fade.[34] Doch nur eine Abend-

---

30 A. Denecke, Wo der Geist weht. Das Konvergenz-Papier von Lima - diskutiert und im Gottesdienst heute praktiziert, in: ZGP 2.Jg.,4/1985(Sept./Okt. 1985), 15-22,19. F. Dillier bemerkt entsprechend: „Ausgestanzte Hostien sind kaum die richtige Form", siehe ders., Symbol und Ritus, in: Gottesdienst, 20.Jahr, 13/1986(1.7.1986), 97ff.,99. K.P. Jörns schreibt von der „kultischen Überfremdung...durch die Künstlichkeit der Oblaten (bisweilen mit eingeprägtem Kreuz mehr an ein Pharmakon athanasias denn an Brot erinnernd)...", siehe: ders., Überlegungen und Thesen zur heutigen Gottesdienstreform, in: JLH 19/1975, 37-69,49.
31 Wir feiern...a.a.O.18.
32 K. Richter, Was bedeutet...a.a.O.84.
33 E. Hämmerle/H. Ohne/K. Schwarz, Zugänge zur Orthodoxie, Bensheimer Hefte, Heft 68, hrsg. vom Evangelischen Bund, 1988,78. An dieser Stelle sind Prosphoren abgebildet. Siehe auch: B. Sartorius, Die orthodoxe Kirche, in der Reihe der „Großen Religionen der Welt" (Aus dem Französischen übertragen von J. Komaromi), 1973, 92.
34 Das war jedenfalls meine Empfindung, die ich beim Verzehr von Stücken von Prosphoren hatte, die ich bei mehrmaliger Teilnahme an Gottesdiensten in der Russisch-orthodoxen Kirche des Hl. Nikolaus in Frankfurt/M. erhielt.

mahlsspeise, die duftet und gut schmeckt und so die „Freundlichkeit des Herrn" (Ps 34,9) symbolisiert, kann Wohlbefinden und Freude bei den Kommunizierenden auslösen. Dazu schreibt mit Recht H. Reifenberg: „Die Freude am Schmecken stellt nämlich u.a. ein Zeichen des Entdeckungs- und Erforschungswillens des Menschen (vgl. Gen 1,28 ff.) dar. Sie sollte deswegen nicht abwertend als Lust gedeutet werden (Fehlformen gibt es überall!), sondern als Suchen nach der Vielfalt der Schöpfung..."[35]

Überlegungen zu traditionellen und kultischen Aspekten der Entscheidung für eine Abendmahlsspeise müssen je nach Gemeindesituation und -tradition abgewogen werden.

Die KommunikantInnen sollten ein genügend großes Stück Brot erhalten. So schreibt R.H. Geissler: „Ein wirkliches Erleben von Essen und Trinken setzt eine gewisse Quantität an Speise und Trank voraus, sonst kann es nicht zum Gefühl von Genuß und Sättigung kommen..."[36] Er verwirft mit Recht modernes Weißbrot, denn dieses „...vermittelt kaum Geschmack, es enthält nur noch Kalorien, jedoch wenig Nährstoffe." Er empfiehlt „Brot mit hohem Nährstoffgehalt (am besten Vollkornbrot)." Auf Evangelischen Kirchentagen wurden große Fladenbrote genommen, von denen sich angemessen große Stücke gut abbrechen lassen. Zum guten Brot gehört auch guter Wein für die Feier. So hat Jesus nach Johannes bei der Hochzeit von Kana nicht „geringeren" (in der Einheitsübersetzung: „weniger guten"), sondern nur guten Wein gegeben, vgl. Joh 2,10. R.H. Geissler bemerkt: „Der Wein ist ein Zeichen des Festes, der Freude. Ein billiger saurer Wein vermittelt keine Gaumenfreude und vermag die Festlichkeit des Reiches Gottes nicht zu symbolisieren. Deshalb nehme man einen dem Festcharakter des Abendmahls angemessenen Wein." In der bereits zitierten Handreichung der EKHN zum Abendmahl heißt es, daß es sich „nach dem Brauch der westlichen Kirche ... um naturreinen Wein ohne Beimischung von Fremdstoffen (handelt), die Farben rot oder weiß beliebig"[37] sind. Der Behauptung, die Farben des Weins seien „beliebig", muß widersprochen werden. Die rote Farbe symbolisiert das auf Golgatha vergossene Blut Jesu. Deshalb gibt es in den orthodoxen Eucharistiefeiern nur Rotwein. Dagegen gilt für die katholische Kirche nach A. Adam/ R. Berger: „Entgegen altem Brauch bevorzugt der Westen seit längerem weißen Wein, um die Kelchwäsche leichter säubern zu können."[38] Die Erleich-

35 H. Reifenberg, Geschmack gibt hier den Schein nur kund...Liturgisch-phänomenologische Aspekte zu Geschmack und Mahl, speziell bei Benediktionen, in: Archiv für Liturgiewissenschaft(ALW), 15/1973, 108-122,112.
36 R.H. Geissler, Gedanken zum Feierabendmahl im Altenheim, in: Altenheimseelsorge - Anregungen aus der Theorie, 3. Ausgabe 1986, 11-16,14.
37 Wir feiern...a.a.O.18.
38 A. Adam - R. Berger, Pastoralliturgisches Handlexikon, 1985[5], 558.

terung bei der Kelchwäsche, wenn Weißwein genommen wird, sollte aber unseres Erachtens bei der Wahl zwischen rotem und weißem Wein nicht ausschlaggebend sein, wobei allerdings zu bedenken wäre, daß Rotwein einem zu naturalistischen Verständnis Vorschub leisten könnte. Das wichtigste Kriterium bleibt somit, daß das Trinken des Abendmahlgetränks Wohlbefinden und Freude und nicht Unbehagen oder Widerwillen auslöst. Der Wein in der orthodoxen Eucharistiefeier hat nur wenig Geruch und Geschmack, weil ihm Wasser beigemischt wird. Die Beimischung von heißem Wasser soll daran erinnern, daß aus der Seitenwunde des Gekreuzigten Wasser floß (Joh 19,34).

Exkurs: Das Abendmahlsgetränk

Die GottesdienstteilnehmerInnen sollten in der Feier nicht nur Abendmahlsspeise in der Gestalt der Oblate oder Hostie erhalten - wie es heute noch in vielen katholischen Gottesdiensten geschieht -, sondern zugleich auch Abendmahlsgetränk in Gestalt von Wein oder Saft empfangen. Denn wenn die Austeilung nicht unter beiden Gestalten geschieht, hat die Feier nur eine reduzierte Zeichenhaftigkeit und zugleich eine eingeschränkte Ansprache der Geschmacks- und Geruchsorgane der GottesdienstteilnehmerInnen. Was heute schon in katholischen Gruppenmessen möglich ist (Austeilung unter beiden Gestalten an alle Feiernden), sollte auch in normalen Sonntagsmessen um der vollen Zeichen- und Sinnenhaftigkeit willen ermöglicht werden.

Für Alkoholiker, Kinder, deren Eltern Alkohol als gefährlich ablehnen und Diabetiker könnte (um der Symbolik willen roter) Saft gereicht werden, weil im allgemeinen roter wie weißer Rebensaft allen gut schmeckt.

Saft sollte jedoch nicht generell Wein ersetzen, sondern in jeder Feier neben dem Wein angeboten werden. Jesus hat nach übereinstimmendem Urteil der Bibelwissenschaftler Wein im Becher gereicht und die Jünger und uns aufgefordert, das gleiche wie er zu tun. Gemeindeglieder, die „...sich gewissensmäßig an die Verwendung von Wein gebunden wissen", fühlen sich in einer Feier, in der kein Wein, sondern nur Saft gereicht wird, ausgeschlossen. Deshalb hat das Leitende Geistliche Amt der EKHN mit Recht die Gemeinden „dringend" darum gebeten, in den Abendmahlsfeiern neben Saft auch Wein auszuteilen.[39] Wenngleich sowohl Saft als auch Wein „Frucht" oder „Gewächs des Weinstocks" (Mt 26,29) sind, sind beide doch nicht identisch, denn nur beim Wein kann die Nase ein „Bukett" oder eine „Blume" riechen. Auch wird nur vom Wein im Psalm gesagt, daß er Freude spendet, vgl. „Der Wein erfreue des Menschen Herz" (Ps 104,15). Die Freude bei einem Fest wird also unter anderem auch vom Wein verursacht. So gehört zur Abendmahlsfeier als Fest auch der Wein als ein festliches Element. Ein Kompromiß in der Auseinandersetzung um Traubensaft oder Wein beim Abendmahl könnte - wie in einzelnen Gemeinden schon praktiziert - der Einsatz von entalkoholisiertem Wein sein. Zumindest dem Anliegen derer, die der Symbolik der „Reinheit des Weines"

---

39 Gottesdienste dürfen nicht ausfallen. Ein Brief des Leitenden Geistlichen Amtes der EKHN - Nicht nur Saft zum Abendmahl, in: Evang. Kirchenzeitung für Hessen und Nassau (früher: Weg und Wahrheit), 42.Jg.,20/1988(15.5.1988), 2.

gegenüber dem kultisch „unreinen", unausgegorenen Traubensaft ein großes Gewicht beimessen, wäre damit entgegengekommen.

So wie die AbendmahlsteilnehmerInnen ein „angemessen großes Stück Brot" empfangen sollten, so sollten sie auch einen angemessen großen Schluck Wein oder Saft zu sich nehmen können, um wirklich zu genießen. Sie sind dazu anzuhalten, „tatsächlich zu trinken und nicht nur zu nippen"[40]. Ferner ist „...jede andere Lösung, das Blut des Herrn mittels Röhrchen, Löffel oder durch Eintauchen (die sogenannte íntinctio`) zu konsumieren, indiskutabel". Andere Elemente als Brot und Wein oder Saft sind grundsätzlich als nicht stiftungsgemäß, d.h. als nicht von Jesus eingesetzt, abzulehnen.[41]

Auch auf die Bedeutung des Kelches sei hingewiesen. Jesus hat den Kelch als Symbol des „neuen Bundes" eingesetzt. Aus diesem Grund ist der Einsatz von nur kleinen Einzelkelchen fragwürdig, auch deshalb, weil er die Vereinzelung der Menschen in unserem Kulturkreis dokumentiert. Der Gemeinschaftskelch, der weitergereicht oder von den PfarrerInnen und ihren HelferInnen den TeilnehmerInnen in die Hand gegeben wird, symbolisiert u.a. Gemeinschaft und spricht zugleich die Tastsinne an. Einen Kompromiß stellt die Verwendung eines Gießkelchs als Gemeinschaftskelch dar, aus dem der Wein von den PfarrerInnen in die Einzelkelche gegossen wird.

Der Geruchssinn der GottesdienstteilnehmerInnen wird nicht nur bei der Abendmahlsfeier, sondern auch in anderer Hinsicht im Gottesdienst angesprochen.

Wenn H. Albrecht schreibt: „Evangelische Gotteshäuser sind geruchsneutral"[42] und entsprechend F. Steffensky: „Aber es fehlen (im Protestantismus) ...Gerüche..."[43], dann stimmen diese Aussagen streng genommen insofern nicht, als es in jedem Raum einen bestimmten Geruch oder Duft gibt.

Jeder Raum, der vor Gottesdienstbeginn nicht oder nur unzureichend gelüftet wurde, hat einen schlechten, dagegen ein gut gelüfteter Raum einen guten Geruch. J. Griesbeck hat berichtet, daß die ersten Christen in den Katakomben Weihrauch verwendeten, „um in diesen unterirdischen Höhlen einen angenehmen Duft zu verbreiten"[44]. In den steinernen Domen des

---

40 K. Küppers, Die Eucharistiefeier als Zeichenhandlung des Glaubens, in: Symbole als Glaubenshilfe. Von der Anschaulichkeit des Heiles, hrsg. von W. Beinert, 1987, 51-68,65.
41 Eine Ausnahme von dieser Regel ist in Notzeiten, z.B. Krieg und Gefangenschaft, gegeben, in denen Wein oder Saft nicht beschafft werden können, so daß ein anderes Getränk genommen werden muß. Analoges gilt für die Speise.
42 H. Albrecht, Predigen...a.a.O.52.
43 F. Steffensky, Feier...a.a.O.81.
44 J. Griesbeck, Glauben mit allen Sinnen. Wahrnehmen und wachwerden, 1988,75.

Mittelalters gibt es einen anderen Duft als z.B. in den protestantischen „Stabkirchen" der nordischen Länder. Nur in letzteren riechen wir das Holz, aus dem sie erbaut worden sind. Man hat in der evangelischen, aber auch in der katholischen Kirche seit Augustinus zu wenig auf den Duft im Kirchenraum geachtet, weil man nur die beiden Sinne Gehör und Gesicht gelten ließ.[45]

Zur Frage der Verwendung von Weihrauch in evangelischen Gottesdiensten ist darauf hinzuweisen, daß M. Luther in seinen Entwürfen von 1523 den Gebrauch von Weihrauch und Kerzen freigegeben hat.[46] Chr. Grethlein berichtet, daß „bis z.t. weit in das 19. Jahrhundert hinein das Räuchern, ein typisch sakraler Ritus, in den evangelischen Kirchen beibehalten"[47] wurde. In unseren Tagen wurden in Familiengottesdiensten in der Adventszeit Versuche gemacht, durch das Verbrennen entsprechender Räucherstäbchen auch vom Duft her die Gemeinde auf den Gottesdienst einzustimmen.[48] Aber bei einer generellen Einführung von Weihrauch in protestantische Gottesdienste ist mit dem Einwand zu rechnen: Die Verwendung von Weihrauch ist doch eine katholische Sitte, und wir Protestanten wollen doch nicht katholisch werden! Dieser Einwand ist jedoch unhaltbar, denn Weihrauch wird nicht nur in katholischen, sondern ebenso

---

45 Wie wenig Bedeutung man noch im 2. Vatikanischen Konzil der Ansprache des Geruchssinns beimaß, zeigt die Tatsache, daß in seiner Liturgiereform die Verwendung von Weihrauch im Gottesdienst nicht mehr zur Pflicht gemacht wurde. Die Folge war, daß aus den meisten katholischen Gottesdiensten der Weihrauch verschwand. Zwar sehen die erneuerten gottesdienstlichen Bücher der katholischen Kirche heute wieder Weihrauch an allen Stellen der Liturgie vor, an denen er früher vorgesehen war, siehe: B. Fischer, Von der Schale zum Kern. Kurzansprachen zu Zeichen und Worten der Liturgie, 1979³,33. Aber im AEM (= Allgemeine Einführung in das Meßbuch) 235 heißt es: „Weihrauch *kann* (von uns kursiv gedruckt) bei jeder Form der Meßfeier verwendet werden...", siehe: B. Stürber, In Vergessenheit geraten. Die Inzensationsriten in der Messe, in: Gottesdienst, 29.Jahr (6.4.95) 7/1995,49ff. Entsprechend steht im „Gotteslob", dem Katholischen Gebet- und Gesangbuch für das Bistum Limburg im Kapitel „353 Die Feier der Gemeindemesse": „...Danach *kann* der Priester den Altar inzensieren", siehe: Gotteslob 1990¹⁰,368. Somit kann der Priester, muß aber nicht, Weihrauch im Gottesdienst verwenden. Er wird dann nicht „vergessen", wenn er sich bewußt ist, daß zum ganzheitlichen Erleben eines Gottesdienstes die Ansprache aller Sinnesorgane der Gottesdienstteilnehmer, also auch des Geruchsinns, gehört. Durch die Ansprache eines weiteren Sinnesorgans, d.h. des Geruchsinns, wird das Erleben des gottesdienstlichen Geschehens intensiviert.

46 W. Nagel, Geschichte des christlichen Gottesdienstes, SG 1202/1202a, 1970², 115.

47 Chr. Grethlein, Abriß...a.a.O.85. D. Stollberg berichtet: „In der seit der Reformation evangelischen Marburger Elisabethenkirche wurden bis ins 20. Jahrhundert hinein nicht nur Meßgewänder, sondern auch Weihrauch verwendet", siehe: ders., Liturgische Praxis, a.a.O.127, Anm. 9 - Näheres über historische Herkunft und Gebrauch von Weihrauch bringt R. Berger, Naturelemente und technische Mittel, in: Gottesdienst der Kirche, Handbuch 3...a.a.O.249-288,278-281.

48 Chr. Grethlein, ebd. 244.

auch in orthodoxen, anglikanisch-hochkirchlichen, afrikanischen und anderen Gottesdiensten verwendet. Somit würde seine Einführung in evangelische Gottesdienste die Ökumene befördern.[49]

Indem Weihrauch Wohlgeruch verbreiten und zugleich das Aufsteigen des Gebets zu Gott symbolisieren kann[50], spricht er die beiden Sinnesorgane Nase und Auge zugleich an. Ferner vermag er eine feierliche Atmosphäre im Gottesdienst zu schaffen.[51] Weihrauch vermag ferner „psychosomatische Wirkungen zu entfalten... Etwa: Beruhigung, Sammlung, sich anderen gegenüber öffnen"[52]. So könnte Weihrauch mehrere Funktionen auch im evangelischen Gottesdienst ausüben, insbesondere den Ruf der LiturgInnen in der Abendmahlsfeier „Die Herzen in die Höhe" symbolisieren. Wir verweisen dabei auch auf Ps 141,2: „Wie ein Rauchopfer steige mein Gebet zu dir (Herr) auf."(Einheitsübersetzung)[53]

Aber unabhängig von der Frage, ob Weihrauch in protestantischen Gemeinden durchsetzbar sein wird oder nicht, werden diejenigen, die Gottesdienste vorzubereiten und durchzuführen haben, sich in unserer körperbewußten Zeit ein „völliges Außerachtlassen von Fragen des Geruchs im Gottesdienstraum"[54] nicht mehr leisten können. Geruch und Geschmack wurden nämlich in der Vergangenheit nicht nur in Theologie und Kirche, sondern auch in weltlichen Bereichen unterbewertet. So wurde der Geruchssinn als „verlorener Sinn" bezeichnet. Er findet aber in der heutigen Zeit, in der die Menschen sich wieder mehr auf ihren Körper besinnen, verstärkt Beachtung. Dieses neue Körperbewußtsein unserer Zeit[55] muß sich auch auf die Gottesdienstgestaltung auswirken.

---

49 Weihrauch wurde auch schon in der Zeit vor der Entstehung der Konfessionen gebraucht, vgl. insbesondere Ps 141,2, Mt 2,11, Offb 5,8 und 8,3-5.

50 Nach B. Fischer ist Weihrauch ein „Zeichen der Anbetung", denn „...kein Zeichen kann die Bewegung nach oben so schlicht und so gültig ausdrücken wie der Weihrauch", siehe; ders., Von der Schale...a.a.O.34f.; siehe auch: R. Guardini, Von heiligen Zeichen, a.a.O., 38.

51 Dazu schreibt O. Bollnow: „Sie (die Feierlichkeit) hat etwas Berauschendes und wird darum ihrerseits auch durch berauschende Düfte gesteigert (Weihrauch)", siehe: ders., Neue Geborgenheit. Das Problem einer Überwindung des Existentialismus, 1955, 219.

52 H. Reifenberg, Duft - Wohlgeruch als gottesdienstliches Symbol. Liturgisch-phänomenologische Aspekte des adoratischen Elementes, in: ALW (Archiv für Liturgiewissenschaft), Jg.29, 3/1987, 321-351,327.

53 Es ist damit zu rechnen, daß mancher Weihrauchduft von Protestanten als etwas Fremdes und Unangenehmes empfunden wird. Daher müßte eine Weihrauchsorte genommen werden, die möglichst von allen Gemeindegliedern als angenehmer Duft wahrgenommen wird. Man könnte Versuche mit verschiedenen Duftsorten eines orthodoxen Weihrauchsortiments machen. Entsprechende Auskünfte sind zu erhalten bei der Diözesanverwaltung der Deutschen Diözese der Russisch-orthodoxen Kirche, Schirmerweg 78, 81247 München.

54 Chr. Grethlein, Abriß...a.a.O.90.

55 Ein Symptom dafür ist auch die Tatsache, daß der Roman von P. Süskind, Das Parfüm, 1985ff. zum Bestseller auf dem Büchermarkt wurde.

Übrigens spielt der Duft oder Geruch auch im Neuen Testament eine wesentliche Rolle, siehe: Joh 12,3; 1.Kor 2,14-16; Eph 5,2 und Phil 4,18.

Die Bedeutung, die dem Geruch zukommt, widerspiegelt sich z. B. in der Redewendung: „Ich kann dich nicht mehr riechen". Mit dem gezielten Einsatz von Düften, wie er heute an Orten des öffentlichen Lebens praktiziert wird, kann auch ein positives Erlebnis im Gottesdienst befördert werden.[56]

Im privaten Bereich stellen heute immer mehr Menschen „Duft- oder Aromalampen" in ihren Wohnzimmern auf, um einen guten Duft zu erzeugen. Freilich dürfen die Menschen im Gottesdienstraum nicht mit Düften manipuliert werden. Vielmehr geht es nur darum, eine Atmosphäre im Gottesdienstraum zu schaffen, die die Aufnahme des Evangeliums durch die GottesdienstteilnehmerInnen nicht behindert, sondern vielmehr begünstigt.

Neben Weihrauch senden brennende Kerzen einen angenehmen Duft aus. Die GottesdienstteilnehmerInnen werden ihn aber nur dann wahrnehmen, wenn die Kerzen nicht nur auf dem Altar – wie in der Regel in protestantischen Gottesdiensten –, sondern an vielen Orten im Raum aufgestellt werden. Nur dann wird der ganze Raum vom Kerzenduft erfüllt. In orthodoxen Gotteshäusern zünden die Gläubigen selber im Verlauf des Gottesdienstes Kerzen an, stecken sie auf Kerzenhalter vor den Ikonen und nehmen so unmittelbar den Kerzenduft wahr. In der evangelischen Kirche ist das nur in besonderen Gottesdiensten in ähnlicher Weise der Fall, z.B. in Fürbittgottesdiensten, in denen die BeterInnen Kerzen entzünden, in Osternachtsgottesdiensten, in denen die TeilnehmerInnen eine brennende Kerze in der Hand halten oder in Weihnachtsgottesdiensten, in denen brennende Kerzen auf den Weihnachtsbäumen Duft ausströmen. Weshalb erfüllt der Kerzenduft nicht auch den normalen Sonntagsgottesdienst? Wenn in manchen Gemeinden in der Vergangenheit die natürlichen Kerzen, die Wärme und würzigen Duft ausstrahlen, durch elektrische Beleuchtung ersetzt wurden, so zeigt das nur das mangelnde Verständnis für die Bedeutung des Duftes und der Ansprache des Geruchssinns im Gottesdienst. Deshalb ist eine Erklärung der katholischen Bischöfe von England und Wales zu begrüßen, in der nur echte Kerzen für liturgische Feiern erlaubt werden.[57] Besonders auf echte Bienenwachskerzen reagieren Menschen, und vor allem Kinder, positiv.[58]

---

56 So sagt man, daß die Lufthansa vor den Landungen „...über die Klimaanlage beruhigende Pflanzendüfte in den Passagierraum sprüht, um den Leuten etwas die Angst zu nehmen", siehe: H. Hatt, Physiologie...a.a.O.125.

57 A. Gerhards, Harmonie...a.a.O.29.

58 Chr. Grethlein, Abriß...a.a.O.244; siehe auch: H. Löwe, Die Feier der Osternacht, in: H. Nitschke (Hg.), Ostern, 1978, 31-46,39.

Auf die verschiedenen Orte zur Aufstellung von Kerzen und Blumen, die ebenfalls einen Duft aussenden, ist schon im Kapitel „Räumliches Verhalten" hingewiesen worden.[59] Allerdings ist dabei mit Chr. Grethlein zu bedenken, daß eine steigende Zahl von Allergikern durch bestimmte Pflanzen an der Gottesdienstteilnahme gehindert werden könnten.[60]

In den Weihnachtsgottesdiensten kommt zum Duft der brennenden Kerzen noch der würzige Duft der Tannennadeln hinzu. Letzterer kann nach K.A. Odin eine „Erinnerung an die Kindertage" und eine „Stimmung der Geborgenheit" erzeugen.[61]

Daß Gerüche Gedächtnisinhalte, z.B. Kindheitserinnerungen, wecken können, ist nach H. Hatt darauf zurückzuführen, daß „...unsere Riechzellen eng mit den Hirnteilen verbunden sind, in denen Gefühle und Triebe entstehen, in denen die tiefsten, längsten Erinnerungen gespeichert sind"[62].

Damit in den Tauffeiern mehrere Sinne der TeilnehmerInnen zugleich angesprochen werden, sollte die schon altkirchlich bezeugte Chrisamsalbung[63] oder die Salbung mit einem anderen wohlriechenden Öl wieder eingeführt werden. Die erstere wird heute noch in orthodoxen Taufen praktiziert. In der katholischen Kirche ist heute noch Chrisam für Taufen und andere Weihen bestimmt.

Geruchs- und Geschmackssinn der TeilnehmerInnen eines Erntedankgottesdienstes könnten und sollten nicht nur im Abendmahl, sondern auch dadurch angesprochen werden, daß sie nicht nur in der Predigt und in den Gebeten vom Dank an Gott für die Ernte hören und die Früchte am Altar sehen. Vielmehr könnten sie sich auch an ihrem guten Geruch und Geschmack erfreuen, indem Früchte am Ende des Gottesdienstes verteilt werden.

Ferner kann nach dem Vorschlag von Chr. von Lowtzow ein „festliches Mahl" in den Gottesdienst integriert werden.[64] In diesem Fall wirken Geruch und Geschmack reichhaltiger und intensiver als bei einem Bissen Brot und einem Schluck Wein oder Saft im Abendmahl. Wenn Brot- und Kelchwort das Mahl einschließen, dann ist es wieder sinnvoll, im Kelchwort zu sagen: „...nahm er auch den Kelch nach dem Mahl."(Lk 22,20; 1.Kor 11,25) Wenn allerdings Chr. von Lowtzow schreibt, daß wir „unsere Bemühungen zunächst darauf konzentrieren (sollten), die festliche Mahlzeit für unseren Gottesdienst zurückzugewinnen und erst in zweiter Linie

59 Siehe S. 69.
60 Chr. Grethlein, Abriß...a.a.O.245.
61 K.A. Odin, Die Nacht von Bethlehem, in: FAZ, Nr.298/1987 (24.12.1987),1.
62 H. Hatt, Physiologie...a.a.O.94 und 125; A. Maelicke, Von Genen und Gehirnen, in: Vom Reiz der Sinne...a.a.O.195-208, 208.
63 Chr. Grethlein, Abriß...a.a.O.32 und 244.
64 Chr. von Lowtzow, Mit lieblosen Gottesdiensten Gottes Liebe feiern?, 1990.

darauf, das Abendmahl in dieses gemeinsame Essen ‚heimzuholen'"[65], so müssen wir darauf hinweisen, daß nur das Abendmahl von Jesus eingesetzt worden ist und daher dessen Heimholung vor der Zurückgewinnung des Gemeindemahls in den Gottesdienst rangiert.

Exkurs: Intellektualismus statt „Verkopfung" oder „Kopflastigkeit"
Wir plädieren dafür, die Begriffe „Verkopfung" und „Kopflastigkeit"[66] in bezug auf Gottesdienste, in denen die Ansprache des Verstandes gegenüber der Ansprache der Sinne dominiert, nicht zu verwenden, da sie das Phänomen nicht zutreffend beschreiben. Mit der Vernachlässigung der Sinne geht doch vielmehr eine Intellektualisierung des Gottesdienstes einher, deren Überwindung unser Anliegen ist.

2. Nonverbale vokale Signale (Stimme, Musik, andere Laute und Geräusche)

Die menschliche Stimme, die „grob oder sanft, derb, angenehm, sarkastisch, schmeichelnd, jammernd und v.a.m." sein kann, ist das „wahre Barometer der Gefühle"[1], denn sie läßt sich schlechter als der Gesichtsausdruck kontrollieren.[2] Deshalb sickern leichter und häufiger echte Gefühle durch die Stimme als durch andere Körperorgane.

Die wichtigsten Aspekte der Stimme sind Lautstärke, Betonung, Sprechtempo, Tonhöhe, Klangfarbe und Sprechmelodie. PfarrerInnen und deren MitarbeiterInnen, die für alle diese Aspekte sensibel sind und die sprachtechnischen Hilfen kennen und anwenden, können „ihrer Sprache dadurch einen viel deutlicheren Ausdruck verleihen..., Störfaktoren von vornherein ausschalten und eine optimale Kommunikation ermöglichen"[3]. Wenn H. Hirschler festgestellt hat, „daß die meisten Prediger aus ihrer Stimme nicht das herausholen, was sie herausholen könnten"[4], so ist das vor allem auf mangelnde Sensibilisierung für die genannten Aspekte und auf unzureichende Kenntnis der sprachtechnischen Hilfen zurückzuführen.

---

65 Ebd. 102.
66 H. Berghof, Über die Kirche der Zukunft und die Zukunft der Kirche, in: Dt Pf Bl 88.Jg.(Febr. 1988),47-51,51; L. Mohaupt, Zwischen Skepsis und Sehnsucht. Der säkulare Zeitgenosse als Adressat des Wortes, in: LM 25.Jg., 2/1986 (Febr. 1986), 79-82,79; H. Küng, Gott neu entdecken, in: Concilium 26,1/1990 (Jan. 1990), 58-68,58; W. Jetter, Glaubensüberlieferung und Frömmigkeitssprache - das Beispiel der Katechismuspredigt, in: ZThK, 87.Jg., 3/1990 (Aug. 1990), 376-414,401 und 403.
1 J. Fast, Meredith Bernstein, Körpersignale der Liebe, rororo 7826, 1984, 42. M. Josuttis nennt die Stimme „Spiegel der Seele", weil sie der Sprache die „seelische Färbung" gibt, siehe: ders., Der Traum des Theologen, Aspekte einer zeitgenössischen Pastoraltheologie 2, 1988, 38.
2 Bärbel Schwertfeger, N. Lewandowski, Die Körpersprache der Bosse, 1990, 137.
3 A. Schwarz, ...a.a.O. 140.
4 H. Hirschler, biblisch predigen, (1988)1992³, 581.

Zum Aspekt *Lautstärke* schreiben J. Fast/Meredith Bernstein: „Eine laute Stimme kann Ärger, Stärke, Autorität, Streß und Angst ausdrücken, während eine leise Stimme sich verschwörerisch, intim, heimlich anhört, sanft oder auch ängstlich klingt."[5] Eine zu laute Stimme kann bei den Hörern den Eindruck eines Befehls hervorrufen. Es sollte analysiert werden, ob ein Prediger „tatsächlich eine zu laute Stimme hat, also eine, die bei mehreren Hörern Befehlsassoziationen weckt, oder ob nur dieser eine Hörer auf einen klaren Stimmton allergisch reagiert"[6].

In der Lautstärke drückt sich die Dringlichkeit eines Anliegens und zugleich das Engagement der SprecherInnen aus.[7] Die Überzeugungskraft kommt neben der Gestik vor allem durch die Stimmstärke zum Ausdruck. In Gottesdiensten ist wechselnde Lautstärke angebracht, denn eine gleichbleibende wirkt monoton und verbreitet Langeweile. Dabei können die PredigerInnen natürlich sprechen und nicht eine besondere Lautstärke erzwingen. H. Fischer fordert: „In den Raum sprechen! Zu den Zuhörern auf der letzten Bank! Das ist wichtiger als erzwungene Lautstärke."[8]

Über das natürliche Sprechen lehrte C.H. Spurgeon: „Sobald du nicht mehr natürlich sprichst, kannst du nicht verlangen, daß man dir glaubt und dich hört."[9]

In erster Linie hängt die Lautstärke des Sprechens natürlich von den örtlichen Gegebenheiten (Kirche, Kapelle, Saal, kleiner Gemeinderaum, im Freien) ab. Sollte einmal ein großer Raum lautes und langsames Sprechen erfordern, läßt sich das richtige Maß[10] durch verabredete Signale aus den hinteren Bankreihen regulieren. Beim Sprechen mit Mikrophon muß auf den richtigen Abstand zu diesem geachtet werden, sonst „erschlägt der Lautsprecher das Gebet der Leute"[11]. Erfordern Größe und/oder Akustik des Raumes eine technische Verstärkung der Stimme, ist das Probesprechen vor dem Gottesdienst unabdingbar. Auch ist an den unterschiedlichen Klangcharakter voller und leerer Räume zu denken.

Durch *Betonung* und Wechsel der Betonung werden Akzente gesetzt, die für das Verständnis des Gesagten wichtig sind. Gute Betonung heißt nicht einfach, möglichst viel zu betonen. Denn Betonungen wirken vor allem durch den „Kontrast zum Unbetonten"[12]. Bei zu viel Betonung wissen

5   J. Fast, Meredith Bernstein, Körpersignale...a.a.O.40.
6   H. van der Geest, Du hast...a.a.O.27.
7   Chr. Seidel/W. Schönpflug, Telekolleg II, Psychologie, 1987[2], 67.
8   H. Fischer, Gottesdienst...a.a.O.48.
9   F. Schweinsberg, Stimmliche...a.a.O.409; C.H. Spurgeon, Ratschläge für...a.a.O.123.
10   A. Schwarz, Praxis...a.a.O.142.
11   R. Zerfaß, Lektorendienst, 1984[6], 64.
12   W. Berner, Auf die Betonung kommt es an, in: Die Welt, vom 30.3.1985, 20; D.W. Allhoff, Verständlichkeit gesprochener Sprache. Zum Stand der Forschung, in: Sprechen, Zeitschrift für Sprechwissenschaft, Sprachtherapie und Sprechkunst, Okt. 1984, 16-30.

die Gemeindeglieder zuletzt nicht mehr, was wirklich wichtig ist. Deshalb sollten die SprecherInnen nicht jedes wichtige Wort durch besondere Betonung hervorheben, sondern mit besonderen Betonungen sparsam umgehen. Für die Betonung einzelner Worte in Sätzen gelten folgende Grundregeln: „In jedem Sinnschritt kann im allgemeinen nur ein Hauptakzent gesetzt werden; allerdings ist nahezu jedes Wort in der Lage, diesen Hauptton zu tragen."[13] „Die Betonung von zwei Worten in einem Satz sollte bereits eine Ausnahme sein ... Ein Wort, das wiederholt wird, darf beim zweiten (dritten oder vierten) Male auf keinen Fall wieder betont werden! Betont darf immer nur das werden, was neu hinzu kommt."[14] „Nur ganz selten werden Adjektive und Wörter der Verneinung (nicht, kein, nirgends) betont, ... weil es (das Adjektiv) nur eine Beifügung und nicht die Hauptsache ist. Sonst klingen die Sätze sofort ‚pathetisch-gefühlstriefend'."[15] Pathos aber löst bei der Gemeinde Abwehrreaktionen aus.

Das *Sprechtempo* wird durch die Atmung beeinflußt. Wer schnell spricht, kann „überzeugend" wirken; wird er aber zu schnell, wird er „unbequem". Wer langsam spricht, drückt dagegen „Überzeugung, Nachdenken und Aufrichtigkeit" aus; spricht er allerdings zu langsam, wirkt er „eher gleichgültig"[16]. Die Sprechgeschwindigkeit ist außerdem der Besonderheit der jeweiligen Gemeinde anzupassen. So sollten PfarrerInnen z.B. in einem Seniorengottesdienst langsamer als in einem Hochschulgottesdienst sprechen, weil ältere Menschen mehr Zeit für die Aufnahme des Gehörten brauchen als Angehörige der jüngeren und mittleren Generation. Zum Hauptgottesdienst paßt eine mittlere Sprechgeschwindigkeit, da in ihm Angehörige aller Altersstufen und Bildungsschichten vertreten sein können. „Die meisten Sprecher in Gottesdiensten (sprechen)... viel zu schnell."[17] F. Schweinsberg empfiehlt, „eher zu langsam, als zu rasch" zu sprechen, wobei ein „Schnellzugstempo" auf jeden Fall unangebracht ist.[18] Vor allem AnfängerInnen im Pfarrdienst und jugendliche SprecherInnen reden aus Angst und Nervösität meist zu schnell. Wer sich zu immer schnellerem Sprechen gedrängt fühlt, sollte sich klarmachen: „Nicht die Zuhörer drängen mich, schneller zu lesen. Ich selbst in meiner Unsicherheit und Aufregung treibe das Tempo an."[19] Um Unsicherheit und Aufregung zu überwinden, können SprecherInnen sich „bewußt machen, daß die Men-

13 H. Geißner, Rhetorik und politische Bildung, 1975, 104; A. Schwarz, Praxis...a.a.O.141.
14 M. Schiff, Sprachschulung und Redetechnik. Ein Kassetten-Lehrprogramm zum Selbsttraining der guten Aussprache und des wirkungsvollen Sprechens (Heyne Kompaktwissen „audio-training" Nr. 6502), Begleitheft, 1976, 23; A. Schwarz, Praxis...a.a.O.142.
15 A. Schwarz, Praxis...a.a.O.141.
16 J. Fast, Meredith Bernstein, Körpersignale...a.a.O.45.
17 H. Fischer, Gottesdienst...a.a.O.46; siehe auch: R. Zerfaß, Lektorendienst...a.a.O.53.
18 F. Schweinsberg, Ausdrucksgestaltung...a.a.O.221.
19 H. Fischer, Gottesdienst...a.a.O.47.

schen Gottes Wort hören möchten und bereit sind,...(ihnen) ihre Zeit zu schenken"[20].

A. Schwarz hat folgende Grundregeln für das Sprechtempo beim Predigen genannt:[21] Nach einer „Vorpause" im Anschluß an das Hören des Predigttextes, in der die Gemeindeglieder ruhig werden und sich auf die Predigt konzentrieren können, sollten die ersten Sätze der Predigt sehr langsam gesprochen werden, damit alle genügend Zeit zum Mitdenken bekommen. Im weiteren Predigtverlauf sind Pausen wichtig, in denen sich die Gemeindeglieder auf die gerade gehörten Aussagen der PredigerInnen konzentrieren können. Vor die letzten Satz der Predigt gehört eine bewußte Pause zur Konzentration auf den Predigtabschluß. Beim letzten Satz sollten die PredigerInnen nochmals das Sprechtempo verlangsamen. – Bei Versprechern während der Predigt sollten sie in gleichbleibender Sprechgeschwindigkeit weiterreden.

Über die Sprechpausen schreibt R. Zerfaß für LektorInnen: „Die Pausen gehören also zum Lesen wie das Schlucken zum Essen. Wer – auch wenn er in einem sehr gebundenen, langsamen Tempo die Worte aneinanderreiht – keine Pausen läßt, wirkt wie eine Dampfwalze, die den Hörer stur und sinnlos überrollt. Deshalb: je schwerer der Text, um so wichtiger sind die Pausen."[22] Zugleich gilt: „Wer zu lange Pausen macht, wirkt zerfahren und zerstreut". Schließlich gibt er noch folgenden Rat: „Zwei tiefe Atemzüge, ehe du zu lesen beginnst, sind die beste Hilfe, um ohne Hast und Unruhe im rechten Sprechtempo zu lesen." Das gilt nicht nur für die LektorInnen, sondern in analoger Weise für die LiturgInnen und deren MitarbeiterInnen.

Die *Tonhöhe* vermittelt „Zuneigung und Abneigung ebenso wie Sicherheit und Unsicherheit"[23]. Endet eine Frage mit einem steigenden Ton, ist sie freundlich, endet sie mit einem fallenden Ton, wirkt sie mißtrauisch oder feindlich.[24] Durch Veränderungen in der Tonhöhe können einzelne Wörter akzentuiert werden, was im übrigen auch durch Veränderungen in der Lautstärke geschehen kann.

Eine tiefe Stimmlage signalisiert Ruhe, Sammlung und Sicherheit.[25] Deshalb sollten PredigerInnen mit tiefer Stimmlage beginnen. In einem großen Raum kommen sie ohnedies in Versuchung, die Stimme zu heben, um besser durchzudringen. Dabei wird zwar dann die Stimme lauter, aber bei einer anhaltend zu hohen Stimmlage werden die Stimmbänder überanstrengt, und es kann zu Stimmstörungen kommen.[26] Haben PredigerInnen

---

20 A. Schwarz, Praxis...a.a.O.142.
21 Ebd. 142f.
22 R. Zerfaß, Lektorendienst...a.a.O.52f.
23 Chr. Seidel/W. Schönpflug, Telekolleg II...a.a.O.67.
24 M. Argyle, Körpersprache...a.a.O.335.
25 A. Schwarz, Praxis...a.a.O.141; siehe auch: R. Zerfaß, Lektorendienst...a.a.O.55.
26 M. Josuttis, Der Traum...a.a.O.38.

mit der Stimme eine gewisse Höhe erreicht, so ist es für sie schwer, von dieser Höhe wieder herunterzukommen. Eine unnatürlich hohe Stimmlage beeinträchtigt die Aufnahme der Predigt durch die Gottesdienstteilneh-merInnen und beunruhigt sie. Auf jeden Fall sollte der „Kanzelton" ver-mieden werden, den H. Arens „monotonen ‚Singsang' oder ein ‚Geschrei' oberhalb der Indifferenzlage (Bruststimme)"[27] nennt. Er läßt „an eine un-beteiligte, bloße Verrichtung denken" und schadet der Glaubwürdigkeit der PredigerInnen.[28] Damit sie nicht in den „schrecklichen Kanzelton" hin-eingeraten, ist es wichtig, mit einer tiefen Tonlage zu beginnen.[29]

Bezüglich der *Klang- oder Tonfarbe* hat Claude Bonnafont festgestellt, daß wir „schon in der Wiege begonnen haben, die feinsten Nuancen der Stimme wahrzunehmen; wir haben gelernt, mit ihrer Hilfe die Neigungen, Stimmungen und Gefühle abzuschätzen, die sie hervorrufen"[30]. Für die Differenzierung der Klangfarbe ist die „Klangfülle (eng, gepreßt, geknö-delt oder voll) eine wichtige Voraussetzung"[31]. Weil innere Erregung sich ungünstig auf die Färbung der Stimme auswirkt, sollten alle SprecherIn-nen vor ihrem Dienstbeginn im Gottesdienst sich darum bemühen, zur in-neren Ruhe und Sammlung zu kommen. Dazu kann ihnen insbesondere das Gebet verhelfen. Mag der Predigtinhalt noch so gut sein, so wird die Predigt durch eine schlechte Klangfarbe der Stimme der PredigerInnen zumindest beeinträchtigt, wenn nicht gar zerstört.

Die *Sprechmelodie* ergibt sich aus dem Wechsel der Lautstärke, der Be-tonung, des Sprechtempos, der Tonhöhe und der Klangfarbe. Aus ihr kann die Gemeinde erkennen, ob ein Satz eine Frage, einen Ausruf oder eine Behauptung ausdrückt. Durch einen Wechsel in der Sprechmelodie kön-nen Sinn und Verständnis eines Satzes verändert werden. – „Wer im Gottesdienst monoton (eintönig) vorliest und dem Satz die Melodie raubt, der zerstört oder verdeckt damit den Sinn der Sätze und erschwert außeror-dentlich ein andächtiges Hören und Mitbeten."[32] Das gilt freilich nicht nur

27 H. Arens, Die Predigt...a.a.O.111.
28 R. Kliem, Schallform. in: M. Frickel (Hrsg.), Sprache und Predigt. Ein Tagungsbericht, 1963, 215-236,216; A. Schwarz, Praxis...a.a.O.141.
29 Günstige Voraussetzungen für die Aufnahme der Predigt bringt ein Prediger mit, dem der Schöpfer eine tiefe Stimmlage verliehen hat. Denn nach J. Fast/Meredith Bernstein be-deutet „...eine tiefere vibrierende Stimme ...Autorität und Männlichkeit.", siehe: J. Fast, Meredith Bernstein, Körpersignale...a.a.O.47. Daraus folgt für den Prediger mit einer von Natur aus hohen Stimmlage, daß er sich bemühen sollte, so tief zu sprechen, wie es ihm möglich ist, auf keinen Fall höher als in seiner Alltagssprache. - Den LiturgInnen und LektorInnen rät H. Geissner, „Lesungen und Gebete weder heiligmäßig noch pathetisch" zu sprechen, denn „dies alles (sind) entscheidende Voraussetzungen dafür, daß mensch-lich, glaubwürdig, genau und inständig miteinander und vor Gott gesprochen werden kann". Siehe: H. Geissner, Sprache der Kirchensprache, in: Dt Pf Bl 67/1967, 424ff.426.
30 Claude Bonnafont, Körpersprache...a.a.O.169.
31 H. Geissner, Rhetorik...a.a.O.103; siehe auch: A. Schwarz, Praxis...a.a.O.141.
32 R. Zerfaß, Lektorendienst...a.a.O.44.

für das Vorlesen, sondern in analoger Weise auch für das Predigen und andere Sprechakte.

Durch Sprecherziehung, Stimmbildung und Erlernen der richtigen Atemtechnik können sich SprecherInnen „die richtige Sprechtechnik, eine tragende, angenehme Stimme und eine deutliche Artikulation anerziehen"[33]. „Eine geschulte Stimme und eine gepflegte Aussprache sind ebenso Voraussetzungen für eine gute Predigt wie Fachwissen und geistliche Kompetenz."[34]

Th. Bonhoeffer fordert, man solle Schriftlesungen nicht „Laien überlassen, denen die erforderliche interpretatorische Kompetenz fehlt"[35]. Wir meinen jedoch, daß auch „Laien" ohne besondere sprechtechnische Ausbildung und interpretatorische Kompetenz der Vortrag von Schriftlesungen, Gebeten, Abkündigungen und anderen liturgischen Stücken übertragen werden können, wie es auch weithin schon in Gottesdiensten in Stadt und Land geschieht. Denn nur so kann der „Pastorengottesdienst", in denen nur die PfarrerInnen reden und handeln, zum Gemeindegottesdienst umgewandelt werden. Freilich sollten alle SprecherInnen ihren Redebeitrag in der Weise einüben, daß sie ihn vor ihrem Vortrag mehrfach laut aufsagen. Ferner werden im Gottesdienst „durch die Abwechslung der Stimmen die Informationen lebendiger"[36]. Einzelne GottesdienstteilnehmerInnen hören so nicht nur ihnen vielleicht unsympathische, sondern auch sympathische Stimmen. Schließlich wird beim SprecherInnenwechsel auch ein zu schneller Ablauf einzelner Stücke, z.B. des Fürbittengebets, verhindert. Bei der Auswahl der SprecherInnen sind möglichst VertreterInnen aller Generationen und Bildungsschichten der Gemeinde heranzuziehen. Gebetsanliegen, die Jugendliche und Kinder betreffen, sollten möglichst auch von diesen vorgetragen werden. Es empfiehlt sich, ihnen statt fertiger, von ihnen selbst erarbeitete und überarbeitete Texte in die Hand zu geben. Die Aufnahme der von Gemeindegliedern geäußerten besonderen Gebetswünsche ins Fürbittengebet bereichert den Gottesdienst.[37]

Nicht nur beim Sprechen, sondern auch beim *Singen* und *Musizieren* werden im Gottesdienst nonverbale vokale Signale ausgesandt. Musik ist in hervorragender Weise gemeinschaftsbildend. Denn „ohne Musik und

---

33 H. Krusche, Reden...a.a.O.13.

34 A. Schwarz, Praxis...a.a.O.144.

35 Th. Bonhoeffer, Probleme der Gottesdienstvorbereitung, in: Homiletisches Lesebuch, hrsg. von A. Beutel, V. Drehsen, H.M. Müller, 1986, 341-350,344 (ursprünglich in: ZThK 80, 1983, 486-497).

36 W. Jetter, Die Predigt als Gespräch mit dem Hörer, in: Homiletisches Lesebuch, ebd. 216-221,219 (ursprünglich in PTh 56, 1967, 212-228).

37 In manchen Gottesdiensträumen gibt es eine Gebetswand, auf die die Gemeindeglieder ihre besonderen Gebetsanliegen vor Gottesdienstbeginn aufschreiben können, die dann ins Fürbittengebet aufgenommen werden.

Bewegung (ist) das Gemeinschaftserlebnis kaum denkbar, und ohne Gemeinschaftserlebnis ist Kirche kaum möglich"[38]. Deshalb ist die Musik, durch die wir Botschaften und Gedanken übermitteln und Gefühle auslösen, von seltenen Ausnahmen abgesehen, in jeden Gottesdienst integriert. Sie verleiht auch dem Gottesdienst in besonderer Weise Feierlichkeit und Festlichkeit. M. Argyle nennt zusammenfassend folgende nonverbale Bedeutungen von Kunst und Musik: „Sie erwecken visuelle Bilder, sie erwecken und repräsentieren Gefühle, rufen Körperbewegungen hervor, sie repräsentieren Gegenstände und Ereignisse und vermitteln tiefere Geisteshaltungen, Gefühle und Lebenseinstellungen."[39] Aufgrund dieser Bedeutungen sollten sie deshalb keinen geringeren Stellenwert als die Predigt haben. Tatsächlich aber ist in vielen Gottesdiensten die Musik „weitgehend zur bloßen Begleitung oder zum Lückenbüßer geworden"[40]. Andererseits sollte die Musik im Gottesdienst auch nicht dominieren, sondern dienenden Charakter haben. „Sie muß sich der Liturgie ein- und unterordnen und nicht umgekehrt. Es darf nicht dazu kommen, daß um der musikalischen Prachtentfaltung willen, wichtige Teile der Liturgie überdeckt (werden) ... noch darf die Gesamtfeier durch musikalische Vorträge ungebührlich in die Länge gezogen werden."[41]

Aufgrund der besonderen Bedeutung der Musik im Gottesdienst sollte dieser nicht mit dem gesprochenen Wort, sondern mit Musik beginnen. Dabei ist der Gesang als „die mit dem Wort verbundene Musik ... eine menschliche Urgeste und im Gottesdienst gegenüber der Instrumentalmusik das primäre Element"[42]. Zur Eigenart des Singens schreibt R. Schweizer: „Diese Verflechtung von körperlichem Engagement und emotionalem Erleben nimmt den Singenden dergestalt in Anspruch, daß der Kirchenvater Augustinus das Singen als ‚doppeltes Beten' bezeichnen konnte: bis orat, qui cantat."[43] Zum Singen von „Psalmen und Lobge-

---

38 A.R. Sequeira, Die Wiederentdeckung der Bewegungsdimension in der Liturgie, in: Concilium, 16.Jg., 2/1980, 149-152,151.
39 M. Argyle, Körpersprache...a.a.O.67.
40 A. Gerhards, Harmonie von Herz und Stimme. Vespergottesdienste als Chance und Aufgabe im Rahmen einer neuen Sonntagskultur, in: Gottesdienst, 20. Jahr, 1/1986,4f.,5; entsprechend schreibt G. Otto: „Nach wie vor gilt vielen die Kirchenmusik im Gottesdienst lediglich als dekoratives Element. Die Sprache verrät es, wenn es z.B. immer wieder von Gottesdiensten, die besonderer Erwähnung für wert gehalten werden (Fest- und Einführungsgottesdienste u.ä.), heißt:‚Der Gottesdienst wurde kirchenmusikalisch umrahmt von...'", ders., Predigt als rhetorische Aufgabe. Homiletische Perspektiven, 1987, 128; siehe auch: K. Richter, Was bedeutet...a.a.O.98.
41 A. Adam, Grundriß...a.a.O.89; siehe auch: K. Baltruweit, Musik im Gottesdienst. Beispiele: Singegottesdienst und Spiel, in: Arbeitsbuch Gottesdienst. Ideen und Modelle für ein ganzheitliches Erleben des Gottesdienstes, hrsg. von E. Domay, 1990, 24-30,25.
42 J. Schermann, Die Sprache im Gottesdienst, 1987, 87.
43 R. Schweizer, Warum gehört Musik zum Gottesdienst? 9 Thesen zum Selbstverständnis der gottesdienstlichen Musik, in: ZGP 3.Jg., 1/1985 (Jan./Febr. 1985), 23-26,23.

sängen und geistlichen Liedern" fordern auch neutestamentliche Briefe auf, vgl. Eph 5,19 und Kol 3.16. Deshalb ist schon am Beginn des Gottesdienstes „ein ausgedehntes *gemeinsames Singen* gut, um Lieder zu lernen und um eine Atmosphäre für die Feier wachsen zu lassen"[44]. Singen wirkt entspannend und beruhigend und befördert so die Aufnahmefähigkeit der Gemeindeglieder für Wort und Sakrament. Um alle Altersstufen der Gemeinde anzusprechen, sollten alte und neue Lieder gesungen werden. Es empfiehlt sich ferner, „die Lieder aus unterschiedlichen Konfessionen, Ländern, Kontinenten in die Liturgie zu integrieren"[45]. Lieder aus der Ökumene können uns dabei „helfen, die Herzlichkeit, Ursprünglichkeit, Spontaneität und Ganzheitlichkeit neu zu finden, die uns in vielen Klängen unserer Kirchenmusik verloren gegangen sind"(F. Baltruweit)[46]. „Der Wechsel zwischen verschiedenen Gemeindegruppen (linke und rechte Bankreihe, Schiff und Empore, Chor und Gemeinde, Männer und Frauen o.ä.) (schafft) Abwechslung und ermöglicht das Singen von mehreren Strophen, ohne die Gemeinde zu überfordern."[47]

Neben den Gemeindegesang treten der Chorgesang, der kein „Ersatz des Volksgesangs"[48] sein kann, und die Instrumentalmusik in Gestalt des Spiels der Orgel und anderer Instrumente wie Posaunen, Flöten, Gitarren und auch des Orff-Instrumentariums. Letzteres übt besonders auf Kinder eine „starke Anziehungskraft" aus, wobei „auch ungeübter Umgang mit diesen Instrumenten fasziniert"[49]. Eine Gemeinde, die Musik nur in Form des Kirchenliedes kennt, ist „musikalisch verarmt"[50]. Das Orgelspiel kann nicht nur den Gemeinde- und Sologesang begleiten, sondern auch in eigenständigen Vorträgen vertreten sein, sowohl als Orgelvor- und -nachspiel, als auch in Gestalt von anderen Musikstücken an wechselnden Stellen in der Liturgie. Bezüglich weiterer Aussagen über das wichtige Gottesdienstelement Musik, insbesondere über ihre Tiefendimension, verweisen wir auf die diesbezüglichen Aussagen von R. Volp in seiner „Liturgik".[51]

---

44 K. Baltruweit, Musik...a.a.O.28. Auch die Erneuerte Agende (EA) plädiert dafür, nicht mit dem Wort, z.B. einer Begrüßung, zu beginnen, sondern vor dem Gruß zunächst den Gesang im Anschluß an die Instrumentalmusik folgen zu lassen, siehe: J. Stalmann, Tagungsordnungspunkt...a.a.O.95.

45 K. Baltruweit, ebd. 29. Das Evangelische Gesangbuch (EG) enthält viele ökumenische Lieder (sog. ö-Lieder). Neue Lieder stehen auch u.a. in folgenden Büchern: 36 Neue Lieder, Bärenreiter 6354, 1986; Die Freude, die wir haben, 1985; D. Trautwein, Komm Herr, segne uns, 1988; „Thuma Mina" Ökumenisches Liederbuch, 1995.

46 K. Baltruweit, Verkündigung im Lied, in: Lebendige Seelsorge, 38.Jg., 4/5/1987 (Okt. 1987), 287-293,289.

47 K. von Mehring, Anregungen für ein neues Singen im Gottesdienst, in: Arbeitsbuch Gottesdienst...a.a.O.233-240,233.

48 K. Richter, Was bedeutet...a.a.O.101.

49 W. Pohl, Gestaltung des Kindergottesdienstes. Liturgie, in: Kindergottesdienst-Helferhandbuch...a.a.O.397-420,413.

50 K. Richter, Was bedeutet...a.a.O.98.

Vokale Signale sind neben den beim Sprechen, bei vokaler und instrumentaler Musik ausgesandten auch *andere Laute* und *Geräusche*. Dazu gehören Lachen, Weinen, Stöhnen, Seufzen, Klagen und andere nonverbale Laute.[52] Damit Elemente des wirklichen Lebens aus dem Gottesdienst nicht ausgeschlossen werden, sollte es in ihm auch Raum für Lachen und Weinen geben. D. Stollberg geht sogar so weit, daß er schreibt: „Lachen ist in der Kirche nicht verboten. Lachende Liturgie ist unsere Chance."[53] Emotionen dürfen nicht unterdrückt werden.

Weniger willkommen sind die sogenannten „Sprechmarotten", „kleine Laute, die Denkpausen bezeichnen, ‚hm' und ‚äh' und andere Lautäußerungen. Es genügt, sich ihrer bewußt zu werden, um sie zu vermeiden"[54]. Anders sind die Schreie von Säuglingen bei Taufen zu beurteilen. Diese sind nach Jesu Worten Lob Gottes, vgl. Mt 21,16. Erwähnt sei auch der Klang der Glocken, der die Gemeindeglieder zum Gottesdienst ruft und sie auf ihn einstimmt. Den Gemeindehäusern ohne Glocken, in denen Gottesdienste gefeiert werden, fehlen wichtige akustische Signale für den Gottesdienst.

Zuletzt treten noch Geräusche hinzu, die von außen in den Gottesdienstraum eindringen und solche, die im Raum durch das Verhalten der GottesdienstteilnehmerInnen, d.h. durch ihr Husten und Räuspern, das Knarren der Bänke und Stühle durch ihre Unruhe, das Blättern in Bibeln, Gesang- und Gebetbüchern, ihr Einschlafen[55], aber auch durch ihren Gang zum Altar, durch ihr Klatschen, Tanzen und ihre anderen Bewegungen entstehen. Alle diese Geräusche dürfen nicht gewaltsam unterdrückt werden, sondern tragen zu einer natürlichen, unverkrampften Atmosphäre im Gottesdienst bei, die für das Loben und Preisen Gottes wünschenswert ist.

Abschließend zu diesem Kapitel der nonverbalen Signale im Gottesdienst sei gesagt: Nur wenn alle Sinne, Herz, Gemüt und Vernunft, also der ganze Mensch, im Gottesdienst angesprochen werden, ist es ein ganzheitlicher Gottesdienst.

---

51 R. Volp, Liturgik 2, a.a.O.1027-1056.
52 M. Argyle, Körpersprache...a.a.O.325.
53 D. Stollberg, Liturgische Praxis, a.a.O.98.
54 S. Molcho, Körpersprache als...a.a.O.95.
55 Th. Reschke/M. Thiele, Ars praedicandi? Ein rhetorischer Beitrag zur Homiletik, in: ThPr, 25.Jg.,2/1990,104-116,108.

IV. Besondere nonverbale Signalkomplexe im Gottesdienst

1. Tanz

Der Tanz ist „die komplexeste und umfassendste Form menschlicher Bewegung"[1]. Von ihm geht ein ganzer Komplex nonverbaler Signale aus, visuelle, mimische, gestische, akustische (begleitende Musik) und Bewegungssignale. In ihm ist aber nicht nur der ganze Körper, sondern darüber hinaus „der ganze Mensch (Körper-Seele, Leib-Geist, Innerlich-Äußerlich) tätig", so daß wir sagen können: „Im Tanz kommt der Mensch zu sich selbst, indem er sich ‚ausdrückt'!"[2] Christine Bittner schreibt bezugnehmend auf ein Wort von Lukian von Samosata, nach dem der Tanzende „das Unsagbare zu sagen" vermag, folgendes: „Manches, was der Glaubende ansonsten nicht ausdrücken könnte – z.B. Gott, ich bin froh, Gott vergib mir –, kann im Tanz vollzogen werden. Das eine Wort oder der eine Satz kann die Skala von Empfindungen, die sich im Menschen damit verbinden, gar nicht erfassen."[3] So können BeterInnen im Tanz nicht nur mit Worten, sondern zugleich auch mit umfassenderen Ausdrucksmöglichkeiten Lob, Dank, Klagen und Bitten vor Gott bringen. Dabei bewirkt der Tanz eine „Vertiefung und Intensivierung des Aussagegehaltes eines Gebets"[4]. Er kann bei den Gebeten, bei den Lesungen, der Predigt und den Liedern eingesetzt werden[5] und die „leibseelische Befreiung des verklemmten Menschen" erreichen. „Rhythmus und Melodie dringen durch die Glieder in die personale Mitte und lösen die Fesseln von Konvention und Rolle. Ich kann Ich-Selbst sein im Tanzen."[6] Aber der Tanz vermittelt nicht nur Selbstbefreiung des einzelnen, sondern zugleich „eine Gemeinschaftser-

1 Chr. Grethlein, Abriß...a.a.O.33; siehe auch: Birgit Jeggle-Merz, Bewegung als...a.a.O.59. Was für den Tanz gilt, zeichnet in gleicher Weise auch die Pantomime aus. Beide sind Körpersprache im vollen Sinne des Wortes.
2 A.R. Sequeira, Klassische indische Tanzkunst und christliche Verkündigung. Eine vergleichende religionsgeschichtliche Studie. Freiburger Theologische Studien, Bd. 109, 1978, 25.
3 Christine Bittner, Der religiöse Ausdruckstanz. Erfahrungen mit Jugendlichen in Katechese und Gemeinde, 1982, 46; siehe auch: A.R. Sequeira, ebd. 248.
4 Teresa Berger, Liturgie und Tanz. Anthropologische Aspekte, historische Daten, theologische Perspektiven = Pietas Liturgica Studia 1, 1985, 84.
5 Raphaele Voss, Tanz in der Liturgie, a.a.O.34; siehe auch: H.J. Hufeisen, Gesten...a.a.O. 225.
6 J. Sudbrack, Zur religiösen Erfahrung des Tanzes. Texte und Anregungen, in: GuL 48/1975, 388-394,388.

fahrung, die gleich eindringlich und unmittelbar sonst selten erlebt werden kann"[7].

Obwohl der Tanz, wie schon diese wenigen Aussagen über ihn zeigen, ein vielfältiges und „vielsagendes" Medium ist, das Menschen aktiviert, ist doch seine Stellung im Gottesdienst „von alters her umstritten"[8].

Exkurs: Tanz im Gottesdienst in Vergangenheit und Gegenwart

Das war noch anders im Gottesdienst des Volkes Israel, aus dem der christliche Gottesdienst hervorgegangen ist. So sind die Prozessionstänze in den Psalmen gewiß Bestandteile von jüdischen Gottesdiensten.[9] Daß die junge christliche Kirche diese jüdischen Tänze nicht in ihre Gottesdienste übernahm, ist wohl auf eine leib- und sinnenfeindliche Einstellung damaliger Gemeinden und insbesondere auf die ablehnende Haltung der Kirchenväter zum Tanz zurückzuführen. So galt nach Chrysostomos: „Wo Tanz ist, da ist der Teufel."[10] Für die Verbannung des Tanzes aus dem Gottesdienst nennt Christine Bittner folgende Ursachen: „Entartung (vgl. Märtyrerfeiern), feste Vorstellung, der Tanz ist unlösbar mit dem Heidentum verbunden, Tanz als Mittel zur Verkündigung von Irrlehren, zunehmende Profanisierung des religiösen Tanzes (Tanz als Lustprinzip)."[11]

Teresa Berger hat nach eingehenden Untersuchungen festgestellt: „Die Haltung der offiziellen Kirche gegenüber dem Tanz war nicht einfach ‚ambivalent', sondern eindeutig und übermächtig negativ."[12] Es gab zwar in der frühen Kirche und auch in der Folgezeit Tanz der ChristInnen außerhalb der Gottesdienste, z.B. das rhythmische Schreiten der ProzessionsteilnehmerInnen auf der Insel Reichenau und die Echternacher Springprozession, nicht aber Tanz in den Gottesdiensten. Weder katholische noch evangelische Theologen hatten für den Tanz ein besonderes Interesse, vielmehr war er für sie „Nebensache".[13] So meinte M. Luther: „Der Tanz nimmt dem Glauben nichts - das ist alles frei; ihm entsteht keine Gefahr - aber der Tanz gibt dem Glauben auch nichts."[14]

Erst in der Neuzeit wurde von R. Guardini und der liturgischen Bewegung die

---

7 O. Betz, Die Lust am religiösen Tanz. Über die Wiederentdeckung einer vergessenen Möglichkeit, in: CiG, 36.Jg., 6/1984 (5.2.1984), 45f.,45.
8 Chr. Grethlein, Abriß...a.a.O.33.
9 So heißt es z.B. im 150. Psalm: „Lobet ihn (Gott) mit ...Reigen" (Ps 150,4); siehe auch Ps 149,3 und andere Psalmen.
10 A.R. Sequeira, Spielende...a.a.O.92.
11 Christine Bittner, Der religiöse...a.a.O.38. Aus Raumgründen haben wir nicht die Möglichkeit, die genannten Ursachen zu entfalten und weitere Äußerungen der Kirchenväter anzuführen. Weiteres darüber ist zu erfahren in den Arbeiten von Christine Bittner, ebd. und A.R. Sequeira, Klassische...a.a.O.
12 Teresa Berger, Liturgie...a.a.O.27f. Damit widerlegt sie die Behauptung von H. Cox: „Der Tanz hatte im frühchristlichen Gottesdienst seinen festen Platz." Siehe ders., Das Fest der Narren. Das Gelächter ist der Hoffnung letzte Waffe, 1972⁴, 69 und die Annahme von Christine Bittner, wenn sie schreibt: „Es ist aber anzunehmen, daß der religiöse Tanz Eingang in den christlichen Kult gefunden hat", siehe dies., ebd. 29.
13 A.R. Sequeira, Klassische...a.a.O.232.
14 G.M. Martin, Fest und Alltag. Bausteine zu einer Theorie des Festes (Urban-TB 604), 1973, 34; siehe auch: H. Muck, Bewegung...a.a.O.147.

Bedeutung von Gesten oder Gebärden in der Liturgie neu erkannt. Allerdings blieben die Bemühungen „auf die Frage der Wiederbelebung und Beibehaltung der von Guardini bezeichneten Elementargebärden (Kreuzzeichen, Knien, Stehen, Schreiten, An-die-Brust-Schlagen, Hinaufsteigen auf den Stufen) beschränkt"[15]. Der erste katholische Theologe, der erkannte, daß die Entwicklung von neuen liturgischen Bewegungen und Gesten ein erster Schritt zur Wiedereinführung des liturgischen Tanzes in die Liturgie sei, war der Patrologe H. Rahner.[16] Von der Tradition indischen Tanzes herkommend griff A.R. Sequeira die beiden Ansätze von R. Guardini und H. Rahner auf und führte sie weiter zu Tanzgebärden beim Gebet und zwar insbesondere beim Vaterunser.[17] Teresa Berger erkennt die Bedeutung der Arbeiten von A.R. Sequeira für die Wiedereinführung der Bewegungsdimension in den Gottesdienst. Jedoch hält sie es mit Recht für eine „Verengung des Phänomens des christlichen Glaubensvollzugs", wenn A.R. Sequeira den Tanz „auf das Gebet reduziert"[18]. Wir stimmen Teresa Berger zu, wenn sie Tanz nicht nur in den Gebetsteil, sondern auch in anderen Teilen des Gottesdienstes wie Bußakt, Kyrierufe, Lesung/Predigt, Glaubensbekenntnis, Gabenbereitung und Eucharistie einsetzt.[19]

Der Tanz sollte im Gottesdienst nicht eine dominierende, wohl aber eine dienende Stellung einnehmen. „Die große Gefahr in der Erarbeitung von tänzerischen Modellen (besteht) heute darin, daß man sich zu sehr durch den Rhythmus mitschleppen läßt, der den gottesdienstlichen Rahmen zu sprengen droht."[20] Insbesondere zu lange und zu zahlreiche Beiträge von Tanzgruppen lassen sich schwer in den Gottesdienst integrieren. Ferner bergen Tanz wie auch Bewegung und Musik „die Gefahr in sich, von Gefühlen und Emotionen dominiert" zu werden, so daß „kritische Anfragen an eine ‚Schaukel- und Schunkelreligion'"[21] gestellt werden. Kompetenten GottesdienstleiterInnen sollte es mit der Gemeinde gelingen, einer Phase der besonderen Bewegung in Gestalt des liturgischen Tanzes eine Phase

---

15 Christine Bittner, Der religiöse...a.a.O.40; R. Guardini, Von heiligen Zeichen, 1963; siehe auch: A.R. Sequeira, Spielende Liturgie...a.a.O.39.
16 Teresa Berger, Liturgie...a.a.O.41; H. Rahner, Der spielende Mensch (Ch He 2. Reihe, Bd. VII) 1957⁴; ders., Vom Sinn des Tanzens, in: GuL, 1965, 7-13.
17 A.R. Sequeira, Klassische...a.a.O.; ders., Spielende Liturgie...a.a.O.
18 Teresa Berger, Liturgie...a.a.O.45. Auf A.R. Sequeiras Abstufung der Ausdrucksbewegung in rhythmische, mimisch-pantomimische und sprachlich-symbolische Bewegung und die daran sich anschließende Abstufung der Liturgiefähigkeit einer Bewegung halten wir wie Teresa Berger für „problematisch" und zugleich für nicht sehr bedeutsam. Wir wollen deshalb nicht näher auf sie eingehen.
19 dies., ebd. 73-87. - Auf die Arbeiten von Hilda M. Lander zum Tanz wollen wir in unserer Arbeit nicht eingehen, da sie den Tanz vorerst nicht in den Gottesdienst, sondern nur in die Arbeit von Gemeindegruppen einführen will. Siehe: dies., Tanzen will ich. Bewegung und Tanz in Gruppe und Gottesdienst, 1983 und dies., Meditatives Tanzen, 1987.
20 A.R. Sequeira, „Liebe heißt Bewegung." Über die Möglichkeiten einer tänzerischen Liturgie, in: KuK, 44.Jg., 3/1981, 155-158,157; siehe auch: Teresa Berger, Liturgie...a.a.O.88.
21 R. Degenhardt, Lebendige Liturgie als Dimension des Kirchentags, in: Lebendige Liturgie. Texte, Experimente, Perspektiven, hrsg. von Sybille Fritsch-Oppermann und H. Schröer, 1990. 99-106,101.

der Stille folgen zu lassen. Stille ist vor allem zur Besinnung beim Schuldbekenntnis, nach den Einladungen zum Gebet und zur Meditation nach den Lesungen erforderlich. Das Argument, der Tanz sei zu sinnlich und könne deshalb nicht in einen Gottesdienst aufgenommen werden, ist nicht akzeptabel.

H. Cox schreibt mit Recht, daß auch die „Sinnlichkeit des Tanzes ... zum Vehikel des Lobes Gottes"[22] werden kann.

Zwar gilt: „Wo Leiblichkeit, wo Sinnlichkeit ins Spiel kommt, ist immer auch ein Mißbrauch möglich."[23] Aber die Möglichkeit des Mißbrauchs der Sinnlichkeit rechtfertigt nicht eine Spiritualisierung der Liturgie. Gerade die Einführung des Tanzes in den Gottesdienst kann wesentlich dazu beitragen, daß die Spiritualisierung der Gottesdienste in der westlichen Christenheit überwunden wird. Deshalb sollte über Tanz nicht nur im Gottesdienst gepredigt, sondern Tanz auch praktiziert werden. E. Jüngel sagte in einer Predigt: „Wir wissen wohl, daß die Zeiten des Königs David vergangene Zeiten sind. Religion und Tanz sind für uns zweierlei geworden. Und das ist angesichts unserer Tanzkünste wohl auch besser so...Wenn es trotzdem so korybantisch und wild unter uns nicht hergehen kann wie bei Davids Tanz vor der Lade, dann deshalb, weil wir im *Zeichen des Kreuzes* (von uns kursiv gedruckt) versammelt sind..."[24] Dazu haben wir zu bemerken: Gewiß wird der heutige Tanz nicht den Zeitverhältnissen Davids, sondern unserer Zeit gemäß sein, d.h. mit Formen, Kleidung und Instrumenten aus unserem Kulturkreis ausgestattet werden. Aber es könnten durchaus auch Tänze mit lebhaftem Rhythmus sein, die der Freude des Evangeliums entsprechen. Religion und Tanz müssen nicht weiterhin „zweierlei" bleiben, sondern sollten wieder zusammenkommen. Lebhaften Tanz kann es auch in einer Schar geben, die sich im „Zeichen des Kreuzes" versammelt. So schreibt entsprechend J. Sudbrack: „Ein religiöser Tanz sollte gipfeln in der Anbetung, wo sich alle beugen vor dem *Geheimnis des Kreuzes* (von uns kursiv gedruckt)."[25]

Tanz im Gottesdienst ist nicht nur grundsätzlich möglich und wünschenswert, sondern wird heute auch schon vielfach praktiziert. Vor allem in Afrika, Asien, Nord- und Südamerika gibt es ihn in Vergangenheit und Gegenwart.[26]

---

22 H. Cox, Das Fest...a.a.O.74; siehe auch: Teresa Berger, Liturgie...a.a.O.89.
23 K. Richter,Was bedeutet...a.a.O.91.
24 E. Jüngel, Schmecken...a.a.O.29f.
25 J. Sudbrack, Schließt euch zusammen zum Reigen (Ps 118,27). Eine Aufforderung zum liturgischen Tanz, in: GuL 5/1982, 352-369,359.
26 So berichtet K. Richter vom heutigen vom Vatikan ausdrücklich erlaubten Gottesdienst mit Tanz in Zaire: „Wenn heute die Messe in Zaire gefeiert wird, dann erfolgt der Einzug tanzend mit Rhythmus des Eröffnungsliedes, dann tanzen die Altardiener zum Credo, werden alle Texte mit Gesten veranschaulicht, beschließt allgemeiner Tanz als Ausdruck der Freude den Gottesdienst.", siehe: K. Richter, Was bedeutet...a.a.O.91.

Gegen Tanz in unseren Gottesdiensten wird eingewendet: „Das entspicht nicht unserer Mentalität, ...unserem Kulturkreis."[27] Dazu bemerkt Christine Bittner mit Recht, „daß der Tanz zur Sprache des Menschen gehört und so gesehen unbedingt auch Sprache des Glaubenden ist"[28]. Eine Austauschstudentin aus Kenia sagte nach ihrer ersten Teilnahme an einem evangelischen Gottesdienst in einer deutschen Kirche: „Ich finde eure Art Gottesdienst schrecklich. Mein Schöpfer hat mir Augen zum Farbensehen und Beine zum Tanzen gegeben, die kamen nicht auf ihre Kosten ... Ich mußte mich zwingen, euren Gottesdienst zu ertragen."[29] Der Schöpfer hat aber nicht nur Afrikanern, sondern Menschen auf der ganzen Erde „Beine zum Tanzen" gegeben. Die bereits genannten Argumente gegen Tanz im Gottesdienst sind nur „die Folgen einer über Jahrhunderte hinweg praktizierten Erziehung". „Gerade im liturgischen Raum hörten die Kinder oft die Ermahnung: ‚Sitz still!', ‚Zappele nicht so herum!', ‚Dreh dich nicht um!', ‚Du mußt ganz brav sein!'"[30] Es wäre wünschenswert, die durch falsche Erziehung bewirkte Zurückhaltung der Gemeindeglieder zu überwinden und sie an Gesten und Tanz im Gottesdienst zu gewöhnen.

Nicht nur in fremdländischen, sondern auch in deutschen Gottesdiensten beider Konfessionen gibt es heute schon liturgischen Tanz. Auf evangelischer Seite geschah der Durchbruch in der „Liturgischen Nacht" auf dem Düsseldorfer Kirchentag (1973). Seitdem gibt es in vielen Gemeinden Tanzgruppen, die liturgische Tänze einüben und vielfach auch in Gottesdienste, und zwar im besonderen in Zielgruppengottesdienste (Kinder-, Jugend-, Familien-, Gehörlosengottesdienste und andere), einbringen. Auf katholischer Seite wird der Tanz in den „Richtlinien für den Gottesdienst mit Kindern" offiziell empfohlen.[31] Auch auf den Evangelischen Kirchentagen und den Katholikentagen, insbesondere in deren Eröffnungs- und Schlußgottesdiensten, traten Tanzgruppen auf.[32] Gerade diese kirchlichen Großveranstaltungen haben „in Fülle gezeigt, daß das christliche Volk für alle Formen des tänzerischen Ausdrucks offen ist"[33]. Jedoch haben die meisten evangelischen und katholischen Gemeinden in Deutschland noch keinen liturgischen Tanz in ihre Gemeindegottesdienste eingeführt. Im Grunde leben wir heute noch in einer Zeit, von der J. Sudbrack schreibt: „Es ist ein Zeichen einer intellektualisierten und müde gewordenen Re-

---

27 Diese Zitate bringt Christine Bittner in: Der religiöse...a.a.O.100.
28 Ebd. 13.
29 H. Albrecht, Sprachsymbole...a.a.O.32.
30 Christine Bittner, Der religiöse...a.a.O.100.
31 K. Richter, Was bedeutet...a.a.O.92.
32 Es wirkten auf den Evangelischen Kirchentagen Gisela von Naso und auf den Katholikentagen A.R. Sequeira als Fachleute für liturgischen Tanz mit.
33 A.R. Sequeira, „Liebe heißt..."...a.a.O.157.

ligiosität, daß sie das Tanzen vergessen hat...“[34] Die heutigen Gottesdienst-
bücher und Agenden beider Konfessionen geben auch noch zu wenige
oder gar keine Hinweise zum Einbau von Tanz in Gottesdienste. Im Vorentwurf der „Erneuerten Agende“ (EA) gibt es einen Abschnitt „Gesten als
Zeichen der Beteiligung und der Verbundenheit“[35], in dem jedoch z.b. Gebetsgesten, nicht aber liturgischer Tanz aufgeführt werden. Darauf wollen
wir im Kapitel „Kritische Würdigung der ‚Erneuerten Agende‘...“ näher
eingehen.[36] Auch auf katholischer Seite gilt Analoges, denn die Arbeitshilfe für die Sachausschüsse der Pfarrgemeinderäte im Bistum Aachen „Gottesdienstgestaltung“[37] enthält keinerlei Ausführungen über den Tanz im
Gottesdienst.

Dennoch sind Einführung und Praktizierung von Tanz im Gottesdienst
heute leichter als noch vor mehr als zehn Jahren, weil in den letzten Jahren
auf katholischer Seite mehrere Arbeiten erschienen sind, die bestimmte
liturgische, in der liturgischen Praxis erprobte Tänze darstellen. So hat
Christine Bittner in der von uns mehrfach zitierten Arbeit nicht nur den
„religiösen Ausdruckstanz in Geschichte und Gegenwart“ kurz dargestellt,
sondern auch über „Erfahrungen einer Mädchengruppe mit dem religiösen
Ausdruckstanz“ berichtet. Sie hat diesen Bericht mit Beispielen, Zeichnungen und exemplarischen Bildern ausgestattet.[38] Weitere Arbeiten über
praktische Erfahrungen mit liturgischen Tänzen bringen Teresa Berger,
Waltraud Schneider und Raphaele Voss.[39] Die Besonderheit der Arbeit von
Raphaele Voss sehen wir darin, daß sie Möglichkeiten aufzeigt, wie die
Gemeinde in den Tanz einbezogen werden kann. Sie schlägt vor: „Die
Gläubigen in den Reihen tanzen die Bewegungen nur mit den Händen und
Armen mit, die knappen Abstände der Bänke lassen häufig nicht mehr
zu.“[40] Die GottesdienstteilnehmerInnen können aber auch in den Altar-

---

34 J. Sudbrack, Zur religiösen...a.a.O.389.
35 EA a.a.O.25.
36 Siehe S. 167
37 Gottesdienstgestaltung. Eine Arbeitshilfe für die Sachausschüsse Liturgie der Pfarrge-
    meinderäte im Bistum Aachen, hrsg. vom Bischöflichen Generalvikariat in Verbidung mit
    der Liturgiekommission des Bistums Aachen, 1987². - Im Pastoralliturgischen Hand-
    lexikon wird zum Stichwort „Tanz“ lediglich vermerkt: „Die Mission in Afrika und Indien
    bezieht einheimische Tanzformen in den Gottesdienst ein; erste tastende Versuche auch
    bei uns.“, siehe: A. Adam-R. Berger, Pastoralliturgisches...a.a.O.503.
38 Christine Bittner, Der religiöse...a.a.O.55-101.
39 Teresa Berger, Tanzt vor dem Herrn, lobt seinen Namen. Einfache Beispiele für Gottes-
    dienste und Feste im Kirchenjahr, 1985; Waltraud Schneider, Getanztes Gebet. Vorschläge
    für Gottesdienste in Gemeinde und Gruppe,(1986)1989³; dies., „Lobt ihn mit Tanz.“ Neue
    Vorschläge für den Gottesdienst, 1990; Raphaele Voss, Tanz...a.a.O. - Weder A.R.
    Sequeira, noch M. Josuttis und Chr. Grethlein sind auf diese Arbeiten über praktische
    Tanzbeispiele in Gottesdiensten eingegangen.
40 Raphaele Voss, Tanz, ebd. 12 und 14.

raum vortreten und dort in den Gängen Reigen-, Prozessions- und andere Tänze vollziehen. Gegen das Argument, Tanzgruppen im Gottesdienst lassen die TeilnehmerInnen nur zuschauen, schreibt Raphaela Voss: „Es ist schon viel erreicht, wenn die ‚Zuschauer' in Gedanken mittanzen. Um niemanden auszuschließen, der nicht mittanzen will, übernehmen jene z.B. die Funktion einer Chor-, Begleit- oder Rhythmusgruppe."[41]

Mit Recht schreibt dazu auch W. Fischer: „Macht man die aktive, unmittelbare Teilnahme zu einem absoluten Kriterium, dann darf ein Kirchenchor im Gottesdienst nur noch mehrstimmige Sätze entweder zusammen oder im Wechsel mit der Gemeinde singen ...Es gibt auch eine aktive Teilnahme in Form eines aktiven Zuhörens und Zusehens."[42] Denn auch beim Orgelvor- und -nachspiel sind die GottesdienstteilnehmerInnen nicht einfach passive ZuhörerInnen, die es im Gottesdienst nicht geben sollte, sondern vielmehr in Gedanken aktiv, also „aktive ZuhörerInnen".

A.R Sequeira hat die Frage gestellt: „Worin sind liturgische Feste von Rockfesten, WM-Festen und Turnfesten zu unterscheiden?" Er hat diese Frage selbst beantwortet mit den Worten: „Eine spezifische gottesdienstliche Aussage muß in erster Linie symbolisch gestaltet werden, denn Rhythmus und Pantomime neigen zur Selbstdarstellung."[43] Wir bemerken dazu darüber hinaus: Der Unterschied zwischen weltlichen und gottesdienstlichen Festen liegt vor allem darin, daß in letzteren alle Bewegungen einschließlich Tanz nicht zur Ehre der Menschen, sondern zur Ehre Gottes geschehen. Nach diesem Kriterium praktiziert, haben sowohl Tanz in der Gemeinde als auch Tanzgruppen oder Solotänzerinnen im Gottesdienst ihren Platz, ohne daß der Tanz zur bloßen Show abgleitet.[44]

Gemeindeglieder wollen und können heute schon mit Gebärden oder Gesten ihren Glauben zum Ausdruck bringen, und sie tun dies auch in vie-

---

41 A.R. Sequeira ist somit zu widersprechen, wenn er meint, daß „...man verweiden (muß), daß der Tanz von Einzelnen oder Gruppen die übrige Gemeinde in die Rolle der bloßen Zuschauer versetzt...Denn die liturgische Feier muß immer Tun des ganzen Gottesvolkes sein und bleiben.", siehe: A.R. Sequeira, Gottesdienst als...a.a.O. 39; siehe auch: ders., Keine „Tanz - Show." Ein paar notwendige Überlegungen zum Tanz in der Liturgie, in: Gottesdienst, 25. Jahr, 16/1991 (15.8.1991), 126.

42 W. Fischer, Tatige Teilnahme nicht identisch mit Aktivität, in: Gottesdienst, 25. Jahr, 18/1991 (19.9.1991), 143.

43 A.R. Sequeira, Äußern Sie sich! Über die Gebärdensprache im Gottesdienst, in: ZGP 9.Jg., 3/1991 (Mai/Juni 1991), 24-26, 24f.

44 Wenn A.R. Sequeira schreibt, daß „...es keine allgemeinverbindliche Gebärdensprache (wie z.B. verbale Sprachen und musikalische Sprachen) im abendländischen Raum gibt" und deshalb in der Zusammenarbeit von liturgischen Tanzgruppen, Kirchenchören und Priestern (Pfarrern) „...eine liturgische Tanz- und Gebärdensprache zu entwickeln" sei, siehe: ders., ebd. 25; ders., Keine „Tanz - Show"...a.a.O. 126, so müssen wir die Frage stellen: Wie lange sollen die Gemeinden noch warten, bis eine einheitliche „Tanz- und Gebärdensprache" geschaffen sein wird?

len Tanzgruppen in Stadt- und Landgemeinden. Dazu können ihnen die von uns genannten Arbeiten mit praktischen Beispielen für liturgischen Tanz wertvolle Hilfe leisten. Freilich sind notwendige Voraussetzungen für Tanz im Gottesdienst: „eine kompetente Leitung, eine tragende Gruppe und eine Berücksichtigung der gesamten Symbolsprache der Liturgie", ferner „Behutsamkeit und Berücksichtigung der konkreten Situation..., damit ein verheißungsvoller Neuansatz nicht zum ‚Theater' im negativen Sinn, zum mißverstandenen ‚Show-Effekt', sondern zum Ausdruck des Glaubens"[45] wird.

Eine „noch nicht allzu sehr geübte" Vortanzgruppe sollte sich zunächst auf „einfache, schlichte Bewegungen" beschränken und das „Prinzip: vom Einfachen zum Schweren"[46] befolgen. Wichtig ist auch, daß die Gemeinde nicht unvorbereitet mit Tanz im Gottesdienst konfrontiert wird. Sie könnte vielmehr zu Beginn des Gottesdienstes mit wenigen Worten über Sinn, Motivation und Form des Tanzens im Gottesdienst aufgeklärt werden.[47] Bei Gemeinden, die Tanz im Gottesdienst gewohnt sind, kann diese Aufklärung wegfallen, schon um eine Dominanz der verbalen Elemente abzubauen.

„Tanzen im Gottesdienst" ist nicht etwa nur eine „Konzession an Jugendliche und Kinder", sondern vielmehr eine „Angelegenheit, die zur Reife und zum Zentrum des Gottesdienstes gehört"[48]. Gemeindeglieder aller Generationen können erleben, daß „der religiöse Tanz auch im 20. Jahrhundert nach Christus ein Mittel ist, Gott mit größerer Freude zu loben"[49]. Deshalb gehört der Tanz grundsätzlich auch in den sonntäglichen Hauptgottesdienst hinein. Er wird von den meisten GottesdienstteilnehmerInnen dankbar angenommen. Freilich kann nicht in jedem Sonntagsgottesdienst eine Tanzgruppe auftreten, die liturgische Tänze aufführt und nach Möglichkeit auch die Gemeinde unmittelbar ins Tanzen einbezieht, da ein liturgischer Tanz mit einigem Aufwand einstudiert werden muß. Verfügt eine Gemeinde nicht selbst über einen Tanzkreis, kann sie gelegentlich einen einladen, wozu sich besonders die Höhepunkte des Kirchenjahres (Advent, Weihnachten, Epiphanias, Ostern, Pfingsten, Erntedankfest) anbieten. Der Tanz drängt „das Überlieferte nicht aus dem gottesdienstlichen Raum heraus, sondern will als zusätzliches Element bereichern"[50]. Aber auch die

45 F. Kohlschein, Ausdruckstanz im Gottesdienst. Bericht von der Epiphanietagung auf Burg Rothenfels 1987, in: Gottesdienst, 21. Jahr, 11/1987 (9.6.1987), 84f.,85.
46 Raphaele Voss, Tanzen...a.a.O.18 und 20.
47 Dies., ebd. 16. Sie bringt an dieser Stelle ein „Beispiel einer Einleitung und Erklärung zu Tanz im Gottesdienst", das auf die jeweilige besondere Situation einer Gemeinde hin abgeändert werden kann.
48 J. Sudbrack, Schließt euch...a.a.O.365.
49 Waltraud Schneider, Getanztes...a.a.O.6.
50 Raphaele Voss, Tanz...a.a.O.10.

Gottesdienste, in die keine Tanzelemente integriert sind, sollten die „Elementargebärden" (R. Guardini) und Bewegungen wie Aufstehen, Hinsetzen, Niederknien, Händefalten beim Beten, Gehen, Ein- und Ausziehen u. a. m. enthalten. Herrscht Bewegungsarmut und dominiert das Wort, wird die Chance vergeben, wirkliche „tätige Teilnahme" der Gemeinde, nicht zu verwechseln mit „Aktivismus und Getue"[51], durch das Heranführen an die Vielfalt der Bewegungen und des liturgischen Tanzes zu erreichen.

Waltraud Schneider nennt folgende Tanzformen: Reigen-, Prozessions-, Lob-, Verkündigungstänze und Bittgebete mit Gebärden.[52] In ihrer Arbeit sind ausführliche Beschreibungen dieser Tänze zu finden.

Der Tanz kann insbesondere die Festlichkeit eines Gottesdienstes verstärken. O.F. Bollnow schreibt: „Der letzte Bestandteil des Festes aber, an dem das Wesen des Festes am reinsten zum Ausdruck kommt, ist der Tanz. Erst im Tanz vollendet sich das Fest."[53] Ist jeder Sonntagsgottesdienst im Grunde ein Fest, nämlich das Fest der Auferstehung Christi, dann sollte er auch gelegentlich seine Vollendung dadurch erlangen, daß in ihn Tanz integriert wird. Beispiele dafür können sein: Tanz um den Adventskranz, den Weihnachtsbaum, die Krippe, den Epiphaniasstern, die Osterkerze, die Erntekrone, den Altar oder Tisch des Herrn, auf oder vor dem Garten- und Feldfrüchte, Blumen und sonstige Gaben liegen, das Taufbecken, die Taufkerze und andere Objekte im Kirchenraum.

2. Verkündigungsspiel

Das Verkündigungsspiel ist wie der liturgische Tanz ein nonverbaler Signalkomplex, bei dem jede/r SpielerIn mit dem ganzen Körper aktiv wird. Im Unterschied zum Tanz kommen beim Spiel zu den nonverbalen noch die verbalen Signale durch das Reden oder Singen der SpielerInnen hinzu. Weil die Bewegungen der SpielerInnen frei und weit ausholend sein können und nicht wie bei den TalartträgerInnen teilweise verdeckt und behindert werden, kann ihre Körpersprache von der Gemeinde voll wahrgenommen werden. Im Spiel gibt es „ganz andere Möglichkeiten von Gott zu reden, biblische Geschichten transparent zu machen als durch Sprache, auch durch Musik allein... Ein gutes Spiel ist viel mehr als die ‚normale' Predigt. Das spürt jede(r) Mitwirkende. Sie haben es zu ihrer Sache gemacht"[1].

51 F. Kohlschein, Bewußte...a.a.O.51.
52 Waltraud Schneider, Getanztes Gebet...a.a.O.5.
53 O. Bollnow, Neue Geborgenheit...a.a.O.224 und 226f.

1 F. Baltruweit, Musik...a.a.O.24.

Exkurs: Das Spiel im Gottesdienst in Vergangenheit und Gegenwart
Wie der Tanz und die Musik, so wurde auch das Spiel in den ersten Jahrhunderten des Christentums „teilweise rigoros bekämpft (z.B. Tertullian, De spectaculis)"[2]. Im Mittelalter waren die Mysterienspiele noch Teile der Liturgie, die sich später verselbständigten.[3] Die Reformatoren bekämpften vor allem das Legendenspiel, das nicht auf einer biblischen Grundlage beruht. In der Folgezeit kam das Spiel weithin zum Erliegen und wurde erst in unserem Jahrhundert wiederbelebt.

In der Literatur werden meist Spiele behandelt, die in Kinder- und Jugendgottesdiensten aufgeführt werden. In diesem Zusammenhang heißt es im „Pastoralliturgischen Handbuch": „Ob es gelingen wird, spielerische Formen auch in der Eucharistiefeier für Erwachsene mit Erfolg anzusiedeln, wie es von manchen Autoren angestrebt wird, kann erst die Erfahrung zeigen."[4] In den Familiengottesdiensten mit integrierten Spielen liegt diese Erfahrung aber längst vor. Diese wurden in den letzten Jahren in evangelischen und katholischen Gemeinden zwar nur gelegentlich, aber doch mehr oder weniger regelmäßig gefeiert.[5]

Wir meinen ferner, daß das Spiel nicht nur in den Familiengottesdiensten, sondern auch in den sonntäglichen Hauptgottesdiensten seinen Platz haben sollte.[6]

Der Vorteil des Spiels gegenüber der Predigt besteht vor allem darin, daß die gespielte Heilsgeschichte die Menschen unterschiedlicher sozialer Schichten mit unterschiedlichen Bildungssvoraussetzungen gleichermaßen erreicht. Es ist damit auch und gerade für Hauptgottesdienste geeignet. Das Spiel kann dazu beitragen, Verständnisprobleme und Barrieren zwischen Gemeindeschichten zu überwinden. (Vergleiche auch das im Kapitel „Die Besonderheiten der Körpersprache" Gesagte.[7])

Da beim Spiel nicht nur vorwiegend die Ohren, sondern in gleicher Weise auch die Augen der GottesdienstteilnehmerInnen angesprochen werden, kommt es bei der Aufführung des Spiels „zu einer Intensivierung des Vor-

---

2 M. Haustein, Sprachgestalten der Verkündigung, in: Handbuch der Predigt. Voraussetzungen, Inhalte, Praxis, 1990, 459-496,492.

3 H. Muck, Bewegung...a.a.O.147-150,147; siehe auch: A. Stock, Ostern feiern: eine semiotische Untersuchung zur Osterliturgie, in: A. Stock, M. Wichelhaus, Ostern in Bildern, Reden, Riten, Geschichten und Gesängen, 1979, 103-128,125.

4 Pastoralliturgisches Handbuch...a.a.O.485.

5 Deshalb müssen wir M. Josuttis widersprechen, wenn er schreibt: „Eine ausführliche mimetische Darstellung der Heilsgeschichte erfolgt gegenwärtig im Protestantismus nur bei den Krippenspielen, die Kinder zu Weihnachten aufführen.", siehe: M. Josuttis, Der Weg...a.a.O.151.

6 Deshalb halten wir es auch für unzureichend, daß Chr. Grethlein das Spiel in seinem „Abriß" nur in der Besprechung des Familiengottesdienstes einmal kurz erwähnt, siehe: ders., Abriß...a.a.O.161 und daß in seinen übrigen Ausführungen das Stichwort „Spiel" überhaupt nicht vorkommt.

7 Siehe S. 20

gangs und zu einem stärkeren Einbezug der Teilnehmer"[8]. Die Gesten und Bewegungen der SpielerInnen, z.B. in einem Osterspiel „der langsame Schritt, die gebeugte Haltung des Körpers und der geneigte Kopf..., die hoffnungslose Trauer der Frauen"[9], sind aussagestärker als bloße Worte der PredigerInnen.

Spielen wird häufig abschätzig der Welt der Erwachsenen und dem „Ernst des Lebens" entgegengesetzt. Aber gerade das Spiel bringt ein Element der Kreativität in den Gottesdienst, „das uns in die Tiefe führt"[10]. Treten vor die Gemeinde nicht nur LiturgInnen und PredigerInnen, sondern mit ihnen auch die SpielerInnen eines Verkündigungsspielkreises, dann verliert der Gottesdienst den Charakter der „Ein-Personen-Show". So schreibt H. Gollwitzer: „Weder muß er (der Prediger) der alleinige Prediger sein, noch muß die Verkündigung im Gottesdienst weiterhin allein in der Form des bevorrechtigten Monologs des Pfarrers geschehen."[11] Wenn mit der/ dem PfarrerIn mehrere SpielerInnen vor der Gemeinde auftreten, dann wird zugleich durch den Auftritt „mehrerer Zeugen" nach H. Langhoff „... die Glaubwürdigkeit einer Aussage erheblich vergrößert"[12]. Dabei sind die Spielszenen nicht bloß Vorgaben für die Predigt oder Beigaben zum Wort. Vielmehr übernehmen „alle Spielelemente und vor allem die Kommentare zum Spiel...indirekt die Aufgabe der Predigt. Es wird sogar ‚massiv‘ gepredigt, ohne daß allerdings der Pastor 20 Minuten auf der Kanzel steht."[13] Somit sind die Spielszenen „Bestandteil der Auslegung".[14] Freilich sollte generell im Gottesdienst zum gespielten Wort das gesprochene Wort, d.h. die Auslegung der biblischen Aussagen in der Predigt auf der Kanzel hinzukommen, damit nicht gesagt werden kann: „Die machen ja nur Theater."[15] Aber die Spielszene ist ja schon, recht verstanden, nicht „nur Theater", sondern vielmehr eine „Darstellung, die immer über das Theater hinausgehen sollte"[16].

---

8 J. Schermann, Die Sprache...a.a.O.126.
9 H. Fuchs, Methodik des darstellenden Spiels biblischer Geschichten, in: Gottesdienst mit Familien. Überlegungen - Entwürfe, hrsg. im Auftrag des Sekretariats des Bundes Evangelischer Kirchen in der DDR von D. Reiher, 1980[1], 90-95,90.
10 S. Laeuchli, Das Spiel vor dem dunklen Gott. „Mimesis" - ein Beitrag zur Entwicklung des Bibliodramas, 1987, 18.
11 H. Gollwitzer, Zuspruch und Anspruch. Predigten aus den Jahren 1954-1968. Nachwort des Autors, 1968, 220-239,237.
12 H. Langhoff, Predigt...a.a.O.84.
13 A. Denecke, Treffpunkt Gottesdienst. Predigt und Gottesdienst im Kontakt mit der Gemeinde. Anleitungen, Modelle, Materialien, 1983, 97.
14 K.H. Bieritz, Gottesdienst. Theologische Informationen für Nichttheologen, 1987[2], 73; entsprechend schreibt W. Hahne, daß das „...szenisch dargestellte Wort...verkündetes Wort" ist, siehe ders., DE ARTE...a.a.O.277.
15 E. Bücken, Theater mit dem Gottesdienst. Skizzen zum Thema „Liturgie als Erlebnis", in: Lebendige Liturgie...a.a.O.58-85,73.
16 F. Baltruweit, Musik...a.a.O.28.

In der EA heißt es im Kapitel „Die Beteiligung der Gemeinde am Gottesdienst" im Abschnitt „Spontane Beiträge zu Liturgie und Verkündigung": „– Spielszenen oder Sprechmotetten an Stelle von Lesungen (Variante B1)."[17] Spielszenen können aber nicht nur an die Stelle von Lesungen treten, sondern letztere auch in Gestalt von pantomimischen Szenen begleiten. In diesem Fall begleiten Pantomimen die Textverlesung durch LektorInnen mit entsprechenden Gesten oder Gebärden. Ferner können Spielszenen nicht nur in den Lesungsteil, sondern auch in andere Teile des Gottesdienstes, insbesondere auch in den Predigtteil, eingefügt werden. Auf die Stellung des Spiels in der EA soll im Kapitel „Kritische Würdigung der ‚Erneuerten Agende'..."[18] nochmals eingegangen werden.

Das Verkündigungsspiel kann im Gottesdienst sowohl von Kindern und Jugendlichen, z.B. Konfirmanden oder einer Jugendspielgruppe, als auch von Erwachsenen aufgeführt werden. Das Spiel von Kindern und Jugendlichen kann insofern volksmissionarische Wirkung haben, als dann auch oftmals die Eltern, andere Verwandten und Freunde zum Gottesdienst kommen, um sie im Spiel zu erleben. Zugleich gibt es für die Kerngemeinde durch das Spiel ein neues Erleben der biblischen Geschichten und Gleichnisse.

Spiele, die für Familien- und Hauptgottesdienste vorgesehen sind, dürfen keine kitschigen Krippenspiele und ähnliche Spiele sein, da solche Gottesdienste sonst von Erwachsenen gemieden werden.[19] Grundsätzlich können Geschichten des Alten und Neuen Testaments und insbesondere alle Gleichnisse Jesu für Verkündigungsspiele herangezogen werden. Dabei kann von SpielerInnen auch die Rolle Jesu übernommen und die Stimme Gottes gebracht werden. Allerdings sollte der Auferstandene nicht direkt im Spiel dargestellt werden. Denn es gilt: „Ostern entzieht sich nicht nur der Anschauung, sondern auch der Erfahrung."[20] Das Osterspiel bildet „die äußerste Grenze des darstellenden Spiels"[21]. So kann z.B. ein/e JüngerIn einem anderen von der Begegnung, die sie/er mit dem Auferstandenen hatte, berichten, aber die Begegnung selber ist nicht darstellbar.

Die SpielerInnen eines Verkündigungsspiels müssen nicht wie die SchauspielerInnen im Theater oder die SängerInnen in der Oper lange Rollen auswendig lernen, dürfen vielmehr um der Lebendigkeit des Spiels willen frei improvisieren. „Das freie Sprechen ohne Konzept auf der Bühne un-

---

17 EA a.a.O.25 und 109.
18 Siehe S. 167
19 Chr. Möller, Offener Brief an ein Presbyterium zur Frage des Gemeindeaufbaus, in: wp Jg.3, 12/1985(Nov.1985),282-289,283.
20 D. Sattler, Eine Hoffnung, die Menschen in Atem hält, in: Deutsches Allgemeines Sonntagsblatt, 16/1987(17.4.1987), 15.
21 H. Fuchs, Methodik...a.a.O.91.

111

terstützt auch die freie Kanzelrede.“[22] Es können „auf der Gemeindeebene
Projekte verwirklicht werden..., die keineswegs immer auf hohe künst-
lerische Perfektion aus sein müssen“[23]. Fehler, die aus dem spontanen
Spielen erwachsen, wird die Gemeinde im Bewußtsein, daß Laienspieler
auftreten, tolerieren.[24]

Die ersten Spielversuche lassen sich mit fertigen Spielentwürfen leichter meistern. Sie liegen in der evangelischen und katholischen Literatur in
vielfältiger Gestalt vor.[25] Bei einem selbsterarbeiteten Spiel, zu dem eine
Spielgruppe mit einiger Erfahrung übergehen kann, sind alle Spieler noch
intensiver engagiert, als wenn ein bereits ausgearbeitetes Spiel der Literatur „vorgeführt“ wird. Für die Auswahl der SprecherInnen, die Sprechpro-
ben und anderes hat D. Trautwein gute Ratschläge gegeben.[26] Im Spiel sind
„immer alle (SpielerInnen) dabei“. „Nur zeitweilig und auswechselbar treten einzelne hervor.“[27] Das kommt daher, daß im Spiel ein „Gesamt‚werk‘
entsteht – es kommt auf jeden an“[28]. Weitere gute Hinweise und Ratschläge für die Vorbereitung und Aufführung eines Spiels geben vor allem Elke
und Roland Werner.[29] Die Erfahrungen, die die SpielerInnen bei der Vorbereitung und Aufführung des Spiels machen, sind „ebenso wichtig wie
die Bereicherung, die unsere Gemeinde dadurch erfahren kann“[30]. Das gemeinsame Spielen stärkt das Selbstbewußtsein, das Zusammengehörigkeitsgefühl und das Vertrautwerden der Spielgruppenmitglieder. Wir kön-

---

22 H. Jürgenbehring, Auf der Kanzel und Bühne. Nachdenken über eine Erfahrung, in:
Pastoralblätter, 127.Jg., 2/1987(Febr. 1987), 111-113,113.
23 H. Schröer, Bibelauslegung durch Bibelgebrauch. Neue Wege praktischer Exegese, in:
EvTh 45.Jg., 6/1985 (Nov./Dez. 1985),500-515,513.
24 In meiner Praxis mit Verkündigungsspielen in Gottesdiensten habe ich wie Chr. Möller
die Erfahrung gemacht, daß „sie (die ‚Kerngemeinde‘) auch gern bereit (war), den zuweilen stotternden Versuchen der KonfirmandInnen in der Mitgestaltung des Gottesdienstes
geduldig zu folgen“. Siehe: ders., Gottesdienst als Gemeindeaufbau. Ein Werkstattbericht,
1988, 200.
25 In der evangelischen Literatur: P. Spangenberg, Szenische Gottesdienste, 1975; W. Beneker, Gottesdienstentwürfe, Spiel- und Sprechtexte, 1984; G. Kugler, Familien - Gottesdienste. Entwürfe - Modelle - Einfälle, 1972²; ders. und H. Lindner, Neue Familien - Gottesdienste, 1973 und folgende Jahre und andere Arbeiten. Entwürfe für Spiele mit Kindern
sind auch vielen Jahrgängen der Zeitschrift „Evangelische Kinderkirche“ des Verlags:
Junge Gemeinde, Stuttgart, zu entnehmen. - In der katholischen Literatur: Evamaria Biel-
Hölzlin, Damit Gottesdienst Erlebnis wird. Praktische Anregungen für die Vorbereitung
und Gestaltung von Familiengottesdiensten, 1984; W. Hoffsümmer, Religiöse Spiele 1,
1985³; ders., Religiöse Spiele 2, 1986² und andere Arbeiten.
26 D. Trautwein, Lernprozeß...a.a.O.191f.
27 H. Fuchs, Methodik...a.a.O.90.
28 F. Baltruweit, Musik...a.a.O.24.
29 Elke und Roland Werner, Theater für Jesus. Pantomime und Theater in der Verkündigung,
1988.
30 G. Ebbrecht - G. Hegele, Gemeindeaufbau durch gemeindepädagogisches Handeln, in:
An den Grenzen...a.a.O.88-103,98.

nen durch unsere Spielerfahrungen die Aussagen von M. Kleis bestätigen: „Indem die einzelnen in der Vorbereitungsgruppe miteinander über ihren Glauben sprechen, sich gegenseitig den Glauben bezeugen, an den biblischen Texten entlang in die Tiefe gehen, wird die Arbeit, die sie für die Kinder (und die Erwachsenen) der Gemeinde tun, auch für sie selbst zum persönlichen Gewinn."[31] Es ist daher sinnvoll, wenn möglichst jede Gemeinde einen Verkündigungsspielkreis bildet, der gelegentlich Spiele in Gottesdiensten aufführt.

Nach jedem Gottesdienst, in den ein Verkündigungsspiel integriert ist, könnte stets zunächst eine Selbst- und Gruppenkritik der SpielerInnen, dann eine Kritik des „Regisseurs" oder der SpielgruppenleiterIn, möglicherweise auch einer SpielpädagogIn, SchauspielerIn oder LehrerIn und eine Kritik der Gemeinde in einem Gottesdienstnachgespräch erfolgen. Der Gottesdienst mit dem integrierten Spiel ist dann zwar „gelaufen". Aber aus den verschiedenen Kritiken können alle am Spiel Beteiligten wertvolle Erkenntnisse für die zukünftige Vorbereitung und Aufführung von Spielen gewinnen. Für die Auswertung des Spiels und darüber hinaus des ganzen Gottesdienstes kann ein „Katalog von Leitfragen" und eine Liste von „Fragen mit Antwortvorgaben", wie sie von G. Kugler und H. Lindner für Familiengottesdienste erstellt worden sind [32], hilfreich sein.

Ebensowenig wie in jeden Gottesdienst ein liturgischer Tanz eingebaut werden kann, ist an jedem Sonntag die Aufführung eines Verkündigungsspiels im Gottesdienst möglich. Die für das Spiel erforderliche Vorbereitung kann nicht in jeder Woche geleistet werden. Außerdem würde es vor allem bei Kindern zu „Verwirrungen" führen, wenn in einem Gottesdienst zugleich mehrere Darstellungsmittel, z.B. Spiel, Tanz, Dias, alltägliche Gegenstände und anderes, verwendet würden.[33] Die gelegentliche Aufführung von Spielen belebt das gottesdienstliche Geschehen in einer Gemeinde, während ständige Wiederholung besonderer Darstellungsmittel im Gottesdienstablauf zu Langeweile führen kann. Bei der Begrüßung vor Gottesdienstbeginn ist kurz mitzuteilen, welches Darstellungsmittel gewählt und welche weiteren Besonderheiten (z.B. Umstellung bestimmter Gottesdienstelemente) der Gottesdienst haben wird.

Leider gibt es in manchen Kirchen und anderen Gottesdiensträumen zu wenig Platz für Spiel und Tanz im Gottesdienst. An beide sollte man beim Neubau von Kirchen und Gemeindehäusern denken und genug Platz für sie vorsehen. Variabel einsetzbares Gestühl anstelle festinstallierter Bänke ist angeraten.

---

31 M. Kleis, Gottesdienste mit Kleinkindern, 1984, 19.
32 G. Kugler, H. Lindner, Neue...a.a.O.186ff. und 192ff.
33 N. Weidinger, Der Kindergottesdienst als Einübung in Symbolverstehen, in: Lebendige Seelsorge, 37.Jg., 2/3/1986 (Juni 1986), 126-135,129.

Neben dem Verkündigungsspiel ist eine ganze Reihe von kleineren Spielformen entwickelt worden. Ein Hauptmerkmal des „Anspiels" besteht darin, „daß es ein Problem aufgreift, eine Frage ‚an'reißt, ohne eine Lösung zu bringen"[34]. Die Lösung wird erst durch die später folgende Predigt oder ein Gespräch vermittelt. Das Anspiel will zum Nachdenken anregen „durch eine Frage, durch das Aufzeigen verschiedener Möglichkeiten der Lösung oder durch das Angebot einer Lösung, die zu übernehmen der Zuschauer bestimmt nicht ohne weiteres bereit ist". Das Verkündigungsspiel bietet dagegen auf spielerische Weise auch die Lösung, die der biblische Text vorgibt. Während das Anspiel als bloßer „Einstieg" so knapp und prägnant wie möglich sein sollte, bringen die Szenen des Spiels die eigentlichen zentralen Aussagen des biblischen Textes. Das Anspiel greift „dem Alltag nachgebildete" Szenen auf, das Verkündigungsspiel ist jedoch nur biblischen Aussagen vorbehalten. Deshalb können Verkündigungsspiele grundsätzlich in späteren Gottesdiensten wiederaufgeführt werden und bleiben stets aktuell, die situationsbezogenen Anspielszenen dagegen nicht.

Als weitere kleine Spielformen besprechen B. von Schroetter die „Spielmotette" und die „Hörszene" und H. Fuchs die „Liederspiele" und andere.[35]

Exkurs: „Bibliodrama" und „Bibeltheater"

Eine weitere Spielform wollen wir noch kurz besprechen, weil sie im Zentrum des heutigen Interesses steht: das „Bibliodrama".[36] In einem „Bericht über ein Gruppenspiel", d.h. über ein Bibliodrama, heißt es: „Im Spiel aber geht es nicht primär um die Bestätigung eines Ergebnisses, sondern darum, fühlen zu lernen, wie Jesus sich erleben kann, wie die Ehebrecherin fühlt, was im Volk an Meinungen und Gefühlen vorherrscht, um so einen neuen Einblick in die Tiefenstrukturen geschriebener Texte zu erhalten."[37] Im Unterschied zum Bibliodrama geht es einer Spielgruppe, die sich ein Verkündigungsspiel erarbeitet hat und es einübt, sehr wohl um ein „Ergebnis". Sie möchte nämlich, daß sie das erarbeitete und einstudierte Spiel vor der Gemeinde in einem Gottesdienst, in dem auch eine Predigt Platz hat, darbieten. Dagegen spielt im Bibliodrama eine Gruppe nur einer anderen Gruppe von Spielern, nicht aber der ganzen Gemeinde, das Erarbeitete vor oder spielt es als ganze Gruppe. Dabei wird grundsätzlich nicht gepredigt. Dies ist auch

---

34 B. von Schroetter, Von kleinen Spielformen, in: Gottesdienst mit Familien. Überlegungen - Entwürfe, hrsg. im Auftrag des Sekretariats des Bundes Evang. Kirchen in der DDR von D. Reiher, 1980[1], 87-89,87; siehe auch: M. Haustein, Sprachgestalten...a.a.O.492f.

35 B. von Schroetter, ebd.; H. Fuchs, Methodik...a.a.O.

36 Es wird von S. Laeuchli auch „mimetisches" Spiel und von Y. Spiegel, der stärker die durch die biblischen Texte ausgelösten Prozesse betont, „Hagiodrama" genannt, siehe: S. Laeuchli, Das Spiel...a.a.O.;Y. Spiegel, Bibliodrama als Hagiodrama, in: Bibliodrama/A. Kiehn, S. Laeuchli, H. Langer, G.M. Martin, R. Passauer, T. Schramm, W. Teichert, 1987,141-153,151.

37 G. Crone, F.J. Knist, H. Poensgen, „Bibliodrama". Bericht über ein Gruppenspiel, in: Neue Wege...a.a.O.149-153,152; siehe auch: G.M. Martin, ‚Bibliodrama' als Spiel, Exegese und Seelsorge in: WPKG 68.Jg., 1979, 135-144,142.

nicht das Ziel. Für die SpielerInnen einer Bibliodramagruppe ist der Sinn des Spielens das eigene Erfahren, tiefes Annähern und Begreifen des biblischen Textes. Die SpielerInnen eines Bibliodramas erreichen somit nur die Mitglieder einer Bibliodramagruppe, die Spieler einer Verkündigungsspielgruppe dagegen die ganze Gemeinde. F. Rohrer schreibt allerdings dazu: „Ich wollte nicht recht einsehen, warum im Gruppenprozeß entstandene Produkte nicht veröffentlicht werden können. Denn dieses Öffentlichmachen hat für mich etwas mit dem Grundgedanken des Neuen Testaments zu tun. Was mich packt, sage ich weiter, und warum sollte das nicht szenisch möglich sein?"[38] Deshalb führt er die im Gruppenprozeß entstandenen Produkte nicht nur in Gruppen, sondern „öffentlich", d.h. auch der Gemeinde, vor und spricht vom „Bibeltheater". Wir stimmen grundsätzlich seinen Ausführungen zu, halten nur das Wort „Bibeltheater" für ungeeignet.

Beim Bibliodrama kommt im Gegensatz zum Verkündigungsspiel noch hinzu, daß bewußt biblische und subjektive Lebensgeschichte in Beziehung gesetzt werden. Deshalb muß das Bibliodrama klar vom Verkündigungsspiel unterschieden werden. Bibliodramaerfahrung und Kenntnisse der BibliodramaleiterInnen in Tiefenpsychologie oder die Begleitung des Spieles durch entsprechend ausgebildete PsychologInnen sind unabdingbar.

H. Fuchs schreibt: „Das Spiel (das darstellende Spiel biblischer Geschichten) ist keineswegs eine Erzählung in wörtlicher Rede, wie es andererseits auch nicht das Theater nachahmt."[39] In der Tat gibt es beim Verkündigungsspiel nicht wie beim Theater „umfangreiche Rollen", die von den SpielerInnen zu lernen sind, auch „niemals Theaterkostüme", sondern nur eine Kostümierung der SpielerInnen, die nur „sparsam (ist) und charakterisierend"[40]. Deshalb übernehmen wir nicht den Begriff „Bibeltheater", sondern bleiben bei „Verkündigungsspiel". PredigerInnen können es ohne Spezialkenntnisse praktizieren und werden sich freuen, daß sie nicht allein stehen „und sich der Geist tatsächlich in der Vielfalt der Verkündigungsformen kräftig erweist"[41].

Für die Einfügung eines Verkündigungsspiels in den Predigtteil habe ich in einer Frankfurter Gemeinde folgende Form entwickelt.[42] Ich habe zwei Kurzszenen einer biblischen Geschichte oder eines Gleichnisses mit zwei dazwischen geschalteten Kurzpredigten wie in einem Bilderbogen aneinandergereiht. Auf eine Kurzszene von etwa fünf Minuten folgt eine Kurzpredigt von etwa der gleichen Länge, darauf eine weitere Kurzszene mit einer ebenso langen Kurzpredigt. Insgesamt dauern somit die zwei Kurzszenen zusammen mit den beiden Kurzpredigten etwa zwanzig Minuten. Da nach allgemein anerkannter Regel eine Predigt in der herkömmlichen Form heute keinesfalls länger als zwanzig Minuten dauern sollte, erfordert

---

38 F. Rohrer, Bibeltheater. Materialheft 43 der Beratungsstelle für Gestaltung von Gottesdiensten (Frankfurt/M.), 1985, 9.
39 H. Fuchs, Methodik...a.a.O.90.
40 Ebd. 92.
41 J. Rothermundt, Der Heilige Geist...a.a.O.101.
42 Das geschah in den 70er Jahren in der evangelischen Nazareth Gemeinde in Frankfurt/M. Eckenheim.

diese Kombination nicht mehr Zeit als die herkömmliche Predigt. Bei dieser Form der Einfügung eines Verkündigungsspiels in den Predigtteil eines Gottesdienstes ist somit kein „Verzicht auf eine liturgische Ausstattung des Gottesdienstes" nötig, wie ihn G. Kugler bei einem Familiengottesdienst für erforderlich hält.[43] Bei der raschen Folge von Szenen und Predigten können die GottesdienstteilnehmerInnen die Botschaft besser aufnehmen als bei einer Predigt, die ohne Unterbrechung bis zu zwanzig Minuten dauert. Nach G. Kugler sollte eine Predigt in einem Familiengottesdienst „nicht länger als acht Minuten sein"[44]. Bei der vorgeschlagenen Form wird diese Obergrenze noch um etwa drei Minuten unterschritten. So kurze Predigten sind sogar Kleinkindern zuzumuten.[45]

Die Verlebendigung des Gottesdienstes durch gelegentliche Spielszenen vermag auch „die dramatische Struktur des Gottesdienstes wieder zur Geltung zu bringen"[46]. Recht verstanden, sind nicht nur die in den Gottesdienst eingebauten Szenen eines Verkündigungsspiels, sondern die ganze Liturgie „Spiel" oder „Heiliges Spiel".[47] Nur wenn der Gottesdienst Spannung und szenische Kraft hat, werden die GottesdienstteilnehmerInnen nicht vorzeitig innerlich „abschalten". Spannung hat der Gottesdienst dann, wenn er ein Ziel hat. Dieses Ziel ist letztlich die Versöhnung des schuldbeladenen Menschen mit Gott durch Jesus Christus. Ohne dieses Ziel ist der Gottesdienst nur eine Aneinanderreihung von liturgischen Elementen in Gestalt von verbalen Aussagen und nonverbalen Handlungen. Von daher stehen alle bisher von uns genannten liturgischen Elemente nicht für sich und unabhängig voneinander, sondern sind ausgerichtet auf dieses Ziel, das alle GottesdienstteilnehmerInnen zu „MitspielerInnen" macht, wenn auch mitunter in der Rolle der Hörenden und Schauenden.

Seinen Höhepunkt erreicht ein „Vollgottesdienst" in der Abendmahlsfeier, weil im Empfang von Leib und Blut Christi in Gestalt von Brot und Wein die AbendmahlsteilnehmerInnen die „persönliche und intensivste

---

43 G. Kugler, Familiengottesdienste...a.a.O.21.
44 Ebd. 41.
45 Weitere Einzelheiten über diese Kombination von Kurzszenen und -predigten sollen an dieser Stelle nicht gebracht werden, da ich beabsichtige, über sie demnächst eine besondere Arbeit mit praktischen Beispielen zu verfassen.
46 H. Schröer, Im Gottesdienst nichts Neues? Ein Plädoyer für lebendige Liturgie als religionspädagogisches Thema, in: Der Evangelische Erzieher, 41.Jg., 6/1989 (Nov./Dez. 1989) 522-531,529.
47 A. Schilson, Christlicher Gottesdienst - Ort des Menschseins, in: Gemeinsame Liturgie in getrennten Kirchen? / A. Hänggi...Hrsg. von K. Schlemmer. - (Quaestiones disputatae; 132), 1991, 53-81,77 Anm. 29. Siehe auch: P. Cornehl, Liturgische Bildung und Ausbildung, in: Erneuerung des Gottesdienstes: Klausurtagung der Bischofskonferenz der VELKD 1989, Referate und Berichte, hrsg. von F.-O. Scharbau, 1990, 37-78,41; K.H. Bieritz, Gottesdienst als ... a.a.O.; O. Seydel, Spiel und Ritual. Überlegungen zur Reform des Gottesdienstes, in: WPKG 60/1971, 507-515.

Erfahrung von Versöhnung"[48] erleben. Auch aus Sicht der Kinesik ist die Abendmahlsfeier der Höhepunkt im Gottesdienst, weil erst in ihr die Aktivierung aller Sinnesorgane der TeilnehmerInnen und zugleich relativ viel Bewegung und Handlung geschehen.

Ist der Gottesdienst nicht bloß eine Addition von verbalen Aussagen und nonverbalen Handlungen, sondern vielmehr ein zielgerichtetes Gefüge von liturgischen Elementen, dann muß jeder Eingriff in dieses Gefüge Auswirkungen auf das ganze gottesdienstliche Geschehen haben. In diesem Sinne schreibt R. Volp, daß „der Austausch auch nur eines Elements immer auch das Ganze (betrifft)"[49]. Das ist bei der Gottesdienstgestaltung stets im Auge zu behalten.

48 W. Fischer, Gottesdienst als Versöhnungsfeier. Überlegungen zur Dramaturgie der heiligen Messe, in: Gottesdienst 11/1993 (3.6.1993), 81ff.,82.
49 R. Volp, Liturgik 1, a.a.O.120.

V. Die verschiedenen Rollen im Gottesdienst

Sind alle, die sich im Gottesdienstraum zur Feier versammelt haben, in gleicher Weise GottesdienstteilnehmerInnen, so erfüllen sie doch verschiedene Rollen innerhalb der Feier. Das gilt für einzelne, für verschiedene Gruppen und nicht zuletzt für die Gemeinde. Zu den einzelnen rechnen neben den PfarrerInnen oder PredigerInnen und LiturgInnen die OrganistInnen, die KantorInnen, die KüsterInnen oder KirchendienerInnen, die LektorInnen, die PrädikantInnen, einzelne KirchenvorsteherInnen, die z.b. die Kollekte einsammeln und zählen oder die Gemeindeglieder am Eingang des Gottesdienstraumes begrüßen und verabschieden. Dazu gehören ferner einzelne Erwachsene, Jugendliche und Kinder aller Altersstufen, die Lesungen, Sündenbekenntnisse, Gebete, Abkündigungen und andere verbale Beiträge vortragen und nonverbale Dienste, z.b. das Schmücken des Altars und des Taufsteins, das Anzünden der Kerzen usw., im Gottesdienst verrichten. Als Gruppen sind zu nennen: der Gottesdienstkreis, der Erwachsenen-, Jugend- und Kinderchor, der Instrumentalkreis, der Verkündigungsspielkreis, die Tanzgruppe für liturgische Tänze, verschiedene Gesprächskreise und andere. Wir wollen nur die Rollen der Gemeinde und der PfarrerInnen besprechen. Bezüglich anderer von uns genannter Rollen im Gottesdienst verweisen wir auf die Ausführungen von Y. Spiegel in seinem Aufsatz: „Der Gottesdienst unter dem Aspekt der symbolischen Interaktion."[1]

Während der Predigt wie auch im Verlauf des ganzen Gottesdienstes sind die Gemeindeglieder insofern nicht nur passiv beteiligt, als sie nonverbale Signale durch mimische Bewegungen, Körperhaltungsänderungen und andere Bewegungen aussenden und auch empfangen. Im Unterschied zum Predigtteil kommen in den anderen Teilen des Gottesdienstes noch Aktivitäten der Gemeindeglieder hinzu, z.b. ihr Aufstehen zumindest zum Vaterunser und Schlußsegen, ihr Falten der Hände zum Gebet, ihr Aufschlagen von Bibel und Gesangbuch oder ihr Gang zum Altar zum Sakramentsempfang und zum Taufbecken zur Taufe. Die Interaktion zwischen Gemeinde und PfarrerIn bzw. LiturgIn kann mehr oder weniger intensiv sein, je nachdem, ob beide Partner viel oder wenig optische Signale durch mimische und andere Bewegungen aussenden und viele

---

1 Y. Spiegel, Der Gottesdienst unter dem Aspekt der symbolischen Interaktion, in: JLH 16. Band, 1971, 1972, 105-119.

Bewegungen bis hin zum liturgischen Tanz oder nur wenige Bewegungen ausführen. Mag nun der nonverbale Dialog zwischen PfarrerIn bzw. LiturgIn und Gemeinde sehr intensiv oder nur wenig intensiv sein, alle im Gottesdienstraum Versammelten kommunizieren selbst in Phasen des Schweigens miteinander.[2] Insofern spielt die ganze Gemeinde während des ganzen Gottesdienstes neben der passiven auch eine aktive Rolle.

Sind die Menschen, die zum Gottesdienst in die Kirche oder ins Gemeindehaus gehen, in ihm nicht passiv-unbeteiligte ZuhörerInnen und ZuschauerInnen, also bloße Konsumenten dessen, was im Gottesdienst geboten wird, sondern aktive Signalgeber- und -empfängerInnen, also „Mithandelnde"[3], dann sollten wir nicht von „BesucherInnen" des Gottesdienstes, sondern nur von „GottesdienstteilnehmerInnen" sprechen. So haben wir es auch in unserer Arbeit bisher gehalten.

Exkurs: „BesucherInnen" oder „TeilnehmerInnen" im Gottesdienst?

Deshalb müssen wir O. Herlyn widersprechen, wenn er schreibt: „Besucher? Richtig, sobald ich die Kirche betrete, bin ich Besucher; allenfalls Gast..., ich bleibe Besucher, Zuhörer, gelegentlich Zuschauer, dem etwas dargeboten wird. Dem Darbietenden gehört die Bühne, mir bleibt das Parkett."[4] Auch in der „Erneuerten Agende" (EA) ist noch von „Gottesdienstbesuchern" die Rede.[5] Wir stimmen dagegen W. Lipp zu, wenn er schreibt: „Gottesdienste werden nicht ‚besucht'; der volkskirchliche Sprachgebrauch (bis hinein in die kirchliche Statistik) ist hier verräterisch, als stünde der Gottesdienst mit dem Theater, dem Kino, dem Stadion auf einer Ebene."[6]

In der Tat besteht insofern insbesondere zwischen den GottesdienstteilnehmerInnen und den KinobesucherInnen ein grundlegender Unterschied, als erstere im Gottesdienst aktiv werden können, während letztere, meist entspannt zurückgelehnt, nur in passiver Weise das Geschehen auf der Leinwand verfolgen. Die Kinoleinwand kann nicht die nonverbalen Signale der KinobesucherInnen aufnehmen und auf sie so reagieren, wie es die PfarrerInnen im Gottesdienst auf die nonverbalen Signale der GottesdienstteilnehmerInnen hin tun können. Die Situation vor dem Fernsehbildschirm ist insofern etwas anders als diejenige vor der Kinoleinwand, als die FernsehzuschauerInnen mit anderen vor dem Bildschirm Sitzenden kommunizieren können. Dies ist für KinobesucherInnen wegen der Dunkelheit im Raum während der Filmvorführung kaum möglich. Außerdem können FernsehzuschauerInnen während einer Gottesdienstübertragung insofern eine eingeschränkte Aktivität entfalten, als sie z.B. die auf dem Bildschirm angezeigten

---

2 P. Watzlawick, P. Beavin, D.D. Jackson, Menschliche...a.a.O.53.
3 J. Sudbrack, Schließt...a.a.O.363; siehe auch: A. Schilson, „Feier" und „Heiliges Spiel". Wandlungen im heutigen Gottesdienst- und Sakramentenverständnis, in: K. Richter, Den Glauben feiern: Wege liturgischer Erneuerung/ K. Richter; A. Schilson, 1989, 78-108,91.
4 O. Herlyn, Theologie...a.a.O.9f.
5 EA a.a.O.14.
6 W. Lipp, Symbolik in neuen Gottesdiensten, in: ZGP 1.Jg., 3/1983 (Mai/Juni 1983), 11-14,11.

Gesangbuchlieder mitsingen und bekannte Gebete mitsprechen, die Bibellesungen in einer aufgeschlagenen Bibel mitlesen, bei den Gebeten die Hände falten, Kerzen anzünden und andere Dinge tun. Am Geschehen am Ursprungsort, d.h. am Gottesdienst in der Kirche, aus der der Gottesdienst vom Fernsehen übertragen wird, können sie jedoch nicht unmittelbar teilnehmen.

Die große Chance, die der Gottesdienst in einer Kirche bietet, besteht doch darin, daß die TeilnehmerInnen, wenn es ein ganzheitlicher Gottesdienst ist, im Rahmen der gottesdienstlichen Ordnung uneingeschränkt aktiv werden und mit Körper, Seele und Geist und allen Sinnen am gottesdienstlichen Geschehen teilnehmen können.

J. Moltmann schreibt: „Dann (wenn bestimmte, von ihm genannte Voraussetzungen erfüllt sein werden) wird man vielleicht auch einmal sonntags in der Kirche nicht mehr als ‚Kirchen‚besucher' und Abendmahls‚gast' gezählt werden, sondern in der Kirche zu Hause sein."[7] Entsprechend heißt es in der Ausarbeitung „Glauben heute" der Synode der EKD: „Die Gemeinde muß den Gottesdienst als ihre eigene Sache begreifen lernen... So werden aus Besuchern Teilnehmer..."[8] Im Widerspruch zu diesen Äußerungen meinen wir, daß diejenigen Gemeindeglieder, die zum Gottesdienst in eine Kirche kommen, nicht „vielleicht auch einmal", also irgendwann in der Zukunft, keine „Kirchen‚besucher'" mehr sein werden. Vielmehr sollten sie in der Zukunft – und zwar möglichst bald – noch mehr das werden, was sie heute bereits sind: GottesdienstteilnehmerInnen. Mit anderen Worten: ihre Teilnahme am gottesdienstlichen Geschehen sollte in der nahen Zukunft noch intensiver werden, als sie es heute bereits ist. So ist z.B. die Teilnahme an einem Gottesdienst mit Gemeindetanz erheblich intensiver als an einem solchen, in dem die Gemeinde nur zum Glaubensbekenntnis, Vaterunser und Schlußsegen aufsteht. - Wir erinnern in diesem Zusammenhang auch an die präsentische Aussage im Epheserbrief: „So seid ihr nun nicht mehr Gäste und Fremdlinge, sondern Mitbürger der Heiligen und Gottes Hausgenossen."(Eph 2,19)

Ebenso wie das Wort Gottesdienst"besucherIn", so paßt auch das Wort Abendmahls"gast" nicht zu der Rolle, die das Gemeindeglied im Gottesdienst und in der Abendmahlsfeier tatsächlich übernimmt. Es ist nicht Gast, sondern Glied der Schar der Brüder und Schwestern Christi, die sich um seinen Tisch versammelt haben. Oder es ist in paulinischer Ausdrucksweise Glied am „Leib Christi". Es hat in der Feier nicht Gastrecht, sondern heute schon Heimatrecht. Auch in der „Erneuerten Agende" ist noch die Rede von „Abendmahlsgästen"[9].

---

7 J. Moltmann, Neuer Lebensstil. Schritte zur Gemeinde, 1977, 151; O. Herlyn zitiert zustimmend diese Aussage J. Moltmanns, siehe: O. Herlyn, Theologie...a.a.O.160.
8 Glauben heute, Christ werden - Christ bleiben/ Synode der Evangelischen Kirche in Deutschland, hrsg. vom Kirchenamt der EKD, 1988, 35.
9 EA a.a.O.115.

Sind die Gottesdienst- und AbendmahlsteilnehmerInnen – recht verstanden – nicht „BesucherInnen" und „Gäste", so sollte die gottesdienstliche Gemeinde dementsprechend auch nicht „Publikum" genannt werden. Der Begriff „Publikum" erweckt den Eindruck, als seien die Gemeindeglieder im Gottesdienst eine Schar bloßer ZuhörerInnen und ZuschauerInnen, die nur in passiver Weise das gottesdienstliche Angebot konsumieren, ohne dabei aktiv zu werden. Weil dieser falsche Eindruck das Bemühen, die Gemeinde im Gottesdienst noch mehr zu aktivieren, beeinträchtigt, sollte auch dieses Wort nicht mehr gebraucht werden.[10]

In einer Entschließung der Generalsynode der VELKD zum Gottesdienst vom 21. Oktober 1987[11] wird ausgesagt, daß „der Gottesdienst auch Sache der ganzen Gemeinde (ist), die nicht Publikum ist, sondern feiernde Gemeinde"[12]. Die Gemeinde ist „Mitgestalterin des Gottesdienstes..., die ,Mit-Liturgieren' durch Tun lernt"[13].

Exkurs: Die Überwindung falscher Begriffe in jüngster Vergangenheit

Die falschen Begriffe „Gottesdienstbesucher", „Abendmahlsgast" und „Publikum" kamen unter dem Einfluß der Aufklärungsliturgik auf. Diese ist „durch einen pädagogischen Grundzug gekennzeichnet,... (so daß) in dieser Konzeption der Gemeinde eher eine Statistenrolle als Publikum, das belehrt werden muß, zukommt"[14]. Heute weiß man in der evangelischen und katholischen Kirche, daß die Gemeinde nicht wie ein Publikum zu belehren, sondern wie eine Mitarbeiterschaft zu aktivieren ist, wenn ein lebendiger Gottesdienst erreicht werden soll. In der evangelischen Kirche haben vor allem die liturgischen Bewegungen und die Kirchentage die Notwendigkeit der Aktivierung der Gemeinden deutlich werden

---

10 Das tut jedoch noch K.H. Bieritz, wenn er schreibt: „Die Kostümierung der Hauptdarsteller (im Gottesdienst) ist wenig abwechslungsreich; zaghafte Versuche, hier etwas zu ändern, stoßen meist auf den Widerspruch des Publikums." Siehe: K.H. Bieritz, Gottesdienst ...a.a.O.358; siehe auch: ders., Gottesdienst...a.a.O.30f. O. Herlyn hat diesen Ausführungen von K.H. Bieritz ausdrücklich zugestimmt, siehe ders., Theologie...a.a.O.89. Recht verstanden gleicht die gottesdienstliche Gemeinde jedoch nicht dem Publikum im Theater oder Kino, sondern ist „Volk Gottes" (1. Petr.2,10), das seinen Gottesdienst im „Hause des Herrn" in aktiver Weise feiert.
11 Amtsblatt Band VI, 5.51.
12 F.-O. Scharbau, Einleitung zu: Erneuerung des Gottesdienstes...a.a.O.7-18,13 Anm. 8. In analoger Weise heißt es im Beschluß der Landessynode der Evang. Kirche im Rheinland im Jahre 1988 zum Thema „Gottesdienst als Gestaltungsaufgabe": „Die versammelte Gemeinde ist nicht Publikum, sondern Träger des gottesdienstlichen Geschehens", siehe: Landessynode 1988...a.a.O.61. Entsprechend schreibt R. Fleischer: „Der Gottesdienst zielt ab auf aktive Beteiligung und Identifizierung mit dem Geschehen", siehe: ders., Einführung...a.a.O. 113.
13 F. Schulz, Zukunftsperspektiven der Gottesdienstpraxis. Folgerungen aus dem gewandelten Gottesdienstverhältnis der Gegenwart, in: PTh 71/1982, 32-44,36.
14 A. Grözinger, Plädoyer für den Reichtum der Sinne. Besprechung der Arbeit von Chr. Grethlein, Abriß...a.a.O., in: Berliner Theologische Zeitschrift, 7. Jg.,2/1990, 291-296, 292.

ɔ der katholischen Kirche wurde vor allem in der Liturgiekonstitution des Vatikanums gefordert, die „volle, bewußte und tätige Teilnahme des gan-ɔs..." (LK 14) in der Liturgie anzustreben.[15]

ɔs sollte sowohl die verbale als auch die nonverbale Kommunikation im Gottesdienst verstärkt werden. In bezug auf die Verstärkung der nonverbalen Kommunikation ist „der Körper wiederzuentdecken als das eigentliche Werk- und Spielzeug im liturgischen Geschehen"[16]. Auch der Einsatz von audiovisuellen Medien im Gottesdienst ist grundsätzlich zu begrüßen. Aber die letzteren haben „eindeutig dienende Funktion und dürfen die Gemeinde nicht von der tätigen und bewußten Teilnahme am Gottesdienst abhalten"[17].

Das verbale und nonverbale Ausdrucksverhalten der Gemeinde hat sich in evangelischen und katholischen Gottesdiensten in den letzten Jahren schon gebessert. Die Gemeindeglieder sitzen nicht mehr so stumm und bewegungslos in den Bank- oder Stuhlreihen wie in früheren Zeiten. Es gibt wieder gelegentliche Zwischenrufe oder Beifall, insbesondere in den Gottesdiensten der evangelischen Kirchentage und der Katholikentage. Die Gemeinden stehen wieder öfter zum Beten und Singen auf und feiern häufiger das Abendmahl, das mehr Bewegung und Sinnenhaftigkeit in die Gottesdienste bringt. Vereinzelt gibt es auch schon Gottesdienste mit Gesang der Lieder mit begleitenden Gesten, Verkündigungsspiel und liturgischem Tanz. Das gilt nach den Beobachtungen von H.G. Lubkoll vor allem für Familiengottesdienste.[18] Aber der körpersprachliche Ausdruck der TeilnehmerInnen von Gottesdiensten beider Konfessionen könnte doch noch viel ausgeprägter und lebendiger sein. So schreibt auch F. Kohlschein über den heutigen katholischen Gottesdienst: „Die Möglichkeit zur aktiven Teilnahme und Mitgestaltung der Gemeinde ist immer noch zu wenig ins Bewußtsein gerückt. Die Verantwortung jedes Getauften für die Liturgie kommt zu wenig zum Tragen."[19] Wir verweisen vor allem auf afrikanische Gottesdienste, die wesentlich ausdrucksstärker und lebendiger als westeuropäische sind.

Wird die Gemeinde als „Trägerin", „Akteurin" oder „Mitspielerin" und „Veranstalterin" des Gottesdienstes verstanden, dann können wir nicht mehr sagen, daß der Gottesdienst von PfarrerInnen für die Gemeinde „gehalten", sondern nur, daß er von ihnen mit der Gemeinde gefeiert wird. Die bisher übliche Redeweise: „Der Pfarrer XY hält den Gottesdienst am..." ist

---

15 K. Richter, Was bedeutet...a.a.O.45; siehe auch: F. Kohlschein, Bewußte...a.a.O.41.
16 H. Blankesteijn, Der Leib...a.a.O.152.
17 K. Richter, Was bedeutet...a.a.O.100.
18 H.G. Lubkoll, Wider die „Kopflastigkeit". Gedanken zum Sonntag Kantate im Protestantismus, in: Pastoralblätter 126.Jg., 4/1986 (April 1986), 215f.,216.
19 F. Kohlschein, Bewußte...a.a.O.61, Anm. 37.

daher unpassend und sollte aus dem Sprachgebrauch und insbesondere aus den Abkündigungen verschwinden.[20] Die PfarrerInnen „halten" auch nicht alleine die Predigt, sondern die Gemeinde wirkt durch ihr nonverbales Feedback, auf das sie reagieren können und sollen, bei ihrem Predigen mit. Wir wenden uns mit W. Jetter dagegen, daß PfarrerInnen zu Beginn des Gottesdienstes die Gemeinde begrüßen mit den Worten: „Ich begrüße Sie..."[21] Denn diese Begrüßung kann den falschen Eindruck erwecken, als seien sie die „HalterInnen" oder „VeranstalterInnen" des Gottesdienstes, die zu ihrer Veranstaltung einladen. Wir stimmen W. Jetter aber nicht zu, wenn er gegen jede Begrüßung am Anfang ist und sie auch für überflüssig hält. Denn er schreibt: „Und so ist mir auch noch kein einziger Fall begegnet, in dem nicht alles, was dem Prediger beim Beginn des Gottesdienstes begrüßenswert schien, ohne Nachteile an dessen Ende, in der Abkündigung hätte besser gesagt werden können." Dazu ist zu bemerken: Mitteilungen über den Gottesdienstablauf, z.B. Einbau von neuen Liedern mit begleitenden Gesten, Verkündigungsspiel, liturgischer Tanz usw. können sinnvollerweise nur zu Beginn und nicht an anderen Stellen des Gottesdienstes gebracht werden. Und so ist es nur naheliegend, daß diese Mitteilungen mit einer kurzen Begrüßung verbunden werden. Diese läßt den Gottesdienst nicht „allzumenschlich", sondern nur menschlich erscheinen. Freilich muß sie nicht von PfarrerInnen, sondern kann genauso von einem anderen Gemeindeglied (Mitglied des Gottesdienstkreises, des Kirchenvorstands, LektorIn oder andere) gehalten werden. Steht zu Beginn ein Bibelspruch (Wochenspruch), ist auch liturgisch gegen eine derartige Begrüßung nichts einzuwenden.

PfarrerInnen nehmen nicht die Rolle der HerrInnen der Gemeinde ein, sondern sind nach paulinischem Verständnis DienerInnen „um Jesu willen" (2.Kor 4,5). Nicht sie versammeln die Gemeinde, sondern ihr Herr, dem sie sich mit dem Votum „Im Namen..." und einem biblischen Gruß unterstellen. Sie sind nicht „EntertainerInnen", „Liturgische Showmaster-Innen" oder „AlleinunterhalterInnen"[22], sondern auf Grund ihrer Ordination „verordnete DienerInnen der Kirche". Grundsätzlich sind PfarrerInnen Glieder der gottesdienstlichen Gemeinde wie jedes andere Gemeindeglied auch. Das gilt ebenso für den katholischen Pfarrer, obwohl letzterer „durch die Priesterweihe in einen ontologisch abgehobenen Status versetzt ist"[23].

---

20 Siehe auch: Chr. Grethlein, Hält der Pfarrer den Gottesdienst?, in: JLH 33/1990/1991, 140-150.
21 W. Jetter, Neue Abendmahlssitten...a.a.O.348.
22 K. Schwarzwäller, Gottesdienst und Entertainment. Ein grundsätzlicher Rückblick, in: Dt Pf Bl 90.Jg., 7/1990 (Juli 1990), 289-292,289; P. Cornehl, Liturgische Bildung...a.a.O. 68; W. Hahne, DE ARTE...a.a.O.389.
23 K. Schwarzwäller, ebd.

Demgegenüber haben evangelische PfarrerInnen den gleichen Status wie alle anderen GottesdienstteilnehmerInnen. Haben alle im protestantischen Gottesdienst den gleichen Status, so spielen aber doch nicht alle die gleiche Rolle in ihm. Die besondere Rolle der PfarrerInnen besteht darin, daß sie ihn zu leiten und die Sakramente zu spenden haben. Wenn Paulus schreibt: „Laßt aber alles ehrbar und ordentlich zugehen"(1. Kor 14,40), so besagt das für den Gottesdienst, daß er ohne Ordnung und äußeren Rahmen nicht denkbar ist. Für diese sind die PfarrerInnen in besonderer Weise zuständig. Für die Ausübung dieser Rolle oder Funktion bedürfen sie der „theologischen Kompetenz"[24]. Das heißt praktisch, daß sie/er Fachfrau/mann für Gottesdienstgestaltung und im Gottesdienst BeraterIn und AnsprechpartnerIn in theologischen und gottesdienstlichen Fragen sind.

Damit PfarrerInnen ihre Rolle im Gottesdienst gut ausfüllen können, bedürfen sie nicht nur der theologischen, sondern nach H.Chr. Piper auch der „kommunikativen Kompetenz"[25]. Das bedeutet in bezug auf die Kommunikation mit ihrer Mitarbeiterschaft, daß sie „liturgisch teamfähig"[26] sein müssen. Die Gemeindeglieder erwarten von ihnen nicht nur ein gutes theologisches Wissen. Sie suchen „nicht nur Zuspruch und Erbauung, sondern auch eine kraftvolle Erhebung und festliche Freude"[27].

Wir haben gesehen, daß der Predigtdienst rhetorische (gute Gliederung der Predigt, Wortwahl usw.) und kinesische Kompetenz erfordert. M. Argyle und P. Trower schreiben über die Körpersprache eines guten Redners: „Ein guter Redner spricht nicht nur, er bewegt sich, er gestikuliert und wechselt den Gesichtsausdruck. Ein Lächeln nimmt seiner Aussage den Ernst, ein Stirnrunzeln unterstreicht ihn."[28] Diese „Sprache der Gebärden" kann, wie Chr. Möller schreibt, „für manche Menschen noch wichtiger sein als die gesprochenen Worte. So wurde mir aus den Diakonischen Anstalten von Bethel berichtet, daß dort viele Behinderte und Kranke am Gottesdienst teilnehmen, für die es der wichtigste Augenblick sei, wenn ihnen zum Schluß des Gottesdienstes persönlich die Hände zum Segen

---

24 „Kompetenz" verstehen wir mit E. Herms als „spezifische Qualifikation von Handeln", siehe: E. Herms, Was heißt „theologische Kompetenz"?, in: WzM 30Jg., 1978, 253.

25 H.Chr. Piper, Wir müssen Kommunikation neu lernen. Die Kirche im Wandel - am Beispiel der Seelsorge, in: LM 25.Jg., 8/1986 (Aug. 1986), 347ff.,348.

26 J. Stalmann, Die Funktion der Kirchenmusik im Gottesdienst nach der Erneuerten Agende, in: Heft der Gemeinsamen Arbeitsstelle für gottesdienstliche Fragen, 8/1990, 13-21,21.

27 R. Heue, R. Lindner, Studienbrief P1: Der Hörer und sein Prediger. Hrsg.: Arbeitsgemeinschaft Missionarische Dienste, 1974, 6. Entsprechend schreibt K.W. Dahm, daß die Gemeindeglieder bestrebt sind, „...seelische und kognitive Balance zu gewinnen", siehe: ders. Hören und Verstehen. Kommunikationssoziologische Überlegungen zur gegenwärtigen Predigtnot, in: E. Lange u.a.(Hrsg.), Predigtstudien für das Kirchenjahr 1969/70, Perikopenreihe IV, 2. Halbband, 1970, 9-20,17.

28 M. Argyle, P. Trower, Signale ...a.a.O.17.

aufgelegt werden"[29]. Auch deshalb sollten PfarrerInnen in Theorie und Praxis der Kinesik ausgebildet werden.

PfarrerInnen brauchen aber nicht nur für ihren Predigtdienst, sondern auch für ihren liturgischen Dienst kinesische Kompetenz. So sollten sie sich beim Beten nicht nur mit passenden Worten, sondern „auch körperhaft ausdrücken, damit (ihre) Seele daran beteiligt ist"[30] und gleichfalls sollte bei der „...Begrüßung oder Entlassung... in Mimik und Gestik die innere Beteiligung sichtbar werden". Vor Gottesdienstbeginn ist alle Unruhe und Hektik zu vermeiden, denn nur dann wird es PfarrerInnen gelingen, ihre „Rolle (in der Liturgie) in Ruhe und Gelöstheit körpersprachlich zu realisieren"[31]. In unserer Gesellschaft, in der „das gestische Ausdrucksvermögen großenteils verkümmert ist und wenig Ansehen hat", sollten sie „Mut zur liturgischen Gebärde"[32] haben. So ist z.B. der Schlußsegen mit bis zur Kopfhöhe erhobenen und weit ausgebreiteten Armen auszuführen. Das Halten von Büchern und anderen Dingen behindert die Gestik. PfarrerInnen und LiturgInnen sollten darauf achten, nur die richtigen körperlichen Bewegungen auszuführen und zugleich die falschen zu vermeiden. Denn jeder Fehler in der Mimik, Gestik, Intonation usw. stört den liturgischen Vollzug. So stoßen eine bigotte Geste und ein falsches Pathos die Gemeinde ab. Die Liturgie verträgt und erfordert „durchaus ein Pathos, das zwar nicht pathetisch, aber mitgehend – zeitgebunden ist und die Situation der Gemeinde auch in der Sprache und Sprechweise zum Ausdruck bringt... Man darf schon merken, daß der Pfarrer und die Gemeinde ‚bewegt‘ sind"[33]. Nur wenn Körper, Seele und Geist, also die ganze Person, in das liturgische Reden und Handeln hineingegeben werden, wird mit der Hilfe Gottes die Gemeinde wirklich in Dank, Lob, Preis und Anbetung Gottes hineingenommen werden können.

---

29 Chr. Möller, Gottesdienst als...a.a.O.219.
30 A. Gerhards, Vorbedingungen, Dimensionen und Ausdrucksgestalten der Bewegung in der Liturgie, in: Volk Gottes auf dem Weg...a.a.O. 11-24,17.
31 F. Kohlschein, Mit allen Sinnen...a.a.O.10.
32 Ebd.
33 F. Merkel, Im Angesicht...a.a.O.48.

Die historischen Gründe für die Vernachlässigung der Körpersprache

In unserem Jahrhundert hat sich eine „Wiederentdeckung des Leibes" bzw. eine „Wiederkehr des Körpers" ereignet.[1] Dazu konnte es nur kommen, weil bis in unser Jahrhundert hinein im Abendland der Leib oder Körper des Menschen zugunsten seiner Seele und seines Geistes vernachlässigt oder gar verachtet wurde. Mit anderen Worten: Die Menschen sind in der Gegenwart und im Unterschied zu früheren Jahrhunderten nicht mehr „leib- oder körperfeindlich" eingestellt, sondern pflegen bewußt ihren Körper. Heute gibt es „zahlreiche Körpertherapien über Encounter zu Zen, von Perls bis Bhagwan"[2], die dem Menschen Freude am eigenen Körper, Liebe und Kreativität vermitteln sollen. Dazu schreibt Claude Bonnafont: „Der Mensch des 20. Jahrhundert zittert um seine physische Unversehrtheit und stürzt sich auf alles, was ihm als Symbol der Gesundheit vorschwebt: die Sonne, die Meeresluft, verschneite Gipfel und klares Wasser."[3]

Es wurde immer wieder behauptet, das Christentum habe die „Leibfeindlichkeit" in die Welt gesetzt. Diese Behauptung ist aber „eine jener Halbwahrheiten, die ständig wiederholt wird, ohne deshalb an Gehalt zu gewinnen"[4]. Von seinem Ursprung her ist das Christentum jedenfalls nicht leibfeindlich. Daß Jesus es nicht war, zeigen alleine schon seine Heilungen nach den Berichten in den Evangelien, in denen er sich nicht nur um die Seele, sondern auch um den Körper der Kranken kümmerte. Schon vor ihm verkündeten die Propheten des Alten Bundes das Wort Gottes nicht nur verbal, sondern auch mit Hilfe des menschlichen Körpers. Das taten sie, indem sie durch körperlich-symbolische Handlungen und Dinge ihre Botschaft verdeutlichten und bekräftigten, siehe Jes 20,2; Jer 19,10f. und andere. Erst bei Paulus[5] und erst recht bei späteren Kirchenvätern wie Jo-

1 P.-M. Pflüger (Hrsg.), Die Wiederentdeckung des Leibes, 1981; D. Kamper und Chr. Wulf (Hrsg.), Die Wiederkehr des Körpers, 1986[2].
2 M. Josuttis, Meditation zu Mt 6, 25-34 zum 15. Sonntag nach Trinitatis am 15.9.1985, in: GPM 39.Jg.,4/1985,412-418,418.
3 Claude Bonnafont, Körpersprache...a.a.O.21.
4 T. Bastian, Körperlichkeit und Selbstkontrolle, in: Universitas 44.Jg., 3/1989 (März 1989), 215-224,216.
5 Bei Paulus finden wir aber auch Aussagen, die nicht leibfeindlich sind, so wenn er im 1. Korintherbrief schreibt: „Wißt ihr nicht, daß ihr Gottes Tempel seid und der Geist Gottes in euch (in eurem Körper) wohnt? Wenn jemand den Tempel Gottes verdirbt, den wird Gott verderben..." (1.Kor 3,16f.).

hannes Chrysostomos und Augustinus wird Leibfeindlichkeit deutlich[6], die jedoch nicht aus christlichen Quellen, sondern vielmehr aus der griechischen Philosophie, dem gnostischen Denken und dem Neuplatonismus herrührt. Schon Plato sagte, „die Philosophie dürfe sich nicht mit dem Leib befassen, sondern solle im Gegenteil ‚soviel als nur möglich von ihm abgekehrt und der Seele zugewendet sein‘"[7]. Beim Neuplatoniker Plotin wurde „die Leibverachtung vorherrschende Tendenz"[8]. Die Leib- oder Körperfeindlichkeit der Kirche und mit ihr der christlichen Welt seit der Zeit der Kirchenväter ist ihrem Ursprung nach nicht christliches, sondern griechisches Gedankengut.

Aus der Vernachlässigung oder gar Verachtung des menschlichen Leibes ergab sich ein Dualismus von Leib und Seele und auch von Leib und Geist, wie ihn das frühe Christentum nicht gekannt hat. Vielmehr sprechen das Alte Testament und die ältesten Schriften des Neuen Testaments „von der leibseelischen Einheit des Menschen" und kennen nur einen Dualismus „von Tod und Leben"[9]. Aus dem Spiritualismus des späteren christlichen Denkens ergab sich nicht nur die Geringschätzung des Leibes, sondern auch der Gedanke der Unsterblichkeit allein der Seele[10]. Die frühen neutestamentlichen Schriften sprechen nicht von der Unsterblichkeit der Seele, sondern von der „Auferstehung des Leibes". Für sie ist der Leib Gottes gute Gabe.

Heute haben die Kirchen die leibfeindliche Haltung und das dualistische Denken weitgehend aufgegeben und sind zur urchristlichen Einheit von Leib, Seele und Geist des Menschen zurückgekehrt.

Die Wiederentdeckung des Leibes oder Körpers und damit die Überwindung der Leibfeindlichkeit sind im deutschen Protestantismus spätestens in der „Liturgischen Nacht" des Düsseldorfer Kirchentages 1973 einer breiteren kirchlichen Öffentlichkeit bekanntgeworden.[11] Diese Nacht hatte ihre Vorgeschichte in vielen auf sie hin gefeierten kleinen und großen Festen, in denen man Erfahrungen mit dem Einsatz des Körpers in Gesten, Tanz und Spiel und mit dem rechten Umgang mit Emotionen gemacht hat-

6   T. Bastian, Körperlichkeit...a.a.O.216.
7   Ders., ebd.; Plato, Phaidon, in: Sämtliche Werke, Band 1, 1982, 739. Plato lehrte nach R. Bösinger „...den Menschen zu sehen als das Ergebnis der Verbannung der reinen, aus dem göttlichen Bezirk stammenden Idee in die minderwertige Körperlichkeit. Als Kurzbegriff dafür stand das Wortspiel ‚Soma - Sema‘; ‚Leib - Grab‘"; siehe: ders., Plädoyer für den einen Menschen, in: Das missionarische Wort, Jg.41, 6/1988 (Nov./Dez. 1988), 214 bis 222,214.
8   Der Philosoph Plotin soll sich selbst geschämt haben, einen Körper zu besitzen, siehe: T. Bastian, Körperlichkeit...a.a.O.216f.
9   P.G. Schoenborn, Leibhaftig, in: Radius 35.Jg.,2/1990,4f.,4.
10 I. Fetscher, Leib und Seele, in: Radius, ebd. 2.
11 D. Stollberg, Rechtfertigung...a.a.O.26.

te.[12] Literarische Anstöße dazu kamen auch von der Arbeit von H. Cox, „Das Fest der Narren", deren englische Ausgabe bereits 1969 erschienen war.[13] Vorher hatten schon seit dem vorigen Jahrhundert die liturgische Bewegung und insbesondere W. Stählin die Bedeutung des „leibhaftigen Handelns und Bekenntnisses" im Gottesdienst erkannt.[14] – Im deutschen Katholizismus hatten bereits am Anfang der 60er Jahre R. Guardini den Gottesdienst „zweckfreies Spiel vor Gott" genannt und H. Rahner eine „Theologie des Tanzes" entwickelt.[15]

Mit der Wiederentdeckung des Körpers wurde auch die Körpersprache in unserem Jahrhundert neu entdeckt. Die Wissenschaft von der Körpersprache, Kinesik, wurde entweder der Psychologie[16] oder der Rhetorik, der Wissenschaft von der Redekunst oder Beredsamkeit, zugeordnet. Letzteres ist insofern naheliegend, als verbale und körperliche Beredsamkeit letztlich zusammengehören. Die Rhetorik war schon im Altertum bekannt und wurde von Anfang an auch als „somatische Rhetorik" gelehrt.[17] Die antike Rhetorik des Platon, Aristoteles, Cicero, Quintilian und anderer[18] blieb bis ins 18. Jahrhundert hinein prägend, bis mit Kant, Hegel und Goethe eine Gegentendenz wirksam wurde.[19] Vor allem das Pathos, dem bei manchen Rednern der Inhalt zum Opfer fiel, führte zur Verachtung der Redekunst bis in die Gegenwart hinein.[20] Erst in jüngster Zeit ist die Rhetorik in unserer Gesellschaft wieder „gesellschaftsfähig" geworden.[21] Das zeigt allein schon die Tatsache, daß Industrie, Gewerkschaften, Schulen, Volkshochschulen und andere öffentliche Träger ihre Führungskräfte in Rhetorik einschließlich Körpersprache schulen lassen.

Fragen wir nun kurz, welche Rolle die Rhetorik in der Theologie und Kirche der Vergangenheit und Gegenwart gespielt hat. In der christlichen

---

12 Liturgische Nacht. Ein Werkbuch Jugenddienst, hrsg. vom Arbeitskreis für Gottesdienst und Kommunikation, 1974, 8.
13 H. Cox, Das Fest...a.a.O.
14 W. Stählin, Vom Sinn des Leibes, 1952³, 132ff.
15 R. Guardini, Von heiligen Zeichen...a.a.O.; H. Rahner, Vom Sinn...a.a.O.; D. Stollberg, Rechtfertigung...a.a.O. 26.
16 So haben K.R. Scherer und M. Argyle Aufsätze für das mehrbändige Sammelwerk „Die Psychologie des 20. Jahrhunderts" verfaßt, in denen sie auch Mimik, Gestik usw. behandelt haben, siehe : K.R. Scherer, Nonverbale Kommunikation, in: Die Psychologie des 20. Jahrhunderts, hrsg. von A. Heigl-Evers, 1979,358-365; M. Argyle, Soziale Interaktion: Theorie und Forschung, in: Die Psychologie...ebd. 367-386.
17 S. Molcho, Körpersprache als Dialog. Ganzheitliche Kommunikation in Beruf und Alltag, 1988, 49.
18 G. Ueding/B. Steinbrink, Grundriß der Rhetorik, Geschichte, Technik, Methode, 1986, 11ff.
19 J. Rothermundt, Der Heilige Geist...a.a.O.14.
20 U. von den Steinen, Rhetorik - Instrument oder Fundament christlicher Rede. Ein Beitrag zu Gert Ottos rhetorisch-homiletischem Denkansatz, in: EvTh 1979, 39.Jg., 101-127,115.
21 G. Otto, Predigt...a.a.O.43.

Homiletik spielt die Rhetorik seit Augustins IV. Buch „De doctrina" eine Rolle.[22] Dann schrieb in der Reformationszeit im Rahmen dieser Tradition Ph. Melanchthon die „Elementorum rhetorices libri duo". Nach der Aufklärung löste sich die protestantische Predigt aus der Beziehung zur Rhetorik und verlor dadurch an Gewicht und öffentlicher Relevanz.[23] Dann lehnte die dialektische Theologie K. Barths und E. Thurneysens die Rhetorik bewußt ab und vollendete damit einen Prozeß, der im 19. Jahrhundert begonnen hatte.[24] Das rhetorische Bemühen um die Predigt und ihre Sprache galt ihr als „Gefährdung der Autorität und Selbstmächtigkeit des Wortes"[25]. Für K. Barth ist der Prediger eine Art Medium (die alte Inspirationslehre wird hier wieder aufgegriffen), und das Gotteswort kommt nicht zum Menschen „sozusagen auf einer Ebene, sondern ... wirklich aus der Höhe, wirklich von oben"[26]. G. Ueding und B. Steinbrinck kommentieren diese Aussage von K. Barth treffend so: „Der Prediger zeugt nicht allein mehr von Gottes Wort, nein, seine Predigt ist Gotteswort in Menschenmund geworden, es hat sich in einer Art mystischen Aktes der Gemeinde offenbart."[27] Gegen diesen „Mythos der selbst wirkenden Predigt" wandten sich neben G. Otto auch andere praktische Theologen wie H.D. Bastian und M. Josuttis.[28]

E. Thurneysen, der Mitstreiter K. Barths in der Polemik gegen die Rhetorik, rät dem Prediger unmißverständlich: „Darum erste Regel: keine Beredsamkeit."[29] Seine Begründung für diese Regel fassen G. Ueding und B. Steinbrink so zusammen: „Denn der Prediger ist kein Advokat, der mit Kniffen für die schlechte Sache seines Klienten eintritt, kein Agitator und kein Krämer, er ist lediglich Zeuge vor Gericht und bedarf der Redekunst nicht... Die göttliche Wahrheit, so wird unterstellt, bedarf der kunstvollen Rede nicht, diese sei Beiwerk, Blendwerk, das von der eigentlichen Aufgabe des Predigers ablenke. Die Wahrheit breche sich ihre Wahrheit von selbst."[30] Diese Aussagen können nur so gedeutet werden, daß - wie G. Otto bemerkt - „rhetorische (Erwägungen) für die Predigt nicht nur über-

22 F. Wintzer, Einführung in die Wissenschafts- und Problemgeschichte der Homiletik seit dem Beginn des 19. Jahrhunderts, in: Predigt. Texte zum Verständnis und zur Praxis in der Neuzeit. Theologische Bücherei, Bd. 80, hrsg. von F. Wintzer, 1989, 11-46,42.
23 G. Otto, Predigt als...a.a.O.40.
24 Ders., Grundlegung...a.a.O.127.
25 H.G. Wiedemann, Zur rhetorischen Gestaltung der Predigt, in: EvTh 32, 1972, 38-61,38.
26 K. Barth, Die Gemeindemäßigkeit der Predigt, 1935, in: G. Hummel (Hrsg.), Aufgabe der Predigt, 1971, 165-178,171.
27 G. Ueding/B. Steinbrink, Grundriß...a.a.O.183.
28 H.D. Bastian, Verfremdung...a.a.O. 9; M. Josuttis, Homiletik und Rhetorik, in: PTh 57 (1968), 523.
29 E. Thurneysen, Die Aufgabe der Predigt, 1921, in: G. Hummel (Hrsg.), Aufgabe...a.a.O. 105-118,111f.
30 G. Ueding/B. Steinbrink, Grundriß...a.a.O.182.

flüssig, sondern schlicht unangemessen sind"[31]. Übrigens waren es damals nicht nur die „Dialektiker", sondern auch die „Bekenner und Existentialisten, die ihre Attacken gegen die Beredsamkeit ritten"[32].

In den sechziger Jahren setzte dann die Kritik an der antirhetorischen Predigtlehre ein. So fragte M. Josuttis kritisch: „Wird mit dem Anlegen des Talars, beim Gang auf die Kanzel aus dem Theologen ein Gottesorakel?" und stellte fest: „Hier muß die Kirche entweder ein permanentes Wunder oder ein ebenso permanentes Täuschungsmanöver organisieren."[33] Ferner schreibt er: „Auch derjenige, der sie (die Rhetorik) aus Überzeugung ablehnt oder über sie aus Unkenntnis nicht reflektiert, praktiziert Rhetorik: indem er das Evangelium in der Sprache öffentlicher Rede vertritt." Indem der Prediger Verantwortung für Inhalt und auch Form seiner Predigt trägt, „...gehört die Rhetorik zur unabwendbaren Voraussetzung seiner Arbeit"[34].

Die Auffassung, daß „Homiletik nicht außerhalb des Horizonts der Rhetorik, nicht gegen die Rhetorik, traktiert werden kann"[35], hat sich heute durchgesetzt. Sie wird außer von M. Josuttis und G. Otto auch von anderen bekannten praktischen Theologen der Gegenwart wie R. Zerfaß, G. Schuepp und K.H. Bieritz vertreten.[36] Es gibt heute lediglich noch den der dialektischen Theologie nahestehenden praktischen Theologen R. Bohren, der nach wie vor „von der Rhetorik nichts hält" (J. Rothermundt).[37] – Außerhalb des Fachs der Praktischen Theologie fordert auch der Professor für Rhetorik W. Jens eine „Absage an die Unio mystica auf der Kanzel"[38].

Wir kommen zu dem Ergebnis, daß nicht nur in den weltlichen, sondern auch in den theologischen und kirchlichen Bereichen der Gegenwart die Rhetorik grundsätzlich rehabilitiert worden ist. Allerdings müssen wir feststellen, daß die „körperliche Beredsamkeit" oder Körpersprache als Teil der Rhetorik noch vernachlässigt oder unterbewertet wird. Das zeigt allein die Tatsache, daß heute Lehrbücher für Rhetorik der Körpersprache nicht den Platz einräumen, den sie aufgrund ihrer Bedeutung eigentlich einnehmen sollte. Etwa die Hälfte der Informationen, die wir unserer Umwelt geben, vermitteln wir ihr durch unsere Körpersprache.[39] Dazu kommt,

31 G. Otto, Predigt als...a.a.O.45.
32 G. Ueding/B. Steinbrink, Grundriß...a.a.O.183.
33 M. Josuttis, Homiletik und ...a.a.O.523.
34 Ebd. 520.
35 G. Otto, Handlungsfelder der Praktischen Theologie. Praktische Theologie, Band 2, 1988, 269.
36 Ders., ebd.; R. Zerfaß, Grundkurs...a.a.O.; G. Schuepp, (Hrsg.), Handbuch zur Predigt, 1998²; K.H. Bieritz, Die Predigt...a.a.O.113ff.
37 J. Rothermundt, Der Heilige Geist...a.a.O.31; siehe auch: G. Otto, Handlungsfelder ...a.a.O.269; R. Bohren, Predigtlehre, ⁵1986.
38 W. Jens, Die christliche Predigt, in: Republikanische Reden, 1976, 17.
39 B.H. Reutler, Körpersprache...a.a.O.6; siehe auch R. Lay, Kommunikation für Manager, 1989, 31f.

daß bei einem Widerspruch zwischen verbalen und nonverbalen Signalen die körpersprachlichen Signale die wichtigeren sind. Eine populärwissenschaftliche Arbeit über Körpersprache sagt sogar in ihrem Titel: „Die Körpersprache verrät mehr als tausend Worte."[40] Bei dieser Bedeutung, die der Körpersprache zukommt, ist auffällig und verwunderlich, daß G. Ueding und B. Steinbrinck in ihrem „Grundriß der Rhetorik" nur eine und eine knappe halbe Seite dem Thema „Vortrag und Körperliche Beredsamkeit (pronuntiatio actio)" widmen.[41] Sie räumen also der körperlichen Beredsamkeit im Verhältnis zur verbalen Beredsamkeit nur einen relativ kleinen Raum ein. Dabei schreiben sie selber ausdrücklich: „Die Verwirklichung der Rede durch den Vortrag (pronuntiatio), durch Mimik, Gestik, sogar Handlungen (aktiv), die körperliche Beredsamkeit, ist nicht etwa eine zweitrangige Aufgabe!"[42] Wenn sie der körperlichen Beredsamkeit nicht breiteren Raum in ihrem „Grundriß" zugestanden haben, dann ist das wohl darauf zurückzuführen, daß sie noch zu sehr der Tradition verhaftet sind, in der die Körpersprache in ihrer Bedeutung unterbewertet wurde.[43] In analoger Weise hat auch J. Kopperschmidt in seiner „Allgemeinen Rhetorik" nur beiläufig die „somatische Rhetorik" oder „silent language" behandelt.[44] In dieser Situation der heutigen Lehrbücher gibt es zwei Möglichkeiten der Abhilfe. Entweder man räumt der Behandlung der Körpersprache in den Lehrbüchern für Rhetorik bzw. Psychologie einen wesentlich breiteren Raum ein. Oder man überläßt die Behandlung der Körpersprache einem selbständigen Fach Kinesik. Wir haben uns für die letztere Möglichkeit entschieden. Dabei haben wir versucht, die Körpersprache in ihrer ganzen Breite darzustellen, um ihr zu mehr Bedeutung und Gewicht im Gottesdienst zu verhelfen.

40 E. Thiel, Die Körpersprache verrät mehr als tausend Worte, 1986.
41 G. Ueding/B. Steinbrink, Grundriß...a.a.O.215f. Dazu kommen noch einzelne, an verschiedenen Stellen ihrer Arbeit lokalisierte Bemerkungen über Gestik, Haltung, Mimik usw., wie sie im Sachregister angezeigt sind, siehe: a.a.O. 357ff.
42 Ebd. 115.
43 Diese Erkenntnis verdanke ich einem Gespräch, das ich mit J. Kopperschmidt, Professor für Rhetorik, im Anschluß an seinen Vortrag „Redner, die die Republik bewegten (R. von Weizsäcker und Ph. Jenninger)" im Rahmen einer Veranstaltung der „Gesellschaft für deutsche Sprache" am 26.9.1989 in Wiesbaden führen konnte.
44 J. Kopperschmidt, Allgemeine Rhetorik. Einführung in die Theorie der Persuasiven Kommunikation, 1973, 163.

VII. Die Körpersprache in der Aus- und Fortbildung

1. Grundsätzliches

Bestimmte Gesten und andere körperliche Bewegungen können nicht antrainiert werden, weil eine aufgesetzte Körpersprache unglaubwürdig ist und von vielen Gottesdienstteilnehmern so empfunden wird. Weil dieser Grundsatz allgemein gilt, kann auch ein Seminar für Kinesik keine Rezepte und Tricks für die Anwendung der Körpersprache geben. Auch wird man „kaum ein allgemeingültiges ‚Lexikon der Körpersprache'... erstellen können"[1]. Vielmehr sollten wir uns in der Aus- und Fortbildung in Körpersprache auf das beschränken, was zu lernen möglich ist. Das aber sind einmal die Forschungsergebnisse auf den Gebieten der Kinesik und Kommunikationswissenschaft, die wir in den vorangehenden Kapiteln kurz dargestellt haben. Zum anderen sollten die Mitglieder einer Aus- oder Fortbildungsgruppe mit der Sprache ihres Körpers vertraut gemacht werden, um sie auf diese Weise für die Körpersprache zu sensibilisieren. In diesen Grenzen sind Körpersprache und nonverbale Kommunikation „größtenteils (zu) erlernen, sofern Bereitschaft, Offenheit und echte Motivation vorhanden sind". „Wir können lernen, verbale Botschaften energischer und effektvoller zu vermitteln und exakter zu kommunizieren ..."[2]

Den Übungen zur Sensibilisierung für Körpersprache gehen in einem kinesischen Aus- oder Fortbildungskurs zunächst allgemeine körperliche Übungen zum Einstimmen und Aufwärmen des Körpers und zur emotionalen Einstimmung voran. Für diese einleitenden Übungen können Abhandlungen über Körperarbeit, Bibliodrama, Spiel und Tanz wertvolle Ratschläge entnommen werden.[3] In einer Phase des Aufwärmens, dem sogenannten „warming up", gibt es Übungen zum Aufwärmen durch Lockern und Schütteln des ganzen Körpers, einzelner Körperteile und Glieder möglichst mit Musikbegleitung, durch Gehen im Raum in verschiedenem Tempo und andere Übungen. Dabei spüren die TeilnehmerInnen „langsam

---

1 H. Ellgring, Nonverbale Kommunikation, in: H. Rosenbusch/O. Schober (Hrsg.), Körpersprache in der schulischen Erziehung, 1986, 7-48,20; ders., Körpersprache...a.a.O.108.

2 L. Zunin, Kontakt...a.a.O.116.

3 Spielräume für Gruppen, hrsg. von R. Hübner, E. Kubitza, F. Rohrer, 1985; Bibliodrama, A. Kiehn, S. Laeuchli, H. Langer, G.M. Martin, R. Passauer, T. Schramm, Y. Spiegel, W. Teichert, a.a.O.; Elke und Roland Werner, Theater für...a.a.O. 89f., Angela Rammé, Tanz und Gebärde als Ausdruck meines leibhaftigen Daseins vor Gott, in: Lebendige Katechese (Beiheft zu „Lebendige Seelsorge"), 10.Jg., 2/1988 (Dez.1988), 128-132,131f.; Raphaele Voss, Tanz...a.a.O.26f. und andere.

aufkommende Wärme, Lebendigkeit, Kribbeln im Leib...“[4] Auf diese Weise werden Leib, Seele und Geist gelockert. Auf die Phase der Anspannung folgt eine Phase der Entspannung, in der ein Körperteil und Glied nach dem anderen entspannt wird. Zum Abschluß bleibt jedes Gruppenmitglied ruhig liegen. Die/der GruppenleiterIn kann dann ein ruhiges Lied anstimmen, einen Bibeltext langsam vorlesen oder auch ein kurzes Gebet sprechen. Diese Übungen sollen den Gruppenmitgliedern zu einem neuen Körperbewußtsein und zu Lockerheit und Aufnahmebereitschaft für die folgenden gezielten Übungen auf den einzelnen Gebieten der Körpersprache verhelfen.

Übungen auf dem Gebiet der Mimik können darin bestehen, daß z.b. die Gruppenmitglieder die Gesichter in der Arbeit von B.H. Reutler, „Körpersprache im Bild“[5] betrachten und, ohne den dazugehörigen Text zu lesen, den Gesichtsausdruck benennen. Oder einzelne Gruppenmitglieder drücken Freude, Wut usw. in ihrem Gesicht aus. Dann muß die Gruppe das entsprechende Gefühl bezeichnen.

Bezüglich der Gesten und Körperbewegungen können den Gruppenmitgliedern entweder entsprechende Bilder vorgelegt werden, oder einzelne SeminarteilnehmerInnen führen bestimmte Bewegungen mit dem Kopf, den Armen und anderen Gliedern aus, die von der Gruppe zu deuten sind. Man kann auch Checklisten vorlegen, die z.B. R.H. Ruhleder in seinem Buch „Rhetorik, Kinesik, Dialektik“[6] bringt. Auf deren linker Spalte stehen bestimmte gestische Aussagen, z.B.: „wenn der Gesprächspartner den Kopf einzieht, die Arme vor der Brust verschränkt“ usw., auf deren rechter Seite werden die Bedeutungen eingetragen. Über seine Praxis mit Bewegungen im Raum berichtet D. Stollberg in seiner „Liturgischen Praxis“, die als „einführende Ausbildungs- und Praxishilfe gedacht“[7] ist. Er läßt seine TheologiestudentInnen Übungen im Sitzen, Stehen, Liegen, Gehen, Rennen, Schreiten, Verneigen, Knien und Tanzen machen und zwar zunächst im Seminarraum und dann in der Kirche in Marburg. Dabei lernen sie u.a., wie man sich „liturgisch bewegt“, d.h. nicht „einfach loslaufen“, stolpern, sondern jede Bewegung und Handlung zu Beginn „bewußt ‚in Regie nehmen‘“[8].

---

4 H. Langer, Bibliodrama als Prozeß, in: Bibliodrama...a.a.O. 65-90,78.
5 B.H. Reutler, Körpersprache im Bild...a.a.O.108-125.
6 R.H. Ruhleder, Rhetorik...a.a.O.167-172. - In den Seminarunterlagen seines Seminars für „Rhetorik und Kinesik...“ in der „Akademie für Führungskräfte der Wirtschaft e.V.“ in Bad Harzburg ist die rechte Seite der Checkliste leer, damit jedes Seminarmitglied die entsprechenden Bedeutungen der auf der linken Seite stehenden gestischen Bewegungen eintragen kann, siehe: ders., Seminarunterlagen, 1985, 37.
7 D. Stollberg, Liturgische Praxis, a.a.O.10.
8 Ebd. 41f.

Für Übungen auf dem Gebiet der Körperhaltung eignen sich außer entsprechenden Bildern, von einzelnen Seminarmitgliedern vorgeführte Körperhaltungen und entsprechende Aussagen in Checklisten, die zu deuten sind, ferner auch die zu deutenden „Strichfiguren" in der Arbeit von M. Argyle „Körpersprache & Kommunikation".[9] Die SeminarteilnehmerInnen könnten auch zunächst ohne und dann mit bestimmten Gesten und Haltungen (Falten oder Zusammenlegen der Hände, Knien usw.) beten, um Einfluß und Bedeutung der Gebetsgesten und -haltungen ganzheitlich zu erfahren.

Bei allen Deutungen von körperlichen Bewegungen, Haltungsänderungen oder anderen Körpersignalen ist zu beachten, daß mindestens zwei gleichgerichtete körpersprachliche Aussagen zusammenkommen müssen, um eine positive oder negative Folgerung überhaupt vornehmen zu können.[10] So bedeutet z.B. weites Zurücklehnen des Oberkörpers nur dann Abwarten oder Ablehnung, wenn dabei zugleich die Arme vor der Brust verschränkt sind. Ferner entziehen sich körperliche Gebrechen, wie z.B. häufige Liderbewegungen, die ein angeborenes Leiden sind, grundsätzlich einer Deutung, ebenso wie Angewohnheiten (Marotten).

In theologischen bzw. kirchlichen Aus- und Fortbildungsseminaren für Körpersprache sollten auch die nonverbalen Signale behandelt werden, die vom Geruchs- und Geschmackssinn der GottesdienstteilnehmerInnen wahrzunehmen sind. Das kann praktisch so geschehen, daß die Gruppe das Abendmahl im Seminar feiert und duftendes und wohlschmeckendes Brot und/oder wohlriechenden und schmackhaften Wein und Traubensaft reicht. Die Geruchs- und Geschmacksproben von Brot und Wein unterschiedlicher Qualität und Form vermögen die SeminarteilnehmerInnen auch für diese Aspekte der Abendmahlsspeise zu sensibilisieren.

Tanz und Verkündigungsspiel sind ebenfalls in den Seminaren zu diskutieren und praktisch zu erproben. Denn es genügt nicht, daß die Gruppenmitglieder nur auf dem Bildschirm Gottesdienste mit liturgischem Tanz sehen. Das kann eigene Erfahrung nicht ersetzen, die mit einfachen tänzerischen Bewegungen, die auch von den Gemeindegliedern im Gottesdienst mitvollzogen werden können, beginnen kann. Nur so erfahren die Seminarmitglieder „am eigenen Leib", daß wir Gott nicht nur mit Worten, sondern auch mit Bewegungen und Tanz loben und ehren und dabei froh und frei werden können. Es empfiehlt sich, zu solchen Übungen TanzpädagogInnen oder eine liturgische Tanzgruppe einer anderen Gemeinde hinzuzuziehen.

---

9 M. Argyle, Körpersprache...a.a.O.256ff. - Die Strichfiguren werden den SeminarteilnehmerInnen ohne Text vorgelegt, so daß die Bedeutungen der einzelnen Haltungen von ihnen erraten werden können.

10 R.H. Ruhleder, Rhetorik...a.a.O.167.

Wie Tanz und Pantomime, so hat in einem Seminar für Körpersprache auch das Verkündigungsspiel seinen Platz. Wenn die Aus- und Fortbildungsgruppe eine biblische Geschichte in Szenen setzt, wird sie erfahren, wie gut sich biblische Geschichten spielen lassen, wie durch solches Spiel ein biblischer Text erst wirklich lebendig wird und wie überdies durch das gemeinsame Spielen die Seminargruppe zusammenwächst. Auch zu diesen Übungen sollten nach Möglichkeit Fachleute (Spiel- oder TheaterpädagogInnen oder eine Verkündigungsspielgruppe einer Gemeinde) eingeladen werden.

Neben den eigenen körperlichen Übungen werden die SeminarteilnehmerInnen Gottesdienste und Teile von Gottesdiensten (Eingangsliturgie, Predigt, Taufe, Abendmahl usw.) auf dem Bildschirm sehen und hören und dabei im besonderen auf die körpersprachlichen Aussagen der PfarrerInnen, ihrer Mitarbeiterschaft und der Gemeinde achten. Darüber hinaus sind die SeminarteilnehmerInnen gehalten, nicht nur in den Gruppenstunden, sondern auch im Alltag auf die Körpersprache ihrer Mitmenschen besonders zu achten und so nach und nach ihre kinesische Kompetenz zu verbessern. So werden sie auch immer besser Widersprüche zwischen verbalen und nonverbalen Aussagen feststellen können. Sie sollten insbesondere auf die Körpersprache von guten SchauspielerInnen schauen. Denn diese „‚sprechen' deutlich über den verbalen und somatischen Ausdruck" (R. Lay)[11]. Allerdings ist zu bedenken, daß TheaterschauspielerInnen auf der Bühne „lauter sprechen, expansiver gestikulieren, intensiveren Gesichtsausdruck zeigen und in ihrem proxemischen Verhalten extremer sind", um durch diese „Übertreibung" die relativ große Entfernung zu den Zuschauern zu überbrücken.[12]

Die Gruppe eines Seminars für Körpersprache sollte auch an Gottesdiensten in Kirchen und anderen gottesdienstlichen Räumen teilnehmen, um die originalen Bedingungen und Verhältnisse kennenzulernen. So könnten z.B. Stimm- und Sprechübungen auch in einem großen Kirchenraum sehr hilfreich sein. Dort ist die Akustik anders als in einem kleinen Seminarraum, und sie verändert sich mit der Zahl der anwesenden Menschen.[13]

„Gelungene" Gottesdienste auf Video, z.B. die Eröffnungs- und Abschlußgottesdienste auf Kirchen- und Katholikentagen, eignen sich besonders zum Anschauen und Besprechen. Daneben ist aber auch die gelegent-

11 R. Lay, Kommunikation für...a.a.O.31.
12 H.G. Wallbott, Glaubwürdigkeit und Täuschung - NonverbaleElemente der Rhetorischen Kommunikation, in: D.-W. Allhoff (Hrsg.), sprechen lehren, reden lernen. Beiträge zur Stimm- und Sprachtherapie, Sprechbildung und Sprecherziehung, Rhetorischen und Ästhetischen Kommunikation, 1987,121-131,128.
13 P.M. Clotz, Liturgie...a.a.O.53.

liche Teilnahme der Seminargruppe an Gottesdiensten in einem Gottesdienstraum wichtig, weil gegenüber der Lernsituation im Seminarraum das besondere Raumerlebnis einer Kirche und der Kontext der feiernden Gemeinde erlebt werden können. Ferner werden in einem Gottesdienst, sofern in ihn eine Abendmahlsfeier integriert ist, alle Sinne angesprochen. Somit können die TeilnehmerInnen nur in einem Gottesdienstraum ein ganzheitliches Gottesdiensterlebnis haben. Mit anderen Worten: die SeminarteilnehmerInnen sollten nicht nur Sekundärerfahrungen, sondern gelegentlich auch Primärerfahrungen mit Gottesdiensten machen. K. Richter schreibt treffend: „Liturgie lernt man nicht durch akademisches Studium, sondern durch die Mitfeier würdiger Gottesdienste."[14]

In der homiletischen Ausbildung beider Konfessionen gibt es bereits solche Ausbildungskurse für Rhetorik und Kinesik. So berichtet J. Rothermundt von homiletischen Kursen des Pfarrseminars in Stuttgart, in denen seit 1976 Übungen in freier Rede stattfinden.[15] Bei diesen Redeübungen, die vom Videorecorder aufgezeichnet und von der Gruppe analysiert und kritisiert werden, wird nach seinem Bericht auch auf die „Bedeutung von Sprachmelos, Mimik und Gestik", also von Körpersprache, hingewiesen. Weiterhin berichtet er, daß die „...betreffenden Gruppen von Rhetoriklehrern und Sprecherziehern angeleitet"[16] werden. Wir meinen dazu, daß zu den RhetoriklehrerInnen und SprecherzieherInnen auch KinesiklehrerInnen hinzukommen sollten, damit die KursteilnehmerInnen nicht nur gleichsam nebenbei, sondern gründlich und umfassend in allen Bereichen der Körpersprache unterrichtet werden. Es sei denn, die LeiterInnen einer solchen Ausbildungsgruppe besitzen nicht nur in Rhetorik und Sprecherziehung, sondern auch in Kinesik gründliche Kenntnisse und geben sie weiter.

J. Rothermundt berichtet ferner, daß im Anschluß an diese Kurse „die Übungen für Interessierte in wöchentlichem Abstand fortgesetzt" werden, wobei allerdings nur „Dreiviertel aller Vikare... von dieser Möglichkeit Gebrauch" machen. Unseres Erachtens wäre es wünschenswert, daß alle Vikare nicht nur einmal, nämlich im Pfarr- oder Predigerseminar, sondern auch in späteren Fortbildungsseminaren oder -kursen rhetorisch und kinesisch geschult werden, um ihr verbales und nonverbales Wahrnehmungs- und Ausdrucksvermögen ständig zu schulen und zu verbessern.[17]

---

14 K. Richter, EINE MYSTAGOGISCHE LITURGIE, in: K. Richter/A. Schilson, Den Glauben feiern. Wege liturgischer Erneuerung, 1989, 109-135,133.
15 J. Rothermundt, Predigt als freie Rede. Erinnerungen an ein verdrängtes Problem, in: WPKG 88.Jg., 1979, 68-85,81f.; siehe auch: ders., Der Heilige Geist...a.a.O.149.
16 Ebd.
17 O. Kammer, Auf der Suche nach ganzheitlicher Wahrnehmung, in: Hessisches Pfarrerblatt 5.Okt 1985, 153-156,155.

Kinesische und rhetorische Übungen (mit Einsatz von Video) lassen sich überhaupt in alle PfarrerInnenrüstzeiten und analoge Fortbildungsveranstaltungen einbauen, genauso in Praedikanten- und Lektorenaus- und -fortbildung. Die PfarrerInnen, die während ihres Studiums die Ausbildung in Kinesik und Rhetorik versäumten, sollten „Anstrengungen (machen, sie) nachzuholen, um der rednerischen Verkündigung des Reiches Gottes willen"[18]. Denn Kinesik und Rhetorik haben es nicht nur mit „Äußerlichkeiten" zu tun. Vielmehr gilt für die homiletische Kinesik das, was J. Rothermundt über die homiletische Rhetorik schreibt: „Homiletische Rhetorik ist daher keine Fingerübung, der sich der Prediger unterziehen mag, wenn er Lust und Zeit dazu hat, sondern nichts anderes, als die praxisorientierte Beschäftigung mit der Aufgabe der Vermittlung; und diese ist unerläßlich."[19] Durch ihre Teilnahme an Kinesik- und Rhetorikkursen können in den PredigerInnen bzw. PfarrerInnen vorhandene kreative Potenzen für die Verkündigung geweckt werden. Schon E. Lange schrieb von der Bemühung um „wachsende Kompetenz ... durch eigene Fort- und Weiterbildung", von der „unermüdlichen Einforderung solcher Bildungsmöglichkeiten von der kirchlichen Organisation" und von der „nachuniversitären Ausbildung der Pfarrer"[20]. Diesen berechtigten Forderungen E. Langes sollte endlich in allen Landeskirchen entsprochen werden! Das gilt nicht nur für die Ausbildung der PfarrerInnen für den Predigtdienst, sondern ebenso für die liturgische und homiletische Ausbildung, die bisher defizitär waren.[21] Erfreulicherweise heißt es diesbezüglich in den Beschlüssen der Evangelischen Kirche im Rheinland 1988 zum „Gottesdienst als Gestaltungsaufgabe": „Um das gottesdienstliche Leben in diesem Sinne zu fördern, bitten wir:... für die liturgische Ausbildung der Theologen/Theologinnen (insbesondere in der zweiten Ausbildungsphase) einen größeren Raum zu schaffen."[22]

Neben dem verstärkten Angebot von Aus- und Fortbildungskursen für Kinesik und Rhetorik zur Verbesserung des homiletischen und liturgischen Dienstes der PfarrerInnen sind auch in den Predigthilfen und Hilfen für Gottesdienstgestaltung entsprechende Ratschläge wünschenswert. Jedoch gilt heute noch das, was J. Kleemann im Jahre 1975 feststellte: „Der Stellenwert von Predigthilfen für diese Dimension analoger Kommunikation wird noch kaum ernst genommen oder gar in lernbare Schritte über-

18 L. Fendt, B. Klaus, Homiletik...a.a.O.49.
19 J. Rothermundt, Der Heilige Geist...a.a.O.22.
20 E. Lange, Glaube und Anfechtung im Alltag eines Gemeindepfarrers, in: ders., Predigen als Beruf (Aufsätze, hrsg. von R. Schloz), 1976^1, 167-191,177.
21 A. Ehrensperger, Gottesdienst...a.a.O.37; Chr. Grethlein, Abriß...a.a.O.11 und 110.
22 Landessynode 1988...a.a.O.61f.

setzt mit Ausnahme der Versuche, wie neuerdings in den ‚Predigtstudien'
ganze Gottesdienstabläufe in den Blick zu bekommen..."[23]

Auf katholischer Seite gibt es analog zu den homiletischen Kursen in
Stuttgart einen „homiletischen Grundkurs in Würzburg"[24] und ebensolche
Kurse im Priesterseminar Münster und im Predigerseminar Preetz.[25]

Wenn die Gottesdienste kommunikativer werden sollen, dann genügt es
allerdings nicht, daß nur die PfarrerInnen, PraedikantInnen und LektorInnen in Kinesik, Rhetorik und Sprechtechnik geschult werden. Vielmehr ist
erforderlich, daß auch die MitarbeiterInnen im Gottesdienst in entsprechender Weise aus-, fort- und weitergebildet werden. Das hat die Landessynode der Evangelischen Kirche im Rheinland bereits erkannt und entsprechende Konsequenzen aus dieser Erkenntnis gezogen. Denn in ihren
Beschlüssen zum „Gottesdienst als Gestaltungsaufgabe" heißt es: „Um das
gottesdienstliche Leben in diesem Sinne zu fördern, bitten wir, ...die Fort-
und Weiterbildung von Frauen und Männern im Pfarramt, Kirchenmusik,
Presbyterium, Mitarbeiterschaft, Lektorenamt, von Predigthelfer/innen und
Gemeindegliedern zu verstärken..."[26] In der Tat sollte bei der Fort- und
Weiterbildung auch an einzelne Gemeindeglieder und darüber hinaus an
die ganze Gemeinde gedacht werden. So wurde auf der Lutherischen
Generalsynode im Jahre 1989 in Hameln, auf der der Entwurf eines „Got-
tesdienstbuches", d.h. der weiterentwickelten Agende I, eingebracht wurde,
„mehr Einbeziehung der Gemeinde und Laien" gefordert.[27] In der Vergangenheit wurde zwar in den reformatorischen Kirchen vom „Priestertum
aller Gläubigen" gesprochen und die „mündige" Gemeinde postuliert, jedoch nichts für die Verbesserung der verbalen und nonverbalen Ausdrucksfähigkeit der Gemeinden getan. Ganz im Gegenteil sind die „Laien"
seit Jahrhunderten dazu angehalten, „...den Mund nicht aufzutun"[28] und
weitgehend bewegungslos in den Kirchenbänken zu sitzen. Es galt in der
früheren Erziehung als „unfein", Emotionen zu zeigen, etwa nach dem

---

23 J. Kleemann, Tradition - Situation - Kommunikation. Zum Stellenwert von Predigthilfen
am Beispiel der Predigtstudien, in: Didaktik der Predigt...a.a.O.248-288,279. Entsprechend klagt auf katholischer Seite K. Richter darüber, daß „... die Predigthilfen der letzten
zwei Jahrzehnte...nur selten auch liturgische Fragen angesprochen haben". Siehe: ders.,
Eine mystagogische...a.a.O.133.
24 R. Zerfaß, Der homiletische Grundkurs in Würzburg - Eine Alternative zum homiletischen Seminar, in: ThPr 17.Jg., 1/2/1982, 50-59,51.
25 G. Rohkämper/D. Seiler, Trainingskurse mit Video-Recorder in der homiletischen Aus-
und Fortbildung, in: Didaktik der Predigt...a.a.O.127-160,147 und 154.
26 Landessynode 1988...a.a.O.61.
27 H.-V. Herntrich, DDR, Namibia und das Thema Gottesdienst. Lutherische Generalsynode
trat in Hameln zusammen, in: LM 28.Jg., 12/1989 (Dez. 1989),541f.,542.
28 R. Bohren, Schlaf der Kirche - Gottes Erwachen. Predigtforschung und Gemeinde, in:
EvTh 49.Jg., 4/1989, 380-388,385.

Motto: „Ein deutscher Junge/Mann weint nicht.“[29] Demgegenüber fordern wir mit A. Ehrensperger, daß die PfarrerInnen die Gemeindeglieder dazu einladen, nicht stumm und unbeweglich auf ihren Plätzen zu sitzen, sondern vielmehr ihre Gefühle zu zeigen, indem sie auch körperlich das ausdrücken, was sie innerlich bewegt und erfüllt.[30]

Die Schulung der verbalen und nonverbalen Ausdrucks- und Dialogfähigkeit, die zu einer Verbesserung der liturgischen Kompetenz der Gemeinde führen wird, wird allerdings ein längerer Prozeß sein, weil die Auswirkungen einer jahrhundertelangen falschen Erziehung der Gemeinden nicht von heute auf morgen überwunden werden können. Dieser Prozeß kann jedoch durch eine forcierte Aus- und Fortbildung der PfarrerInnen und einzelner Gemeindeglieder beschleunigt werden.

„Körpersprache (ist) überzeugender als Worte, sie redet direkt zum Unbewußten des Zuschauers, wirkt dadurch tiefer als das intellektuelle Wort.“[31] Ihre Bedeutung und ihr hoher Stellenwert sollten jedoch auch nicht überbewertet werden, denn auch „eine gute Rhetorik garantiert noch keine gute Predigt“[32]. Für eine gute Predigt bedarf es neben einer guten Rhetorik und Kinesik, neben der Freude, dem Engagement, dem Mut, der Skepsis gegenüber allem Gelungenen, vor allem der Hoffnung und des Vertrauens auf den, der von seinem Wort gesagt hat: „Es wird nicht wieder leer zu mir zurückkommen, sondern wird tun, was mir gefällt, und ihm wird gelingen, wozu ich es sende“ (Jes 55,11). Denn „der Erfolg der Predigt (ist) unverfügbar, ist – theologisch gesprochen – ein Werk des Heiligen Geistes“[33]. Was für die gute Predigt gilt, betrifft in gleicher Weise auch den „gelungenen“ Gottesdienst. Die liturgische Kompetenz der PfarrerInnen und der Gemeinde allein garantiert noch keinen „gelungenen“ Gottesdienst. Deshalb sollten sich PredigerInnen und LiturgInnen nicht nur ihrer eigenen Fähigkeiten, sondern vor allem auch ihres Angewiesenseins auf das Wirken des Geistes Gottes bewußt sein, was durchaus kein Widerspruch ist. „Je mehr sie sich ihrer persönlichen Möglichkeiten bewußt werden, desto eher vermögen sie sich dem Wirken des Geistes im kreativen Prozeß anzuvertrauen und erleben darin nicht nur eine Entfaltung, sondern auch eine Erweiterung ihrer Kräfte.“[34] Andererseits macht das Vertrauen auf das Wirken des Geistes in Predigt und Liturgie menschlichen Fleiß und methodische Sorgfalt bei der Vorbereitung und Ausführung der Predigt

29 G. Otto, Predigt als Rede oder Homiletik als Rhetorik - Sieben Thesen mit Erläuterungen, in: G. Otto, Predigt als Rede...a.a.O., wieder abgedruckt in: Predigt. Texte...a.a.O.248.
30 A. Ehrensperger, Gottesdienst...a.a.O.88.
31 H. van der Geest, Du hast...a.a.O.55.
32 A. Grözinger, Noch einmal: Homiletik und Rhetorik, in: Dt Pf Bl 87.Jg., 1/1987 (Jan. 1987), 8-11,11.
33 H.W. Dannowski, Kompendium...a.a.O.124.
34 J. Rothermundt, Der Heilige Geist...a.a.O.152.

und des ganzen Gottesdienstes nicht überflüssig. Wenn gleich kinesische und rhetorische Kompetenz der PredigerInnen und LiturgInnen „fehlende Substanz (der Verkündigung) nicht ersetzen" können, vermögen andererseits „fehlende rhetorische (und kinesische) Mittel vorhandene Substanz (zu) lähmen. Naturtalente auf diesem Gebiet... sind nicht allzu häufig"[35].

Ferner bietet „...die Redekunst nach ihrer rein technisch-wissenschaftlichen Seite hin keine Gewähr gegen ihren Mißbrauch..."[36] Das gilt für die Kunst sowohl der verbalen als auch der nonverbalen Rede. Die Rhetorik kann der Mitteilung der Wahrheit dienen oder auch als „Überredungstechnik" verwendet werden.[37] Das gleiche ist auch von der Kinesik zu sagen. Entsprechend schreibt M. Josuttis: „Kommunikationswissenschaft kann die Effektivität kirchlicher Verkündigung steigern, aber sie kann der Verbreitung wahrer wie falscher Sätze dienen, weil die Frage nach der Wahrheit in ihrem Bereich nicht zu entscheiden ist."[38] Damit in Predigt und Liturgie die Wahrheit des Evangeliums und nicht Lüge und Irrlehre vertreten werden, muß die Frage nach dem ‚Was' der Verkündigung „der Suche nach effektivitätssteigernden Instrumenten vorausgehen"[39]. Daraus ergibt sich, daß vor der Forderung nach Verstärkung des Angebots an Seminaren und Kursen für Kinesik und Rhetorik die Aufforderung zur Suche nach der Wahrheit in der Verkündigung von Jesus Christus und seinem Reich rangiert, in deren alleinigem Dienst sie stehen.

Zum Abschluß unserer grundsätzlichen Bemerkungen zur Körpersprache in der Aus- und Fortbildung sei noch einmal gefragt: Kann man durch Seminare und Kurse für Rhetorik und Kinesik wirklich das erlernen, was wir uns von ihnen erhoffen? Oder werden mehr Bewegung und Sinnenhaftigkeit erst im „Kontext einer (zukünftigen) umfassenderen Lebenskultur"[40] möglich werden, in der es zu einer „grundsätzlichen Neuorientierung der Theologen- und Theologinnenausbildung" kommen wird? Dazu ist zu bemerken: Wirtschaft, Politik und Verwaltung würden ihre Vertreter nicht in Seminare oder Kurse für Rhetorik, die in der Regel Kinesik einschließen, schicken und diese finanzieren, wenn sie nicht da-

35 M. Henschel, Verheißung und Not der Sonntagspredigt, in: Immer noch Predigt? ...a.a.O.55-65,64.
36 G. Ueding/B. Steinbrink, Grundriß...a.a.O.1.
37 F. Wintzer, Einführung...a.a.O.42; A. Grötzinger, Das Verständnis von Rhetorik und Homiletik. Bemerkungen zum Stand der Diskussion, in: ThPr 14, 1979, 265-274.
38 M. Josuttis, Verkündigung als kommunikatives und kreatorisches Geschehen, in: EvTh 32, 1972, 3ff.; wiederabgedruckt in: Rhetorik und Theologie in der Predigtarbeit. Homiletische Studien...a.a.O.29-46,36.
39 K.-P. Jörns, Wie kann von der christlichen Botschaft heute geredet werden? in: Auslegungen des Glaubens. Zur Hermeneutik christlicher Existenz, hrsg. von L. Honnefelder und M. Lutz-Bachmann, 1987, 213-226,220.
40 Gutachten von Prof. Dr. A. Gerhards zu meiner Arbeit vom 19. Januar 1993.

von überzeugt wären, daß sie deren Kompetenz verbessern können.[41] Außerdem würden solche Seminare und Kurse nicht an den evangelischen und katholischen Fakultäten der Universitäten bzw. Priester- oder Predigerseminaren in Mainz, Marburg, Münster, Würzburg, Stuttgart und Preetz nunmehr schon seit Jahren gehalten, wenn sie sich nicht bewährt hätten. So meinen wir, man sollte nicht warten, bis eine umfassendere Lebenskultur neue Möglichkeiten geschaffen haben wird. Vielmehr sollte schon heute mittels der vorgestellten Seminare und Kurse die Reform des Gottesdienstes und der TheologInnenausbildung betrieben werden, damit der bisherige Auszug aus den Gottesdiensten gestoppt und eine entgegengesetzte Entwicklung befördert wird. Dann wird eine zukünftige umfassendere Lebenskultur Zusätzliches für die Verbesserung des Gottesdienstes bewirken.

2. Die Arbeit mit Video

Durch den Einsatz von Video ist in besonderer Weise eine gründliche Predigt- und Gottesdienstanalyse möglich geworden. Denn er erlaubt eine synchrone Erfassung aller multimodal gesendeten und empfangenen verbalen und nonverbalen Signale im Gottesdienst. Die BetrachterInnen eines Videofilms von einem Gottesdienst können ohne Zeitdruck in kritischer Distanz und Reflexion den Ablauf einer Predigt, eines Gottesdienstteils, wie z.B. einer Taufe oder eines Abendmahls, oder eines ganzen Gottesdienstes verfolgen und sich in einer Aus- oder Fortbildungsgruppe mit den Gruppenmitgliedern und den AusbildungsleiterInnen über das Wahrgenommene und Empfundene aussprechen. Dabei können sie den Ablauf des Films verlangsamen, beschleunigen und wiederholen. Gerade wiederholtes Abspielen von Videobändern kann die „Sensitivität... nonverbalen Verhaltensweisen gegenüber steigern"[1]. Das Band kann jederzeit angehalten werden, um eine bestimmte Stelle genauer zu untersuchen.

Der Vorteil des Videos gegenüber dem herkömmlichen Film besteht vor allem darin, daß der Videofilm nicht nach der Aufnahme erst noch entwikkelt werden muß. Vielmehr erscheint das Bild bereits während der Aufnahme zur sofortigen Kontrolle auf dem Monitor. Der Film ist schon unmittelbar nach der Aufnahme auf dem Bildschirm eines Fernsehapparates zu sehen und zu hören. Die vorerst letzte Stufe in der technischen Entwick-

---

41 Im März 1995 erhielt ich vom „Institut für Medienentwicklung und Kommunikation GmbH", Frankfurt/M., eine Einladung zu einem zweitägigen Aufbauseminar Rhetorik „Die Kunst der freien Rede", in dessen erster Studieneinheit „Körpersprache" behandelt wird. Die Teilnehmergebühr betrug DM 1.980,-

1 K.R. Scherer und H.G.Wallbott (Hrsg.), Nonverbale...a.a.O.328.

lung ist der „Camcorder". Er stellt die Kombination von einer Kamera mit einem tragbaren Videorecorder dar. Somit ist er „die Antwort auf den bisher größten Nachteil des Videofilmens, zwei voluminöse Geräte mitschleppen zu müssen"[2]. Mit einem Camcorder, der netzunabhängig mit Batterien oder Akkus eingesetzt werden kann, können wir auch einen Abendgottesdienst in einer Kirche aufnehmen, der nur von Kerzenlicht erleuchtet wird, weil heutige Geräte sich meist durch eine hohe Lichtempfindlichkeit auszeichnen.

Eine Ausbildungsgruppe kann nicht nur von ihr selbst gefeierte und in einer Kirche aufgenommene, sondern auch vom Fernsehen gesendete Gottesdienste analysieren und besprechen. Mit uneingeschränktem VPS ausgerüstete Videorecorder schalten sich automatisch ein und aus. Dies geschieht auch dann, wenn der Beginn nicht programmgemäß, sondern erst später erfolgt. Videobänder von Gottesdiensten, die abgespielt worden sind, können gelöscht und wieder neu eingesetzt werden. Sie sind fast unbegrenzt wiederverwendbar.

Praktisch alle Videokameras sind mit einem Zoomobjektiv versehen. Mit ihm kann eine Vielzahl von Einstellungen (Weitwinkel- bis Großaufnahme) ohne Wechsel des Objektivs stufenlos vorgenommen werden. Durch Zoom vermag die Kamera Menschen und Dinge nahe an die BetrachterInnen heranzuholen und unterschiedliche Ausschnitte zu wählen: Totale, Halbtotale, Halbnahaufnahme, Halbgroßaufnahme, Großaufnahme und Ganzgroßaufnahme.[3] Ferner verfügen fast alle Videokameras noch über eine Makro-Einstellungsmöglichkeit. Mit ihr kann man bis auf einige Millimeter mit der Kamera an eine Person oder ein Objekt herangehen und trotzdem noch eine scharfe Abbildung erreichen. So kann unter anderem eine Augenbewegung aus nächster Nähe beobachtet und z.B. ein „vielsagendes Augenblinzeln"[4] erkannt werden. Ebenso sind die Bewegungen der Hände der PredigerInnen oder LiturgInnen „ein- und auszuzoomen.

Die moderne Videotechnik ermöglicht die Gliederung des gottesdienstlichen Geschehens in kürzeste Abschnitte. So spricht man bezüglich der Predigt vom sogenannten „Mikropreaching"[5]. Es geht dabei darum, klein-

2 St. Dollin, Das neue Handbuch für Videofilmer, 1989[8],24. Zwar gibt es heute dafür noch einige Einschränkungen: „...die Ausstattung ist, da Platz und Gewicht gespart werden sollten, häufig nicht so reichhaltig wie bei den getrennten Geräten, und viele Camcorder verfügen nur über eine reduzierte Spielzeit", siehe: St. Dollin, ebd. Deshalb sollten in einem Seminarraum bei den gegenwärtigen Gegebenheiten getrennte Geräte verwendet werden.
3 Eine Beschreibung der verschiedenen Einstellungen bringt St. Dollin, ebd. 46f.
4 K.R. Scherer und H.G. Wallbott(Hrsg.), Nonverbale...a.a.O.306.
5 H. Albrecht, Micropreaching. Redeübungen zur Predigt per Videorecorder, in: Didaktik der Predigt...a.a.O.160; D. Seiler, Predigerseminar Preetz, in: Didaktik der Predigt...a.a.O. 154-157,154.

ste Redeeinheiten von höchstens drei Minuten Dauer zu gestalten und durch Wiederholung zu optimieren. „Das Medium erlaubt hier ein dem Mikroskopieren ähnliches Suchen, meist an den nonverbalen Zeichen."[6] Analog zum „Mikropreaching" können auch kleinste Einheiten von liturgischen Vollzügen (am Altar, Taufstein usw.) in entsprechender Weise untersucht werden. Freilich sollten solche Analysen nicht als „Fliegenbeinzählerei" betrieben werden, denn ein „solches Unternehmen wäre uferlos und wenig fruchtbar"[7].

Die Großaufnahme und Ganzgroßaufnahme von Gesichtern geben die augenblickliche Stimmung einer Person wieder.

Die Geschwindigkeit des Videobandablaufs reicht vom Zeitraffertempo bis zum Schnellauf, wobei das Zeitraffertempo die Bewegungsabläufe im Detail zugespitzt erscheinen läßt[8] und der Schnellauf eine ausgeprägte Mimik, Gestik und Beinarbeit der PredigerInnen und der LiturgInnen erst richtig zur Geltung bringt.[9] Beim Schnellauf fällt z.B. besonders auf, wenn eine sprechende Person ihre Worte mit rhythmischen Handbewegungen begleitet und „Taktschläge" ausführt.[10]

Neben dem bewegten Bild gibt es das Standbild, das mitten im Filmablauf durch entsprechenden Knopfdruck jederzeit für ein intensiveres Wahrnehmen herstellbar ist.

Beim Einsatz von Video in der kinesischen und rhetorischen Aus- und Fortbildung gibt es für die Gruppe zwei „Medien": das technische und das interpersonale Medium.[11] Das technische Medium ist der Bildschirm, der eine Predigt, einen Gottesdienstteil oder einen ganzen Gottesdienst festhält und den PredigerInnen und LiturgInnen in eindeutiger und geradezu unbarmherziger Weise ihre Fehler und Schwächen und auch ihre Stärken aufzeigt. Mit der Vorführung eines Videobandes stellen sich Lernerfolge leichter, schneller und dauerhafter als bei einer bloß mündlichen Aus- und Fortbildung ein.[12] Durch häufige Wiederholung des gleichen Sprech- und Handlungsaktes kann jede(r) mit dieser optisch-akustischen Selbstkontrolle die je eigene und charakteristische kinesische und rhetorische Qualität entdecken und optimieren und zu einem „authentischen Kommuni-

6   G. Rohkämper, D. Seiler, Trainingskurse...a.a.O.144.
7   R. Fleischer, Einführung...a.a.O.115.
8   K.R. Scherer und H.G. Wallbott(Hrsg.), Nonverbale...a.a.O.305.
9   J. Schweikle, Ein Milchmann kämpft um seine Kanne. Teil I eines Reports über Religiöses im Privatfernsehen, in: Deutsches Allgemeines Sonntagsblatt 8/1989 (17.2.1989),15.
10 O. Schober, Körpersprache...a.a.O.70. Er schreibt, daß die Schläge nicht nur mit der Hand, sondern auch mit dem Zeigefinger, der Faust oder der Handkante ausgeführt werden. Siehe auch: D. Morris, Der Mensch ...a.a.O.56ff.
11 Die Kompetenz des Predigers im Spannungsfeld zwischen Rolle und Person, hrsg. von R. Zerfaß und F. Kamphaus, 1979, 136f.
12 M. Weller, Das Buch...a.a.O.9.

kationsverhalten" gelangen.[13] Dabei erfährt jedes Gruppenmitglied, wie „hilfreich und befreiend Gestik sein kann, (wenn es) sie kommen läßt" und auch, „daß stärkere Gestik das Zuhören erleichtern kann"[14].

Das interpersonale Medium besteht aus den Voten der einzelnen Gruppenmitglieder und der LeiterInnen der Aus- oder Fortbildungsgruppe bei und nach dem Ablauf des Videobandes. Da jedes Votum eines Gruppenmitglieds persönlich gefärbt ist, werden die Voten die SeminarteilnehmerInnen, die sich der Kritik stellen, vor allem dann überzeugen, wenn mehrere Einzelvoten miteinander übereinstimmen. Bevor jedoch die GruppenteilnehmerInnen und die/der GruppenleiterIn ihre Voten abgeben, sollte zunächst derjenigen/demjenigen, die/der die Predigt gehalten oder die liturgische Handlung durchgeführt hat, die Gelegenheit gegeben werden, ihren/seinen ersten Eindruck mitzuteilen und ihre/seine Empfindungen zu äußern.[15] Dann tun dies die beobachtenden Gruppenmitglieder. Dabei können die nonverbalen Beobachtungskriterien folgendermaßen auf einzelne TeilnehmerInnen der Gruppe verteilt werden.[16] Zunächst läuft das Videoband ohne Ton ab, so daß sich die Gruppenmitglieder nur auf Mimik, Blickverhalten, Gestik usw. konzentrieren. Dann bekommt ein/e erste/r GruppenteilnehmerIn die Aufgabe, nur Mimik, ein/e zweite/r nur das Blickverhalten, ein/e dritte/r nur die Gestik und die Bewegungen, ein/e vierte/r nur die Körperhaltung usw. zu beobachten. Der/die erste GruppenteilnehmerIn hat bei der Beobachtung der Mimik vor allem auf Bewegungen der Stirn, der Augen, des Mundes zu achten.[17] Der/die zweite GruppenteilnehmerIn, der/die sich auf das Blickverhalten konzentrieren soll, hat festzustellen, ob PredigerInnen und LiturgInnen zu wenig oder reichlich Blickkontakt mit der Gruppe bzw. Gemeinde haben, ob sie im wesentlichen nur nach einer Seite oder stets nach allen Seiten schauen, d.h. stets die ganze Gruppe bzw. Gemeinde im Blick haben, ob sie zu lange nur auf einzelne GottesdienstteilnehmerInnen fixiert sind usw. Er/sie hat auch darauf zu achten, ob GruppenteilnehmerInnen nur bei der Predigt, nicht aber beim liturgischen Dienst genügend Blickkontakt mit der Gruppe bzw. Gemeinde haben, weil sie sie z.B. nur von einem Liturgieblatt oder aus einer Agende ablesen. Bei der Beobachtung der Gestik und der Körperbewegung ist auf die Wirkung der Bewegungen des Kopfes, der Arme, der

13 G. Rohkämper, D. Seiler, Trainingskurse...a.a.O.132; siehe auch: Die Kompetenz... a.a.O.146.
14 G. Rohkämper, D. Seiler, Trainingskurse...a.a.O.149.
15 Ebd. 135.
16 Anregungen zu dieser Verteilung von Aufgaben auf Gruppenmitglieder erhielt ich von einer Arbeitsgemeinschaft für semiotische Gottesdienstanalyse unter der Leitung von Herrn Pfr. Dr. H.-E. Thomé, dem ehemaligen Assistenten von Herrn Prof. Dr. R. Volp und jetzigen Professor für Homiletik am Predigerseminar in Herborn, im Jahre 1987 an der Johann-Gutenberg-Universität in Mainz.
17 G. Rohkämper, D. Seiler, Trainingskurse...a.a.O.141.

Hände, der Füße usw. zu achten. Bei einem weiteren Durchgang kann die Beobachtung der Gestik und der Körperbewegungen noch auf mehrere GruppenteilnehmerInnen aufgeteilt werden. Beim vierten, der Beobachtung der Körperhaltung, ist darauf zu achten, ob PredigerInnen und LiturgInnen sich mit ihrem Körper stets nur der ganzen Gruppe bzw. Gemeinde zuwenden oder sich gelegentlich auch von ihr abwenden. Alle Gruppenmitglieder achten auf Widersprüche, Spannungen und Brüche zwischen der Sprache des Körpers und den verbalen Aussagen.

Neben den einzelnen nonverbalen Signalen sollten auch die nonverbalen Signalkomplexe Tanz, Pantomime und Verkündigungsspiel von der Gruppe kritisch beobachtet werden. Darüber hinaus gibt es noch weitere kritisch zu beurteilende Wahrnehmungsobjekte für die Gruppe, z.B. die Musik, der gottesdienstliche Raum und seine festliche Ausgestaltung, die Kleidung der PfarrerInnen und MitarbeiterInnen, Zeichen, Symbole und Bilder im Gottesdienstraum und andere. G. Kugler und H. Lindner haben einen Katalog von „Leitfragen zur Beurteilung eines Familiengottesdienstes im Team" aufgestellt, der auch eine Reihe von Fragen zur „Nonverbalen Kommunikation" enthält.[18]

Bei einem weiteren Abspielen des Videobandes läßt man nur den Ton wirken.[19] Bei der gezielten Wahrnehmung der Geräusche, Stimmen und Sprechweisen ist vor allem auf folgende Phänomene zu achten: Stimmlage (normal oder abweichend, höher oder tiefer), Stimmklang (locker, gelöst, verhaucht, weich, gespannt, hart), Sprechmelodie (melodisch, monoton), Sprechtempo (langsam, angemessen, schnell), Sprachfluß (flüssig, stockend), Dynamik (dynamisch, schlaff), Pausen und ihre Funktionen.[20] Die kritische Beobachtung und Analyse dieser Stimmphänomene kann ebenfalls unter den GruppenteilnehmerInnen aufgeteilt und mit Hilfe von Arbeitsbögen vorgenommen werden, in denen Eindrücke in Zahlen in folgender Weise anzugeben sind:
„Zur Stimme und Sprechweise des Vortragenden:
natürlich 3 - 2 - 1 - 0 - 1 - 2 - 3 unnatürlich
langsam 3 - 2 - 1 - 0 - 1 - 2 - 3 schnell
laut   3 - 2 - 1 - 0 - 1 - 2 - 3 leise"...usw.[21]
Diese Arbeitsbögen sind auch auf alle anderen Analysen anwendbar.

---

18 G. Kugler, H. Lindner, Neue Familiengottesdienste...a.a.O. 193f. Ferner hat H.J. Thilo einen „Fragebogen zum Problem der nonverbalen Kommunikation im Gottesdienst" erstellt, der zur Kritik herangezogen werden kann, siehe ders., Die therapeutische Funktion des Gottesdienstes, 1985, 201f.

19 H.G. Wallbott, Die „euphorisierende" Wirkung von Musik-Videos - Eine Untersuchung zur Rezeption von „bebilderter" Musik, in: Zeitschrift für experimentelle und angewandte Psychologie, 1989, Bd. XXXVI, Heft 1, 138-161,144.

20 G. Rohkämper, D. Seiler, Trainingskurse...a.a.O.142; siehe auch: S. Molcho, Körpersprache als...a.a.O.95.

21 G. Rohkämper, D. Seiler, ebd. 152.

Für eine weitere Übung teilt man die SeminarteilnehmerInnen in zwei Gruppen.[22] Dabei beobachtet Gruppe A und gibt den PredigerInnen oder LiturgInnen Rückmeldung. Gruppe B schweigt zunächst und gibt dann der Gruppe A Rückmeldung über die Wirksamkeit ihrer Beobachtungen. Mit anderen Worten: Es wird ein Feedback des Feedbacks veranstaltet. Es kann z.b. zeigen, daß es in der Ausbildungsrunde WortführerInnen gibt, die alle anderen dominieren. Nach einer Prozeßkritik kann dann die Aussprache fortgesetzt werden.[23] Vorrang hat die Frage: „Wie kann ich TeilnehmerInnen hilfreiches Feedback geben, und wie lerne ich die Wirkung eines Feedbacks auf andere erkennen?"[24] Je länger der Kurs dauert, desto größer wird die Offenheit, sich gegenseitig auf etwas aufmerksam zu machen und die Bereitschaft zur Selbstkritik und Annahme der Kritik anderer. So gewinnt jede/r zugleich den Mut, frei zu sprechen.

Wenn alle TeilnehmerInnen ihre Beobachtungen geschildert und ihre Gefühle geäußert haben, bringt zunächst der/die PredigerIn oder LiturgIn vor, was er/sie gelernt, vielleicht auch, was ihn/sie geärgert hat, z.b. zu betonte Mimik oder Gestik und was er/sie verbessern möchte. Anschließend formulieren alle TeilnehmerInnen der Gruppe, was sie gelernt haben.

Alle TeilnehmerInnen sollten möglichst mehrmals vor der Kamera stehen. Denn nur so können sie selbst feststellen, ob bereits Mängel beseitigt sind, z.b. keine „Urlaute"(„hm", „äh") mehr gebraucht werden, besserer Blickkontakt da ist usw. Damit jede/r wirklich trainieren kann, sollten höchstens 8 - 10 Personen zu einer Gruppe gehören, die dann mehrere Tage, am besten eine Woche, miteinander arbeiten. Außer dem Fernsehapparat und dem Videogerät sind auch andere technische Hilfsgeräte für den Unterricht sehr hilfreich, z.b. eine Tafel mit mehreren Kreidefarben, mehrere große Flipcards (Ständer mit großen Papierblöcken) mit schwarzen und bunten Stiften, ein Tageslicht-Projektionsgerät, ein Diaprojektor und andere.

In einer Gruppe von PfarrerInnen reagieren die KollegInnen grundsätzlich nicht anders als Gemeindeglieder, „freilich manchmal heftiger"[25]. Es lohnt sich aber, sich dieser oft schwierigen Situation zu stellen. „...die Teilnehmer schenken sich durch ihre Äußerungen gegenseitig etwas, was sonst nicht mehr so leicht möglich sein wird..., die zur Optimierung der je eigenen Rhetorik (und Kinesik) gegebenen Hilfen sind eine einzigartige Chance für jeden einzelnen."[26] Daneben haben GruppenleiterInnen die

22 Ebd. 133f.
23 Erika Pomsel, Defizite an kommunikativer und sozialer Kompetenz überwinden. Rhetorik für Ingenieure/Das Hochschuldidaktische Zentrum in Aachen, in: FAZ Nr.302/1989 (30.12.1989), 39.
24 G. Rohkämper, D. Seiler, Trainingskurse...a.a.O.130.
25 Ebd. 155.
26 Die Kompetenz des...a.a.O.139.

Aufgabe, Aggessivität abzubauen und darauf zu achten, daß ein „akzeptierendes Klima entsteht und die Teilnehmer(Innen) eher Verstärkung als Kritik erfahren"[27]. Bei heftiger Kritik von Gruppenmitgliedern ist es Aufgabe der Aus- und FortbildungsleiterInnen die betroffenen TeilnehmerInnen nicht allein zu lassen und immer wieder einmal ein motivierendes und aufbauendes Wort zu sagen. Gravierende Fehler im körperlichen Verhalten eines Gruppenmitgliedes lassen sich auch einmal mit ihm allein besprechen. Haben die TeilnehmerInnen manche schwierige Situation im Gruppenprozeß durchgestanden, dann werden sie froh und dankbar sein, wenn sie zum Abschluß des Seminars das Urteil hören: Bei Ihnen ist „die Gestik flüssiger, die Mimik lebendiger und die Haltung lockerer"[28], Ihr ganzes Auftreten authentischer, das Verhältnis Ihres verbalen und nonverbalen Ausdrucksvermögens stimmiger geworden. Und man bemerkt an sich selbst, daß man freies Reden gelernt hat und Widersprüche zwischen verbalen und nonverbalen Aussagen besser erkennen und bewerten kann.

27 G. Rohkämper, D. Seiler, Trainingskurse...a.a.O.157.
28 Die Kompetenz des...a.a.O.142.

VIII. Ausblick

Die grundlegende Reform des Gottesdienstes durch die beschriebene Aktivierung körpersprachlicher Elemente wird die vertikale und horizontale Kommunikation aller Beteiligten entscheidend verbessern. Im herkömmlichen Gottesdienst ohne integriertes Abendmahl, wie ihn H.-V. Herntrich treffend beschreibt, sind die Gemeindeglieder „genötigt, im Gottesdienst fünf Viertelstunden schweigend dazusitzen und den Mund allenfalls zum Sprechen des Glaubensbekenntnisses (und des Vaterunsers) und zum Singen von Chorälen zu öffnen..."[1]. Im Gottesdienst nach der von uns vorgestellten Form werden die Gemeindeglieder dagegen wesentlich aktiver sein können. Sie werden nicht nur schweigend sitzen, sondern häufiger aufstehen und sich setzen oder hinknien und sich mehr bewegen (Gang zum Altar zum Empfang der Abendmahlselemente, zum Niederlegen der Opfer und Abendmahlselemente, anderer Gaben und der Kollekte). Sie werden nicht nur vorwiegend hören, sondern auch mehr sehen (Handlungen der LiturgInnen bei Abendmahl, Taufe usw.), fühlen (die Hände der NachbarInnen beim Friedensgruß, das Brot und den Kelch bzw. Wein beim Abendmahl usw.), riechen und schmecken (die Abendmahlsspeise und das Abendmahlsgetränk). Ferner werden sie selbst mimisch und gestisch aktiver sein (zur Begleitung rhythmischer Lieder, Händereichen beim Friedensgruß oder nach dem Abendmahlsempfang, Bekreuzigung, Schlagen mit der Faust auf die Brust beim Schuldbekenntnis usw.). Sie werden intensiver denken, schweigen und meditieren und gelegentlich auch ein Verkündigungsspiel oder einen liturgischen Tanz erleben. Mehr Abwechslung nicht nur in den verbalen Aussagen, sondern auch in den nonverbalen Aktivitäten der Gemeinde und der LiturgInnen und ihrer Mitarbeiterschaft verlebendigen den Gottesdienst und verhindern das Aufkommen von Langeweile. Somit wird die Liturgie nicht nur im verbalen, sondern auch im nonverbalen Bereich dialogischer. In solch einem Gottesdienst wird nicht vorwiegend nur der Intellekt, sondern vielmehr der ganze Mensch (Körper, Seele und Geist) angesprochen und aktiviert. So kommunizieren die TeilnehmerInnen mit Gott und miteinander auf ganzheitliche Weise.

---

1 H.-V. Herntrich, Volle Kirchen wird es nicht geben. Lutherische Synode fragte nach dem Gottesdienst, in: LM 29.Jg. 12/1990 (Dez. 1990), 534f.,534.

Diese Ganzheitlichkeit des Gottesdienstes verwirklicht sich nur in der Ansprache und Aktivierung des ganzen Mensc sie meint auch, daß niemand ausgegrenzt wird, alle Alte Bildungsschichten, Kinder, Behinderte, Randgruppen und N sind willkommen und werden mit ihren Anliegen ernstgeno Beteiligung einzelner bei der Gestaltung des Gottesdienstes willkommen. Schließlich erstreckt sich diese Ganzheitlichkeit auf die Berücksichtigung der ganzen Schöpfung im Gottesdienst, d.h. nicht nur der menschlichen, sondern auch der außermenschlichen Schöpfung (Tiere, Pflanzen und unbelebte Kreatur). Zur Berücksichtigung der außermenschlichen Schöpfung gehören neben dem Dank für sie an Gott die Bitten für die leidende Kreatur und die bedrohte Schöpfung.

Wenn der Gottesdienst durch die verbesserte Kommunikation ansprechender und attraktiver wird, so soll das nicht besagen, daß eine konsequente Verwirklichung dieser Reform die sich leerenden Gotteshäuser in Kürze wieder füllen wird. Es ist jedoch zu erwarten und zu erhoffen, daß sie mehr als die bisherigen Reformversuche bewirken wird. Von den intensiven reformerischen Bemühungen um den Gottesdienst seit 1963 in der evangelischen Kirche schreibt K.-F. Daiber, daß sie „keine statistische Steigerung der Gottesdienstbesuche erreichen"[2] konnten. Von der großen Liturgiereform des 2. Vatikanums ist zu sagen, daß zwar ohne diese Reform die Teilnahme in den katholischen Gottesdiensten wohl noch stärker zurückgegangen wäre, als seit dem 2.Vatikanischen Konzil ohnehin geschehen. Die nachkonziliare Liturgiereform hat aber, wie H.Chr. Schmidt-Lauber feststellt, „den Kirchgang keineswegs gefördert, ja nicht einmal sichern können: Der Verlust betrug im deutschen Katholizismus zwischen 1950: 53,9% und 1985: 26% mehr als die Hälfte der gottesdienstlichen Gemeinde, genauer 51,7% und damit im Vergleich das Zweifache des deutschen Protestantismus"[3].

Die Verbesserung der Kommunikation im Gottesdienst durch die von uns geschilderte Reform alleine kann schon deshalb die heutige Gottesdienstkrise nicht überwinden, weil zu ihr eine Kirchenreform hinzutreten muß, wenn sie voll wirksam werden soll. So schreibt K. Richter: „Aber wenn die Liturgiereform nicht Teil einer Gesamtreform der Kirche ist – also der Verkündigung und der ihr zugrundeliegenden Theologie wie auch der kirchlichen Organisationsformen –, wird sie letztlich bloß Imagekos-

2 K.-F. Daiber, Wo bleiben sie denn? Noch einmal zum Thema Sonntag und Kirchgang, in: ZGP 8.Jg., 2/1990 (März/April 1990), 30-34,33.
3 H.Chr. Schmidt-Lauber, Auf dem Weg zur Erneuerten Agende, in: PTh 79.Jg., 10/1990 (Okt. 1990), 434-451,439.

.ık bleiben."[4] Umgekehrt ist auch die Kirchenreform auf eine Liturgie-
.eform angewiesen, wenn sie erfolgreich sein soll. Denn der Gottesdienst
kann „auch Wesentliches für die Kirchenreform beitragen"[5]. Und R.
Volp sagte in seinem Einführungsreferat auf der rheinischen Landessynode
1988 in prägnanter Weise: „Lebt der Gottesdienst, dann lebt die Kirche."[6] –
Liturgie und Kirche bedürfen beide einer permanenten Reform. Diese Erkenntnis hat der katholische Liturgiker R. Kaczinski in die Worte gefaßt:
„... eine Ecclesia semper reformanda braucht eine Liturgia semper reformanda."[7] Die Reform soll der Anpassung an die jeweilige Zeitsituation
dienen, ohne daß dabei die Kontinuität liturgischer Tradition aufzugeben
ist.

Eine Liturgiereform kann die gegenwärtige Gottesdienstkrise nicht nur
deshalb nicht allein überwinden, weil die Gottesdienstteilnahme von der
Situation in der Kirche abhängig ist, sondern auch, weil sie von den gesellschaftlichen Verhältnissen beeinflußt wird. Nach F. Kohlschein ist sogar
„der stärkste Einflußfaktor ... die geistige und gesellschaftliche Situation,
nicht die formale Qualität des Gottesdienstes"[8]. So wirkt sich z.B. eine
Veränderung des Freizeitverhaltens (Wochenende, Urlaub) auf den sonntäglichen Gang zur Kirche aus. Viele Menschen sind heute keine regelmäßigen KirchgängerInnen mehr, weil sie in ihrer Freizeit nicht mehr regelmäßig an Gottesdiensten teilnehmen, sondern ihre freie Zeit meist anders
ausfüllen, z.B. mit Ausschlafen am Sonntagvormittag, Anschauen von
Fernsehsendungen, Ausflügen, Besuchen von kulturellen Veranstaltungen,
Museumsbesichtigungen usw. Dabei gilt: „Die Regelmäßigkeit des Got-
tesdienstbesuches im Sinne des wöchentlichen Kirchgangs oder nur auch
im Sinne eines regelmäßigen monatlichen Kirchgangs kann nicht revitali-
siert werden."[9] – Und wir möchten hinzufügen: Das ist auch durch die beste Liturgie- und Kirchenreform nicht möglich.

Beeinflussen die gesellschaftliche und geistige Situation eines Volkes
die Gottesdienstteilnahme der BürgerInnen, so haben umgekehrt auch die

---

4 K. Richter, Liturgiereform als Mitte einer Erneuerung der Kirche, in: Vom Sinn der Liturgie, hrsg. von A.A. Häußling, Schriften der Katholischen Akademie in Bayern, hrsg. von
F. Henrich, Bd. 140, 1991, 131-158,154. - Nach H. Blankesteijn gilt entsprechend, daß
„...eine Rehabilitierung des Leibes...mehr umfaßt als nur die Liturgie", siehe ders., Der
Leib...a.a.O.154.
5 Chr. Grethlein, Abriß...a.a.O.260.
6 Landessynode 1988...a.a.O.47.
7 R. Kaczinski, Erneuerung der Kirche durch den Gottesdienst, in: Th. Maas-Ewerd (Hrsg.),
Lebt unser Gottesdienst?...a.a.O.15-37,15; siehe auch: K. Richter, Liturgiereform... a.a.O.
139.
8 F. Kohlschein, Gottesdienst in der „Stadt ohne Gott", in: Gottesdienst, 23. Jahr, 16/1989
(31.8.1989), 121-123,123; siehe auch: Chr. Grethlein, Abriß...a.a.O.260; G. Schmidtchen,
Gottesdienst in einer rationalen Welt. Religionssoziologische Untersuchungen im Bereich
der VELKD, 1973, 147.
9 K.-F. Daiber, Wo bleiben...a.a.O.32.

Kirchen „durch ihr geistiges Leben (und das heißt doch auch: durch ihre Gottesdienste) den weitaus höchsten Anteil am Aufbau geistiger Substanz in unserem Volk"[10]. Und zwar ist „die geistige Substanz unseres Volkes ... weitgehend abhängig von der Art, wie die Kirche ihren geistigen Auftrag wahrnimmt". Das bedeutet doch auch: Es wirkt sich auf die geistige Substanz des Volkes aus, wenn die Kirche statt lebendiger Gottesdienste erstarrte, kraftlose feiert. Beeinflußt der „geistige Auftrag der Kirche ... die Tiefenströmungen, die geistige Substanz des Volkes und damit alle weitreichenden Entscheidungen in seiner Geschichte", dann sollte die Kirche in Verantwortung vor Gott und Volk mit aller Sorgfalt ihre Gottesdienste gestalten. Deshalb müssen wir H. Cox widersprechen, wenn er schreibt: „Wir haben die ermüdende und sinnlose Aufgabe hinter uns gelassen, die Kirche zu erneuern, und befassen uns mit der Neuschaffung der Welt."[11] Die Erneuerung der Kirche und ihrer Gottesdienste ist nicht eine „sinnlose", sondern vielmehr eine durchaus sinnvolle Aufgabe, weil sie nicht nur zur rechten Erfüllung des Missionsauftrages Jesu Christi gehört, sondern auch deshalb, weil sie entscheidend zur „Neuschaffung der Welt" beiträgt.

Die „Veränderung der gottesdienstlichen Form kann die Zugangsschwelle zum Gottesdienst nicht abbauen, sie kann sie allerdings, wenn sie überzeugend ist, verringern"[12]. Deshalb ist davon auszugehen, „daß eine Gottesdienstreform ... auch für kritische Gottesdienstbesucher neue Zugänge erschließt". In der Tat wird das kritische Gemeindeglied, das an der Kirchtür auf freundliche und einladende Weise empfangen wird, die Türschwelle des Gottesdienstraums leichter überschreiten, als wenn es eine unpersönliche und unfestliche Atmosphäre antrifft. Wenn es dann jenseits der Türschwelle nicht einen langweiligen, erstarrten, steifen, sondern einen kommunikativen, lebendigen Gottesdienst mitfeiert, wird es sich leichter dazu entschließen, bald wieder einmal an einem Gottesdienst teilzunehmen. Deshalb lohnen sich alle Mühe und Sorgfalt, die an die Gestaltung, Durchführung und Nacharbeit des Gottesdienstes von allen für ihn Verantwortlichen gewandt werden. Allerdings sollten letztere sich stets dessen bewußt sein, daß die Liturgie, wie A. Ehrensperger schreibt, „letzten Endes nicht machbar (ist), sondern einen geheimnisvollen Charakter hat". „Die Ermächtigung dazu, Gottesdienst feiern zu dürfen, ist ein Geschenk Gottes."[13]

Auf katholischer Seite spricht man heute auch von einer „mysta-

---

10 W. Leich, Glaube als Quelle der Freiheit, in: Rhein. Merkur/Christ und Welt, 37/1990 (14.7.1990), 23.
11 H. Cox, Das Fest...a.a.O.129.
12 K.-F. Daiber, Votum, in: Gemeinden erleben ihre Gottesdienste. Erfahrungsberichte/K.-F. Daiber, H.W. Dannowski, W. Lukatis, L. Ulrich, 1978, 125-128,127; siehe auch: M. Josuttis, Gottesdienst nach Schleiermacher, in: VuF 31.Jg.,2/1986, 47-79,66.
13 A. Ehrensperger, Gottesdienst...a.a.O.162.

gogischen Liturgie"[14], wobei der Begriff „Mystagogie" im Register der Synodenbeschlüsse des 2. Vatikanums noch nicht auftaucht. Mystagogie bedeutet – kurz gesagt – „geistliche Führung". K. Richter definiert mystagogische Liturgie folgendermaßen: „Die Liturgie ist dann eine mystagogische Liturgie, wenn sie so gefeiert wird, daß sie Lebensveränderung in der Nachfolge unseres Herrn ist und bewirkt. Für einen Großteil unserer Gemeinden ist das wohl immer noch mehr Wunsch als Wirklichkeit nach einem Vierteljahrhundert Liturgiereform."[15] Ferner fordert K. Richter mit der Zweiten Außerordentlichen Bischofssynode der Weltkirche von 1985 eine „weitergehende Inkulturation" der Liturgie, an die „Guardini... sicher noch nicht gedacht"[16] hat. „Inkulturation" besagt, daß die Liturgie stärker in der jeweiligen Kultur eines Landes, in dem sie gefeiert wird, verankert werden sollte, d.h., Sprache und Handlungen sollten dem jeweiligen Volk angemessen sein. Wir legen jedoch das Schwergewicht auf die stärkere Verankerung der Liturgie in allen nonverbalen Bereichen der Kommunikation.

In der Erneuerten Agende (EA) heißt es zutreffend, daß die GestalterInnen der Liturgie bei ihrem Einsatz für einen lebendigen Gottesdienst nicht nur der Agenden, sondern „...vielmehr vom Geist Gottes inspirierter Gemeinden"[17] bedürfen.

Die Gottesdienstreform in ihren vielfältigen Formen, wie wir sie in unserer Arbeit vorgestellt haben, ist nicht von heute auf morgen zu verwirklichen. Für ihre Realisierung bedarf es großer Geduld und zugleich des Mutes zu kleinen Schritten. Auch darf Ganzheitlichkeit nicht mit Vollkommenheit verwechselt werden. Denn vieles in unseren Bemühungen auf dem Weg zur lebendigen Liturgie wird „Fragment bleiben"[18]. Alle unsere Bemühungen um lebendige Liturgie und unser Ringen um eine rechte Gestalt des Gottesdienstes gelten der Verkündigung des Wortes, das in allem Vergehen der Welt allein bleiben wird. Denn Jesus Christus hat uns verheißen: „Himmel und Erde werden vergehen, aber meine Worte werden nicht vergehen." (Mt 24, 35) Die bleibende Erinnerung an diese Verheißung unseres Herrn wird uns stets neue Kraft und frischen Mut beim Einsatz für die Verwirklichung des lebendigen und ganzheitlichen Gottesdienstes geben.

---

14 K. Richter, Eine mystagogische Liturgie...a.a.O.109-135.
15 Ebd. 114 und 135.
16 Ders., Die erneuerte Liturgie im Horizont der Fragestellung Romano Guardinis nach der Liturgiefähigkeit des Menschen von heute, in: ders., Den Glauben feiern...a.a.O.136-163, 156.
17 EA a.a.O.21.
18 H. Schröer, Lebendige Liturgie - was ist das? in: Lebendige Liturgie...a.a.O.9-18,15.

IX. Das Zeugnis der Evangelisten von der Körpersprache Jesu

Nachdem wir die einzelnen Gebiete der Körpersprache des Menschen, nonverbale Einzelsignale und Signalkomplexe, besprochen haben, wollen wir nun nach der Körpersprache Jesu fragen. Wie war bei Jesus das Verhältnis von verbalem und körpersprachlichem Ausdruck seiner Botschaft? Wir wollen aufzeigen, daß diese Frage nicht abwegig, sondern vielmehr sinnvoll und notwendig ist und daß die Antworten auf solches Fragen wichtige Konsequenzen für die Gestaltung von Gottesdiensten haben.

Eine Grundvoraussetzung für die Beantwortung der Frage nach der Körpersprache Jesu ist, daß Jesus nicht aus doketischer Sicht gesehen wird. Nach biblischer Darstellung war Jesus von Nazareth ein richtiger, natürlicher, leibhaftiger Mensch, der vor rund 2000 Jahren auf unserer Erde lebte und wirkte. Insbesondere die Evangelisten berichten als Verfasser der neutestamentlichen Evangelien, daß er wie andere Menschen der damaligen Zeit geboren wurde, aß, trank, redete, arbeitete, ruhte und starb. Wenn der Evangelist Matthäus einmal berichtet, daß Jesus von Zeitgenossen „Fresser und Weinsäufer" (Mt 11,19) genannt wurde, so hebt gerade dieses Urteil über Jesus auf „...seine Leiblichkeit"[1] oder Körperlichkeit ab. Neben den Evangelisten betont Paulus: Jesus wurde „geboren von einer Frau" (Gal 4,5). Und der Verfasser des Hebräerbriefes schreibt, daß er wie ein anderer Mensch „an dem, was er litt, Gehorsam gelernt" (Hebr 5,8) hat.

Nach dem Zeugnis der Evangelien hat Jesus nicht nur geredet, indem er vor allem das Reich Gottes mit Worten verkündete. Er hat zugleich auch gehandelt, indem er z.B. Kranke geheilt und andere Symbolhandlungen vollzogen hat. Die protestantische Theologie und Gottesdienstpraxis haben sich jedoch vorwiegend mit seiner Predigt beschäftigt, weniger mit seinen Handlungen, von denen vor allem nonverbale Signale ausgingen. H. Albrecht drückt das so aus: „Protestantische Theologie und Homiletik haben sich weithin auf digitale, lediglich denotative, nichtsymbolische Kommunikationsweisen beschränkt, die Armut an Emotionen und Beziehungen ist für die evangelische Predigt genauso charakteristisch wie ihre oft kunstvolle Komplexität und ihr theologisches Abstraktionsvermögen."[2]

---

1 Ulrike Börsch, Anmerkungen zu einer Predigt von K. Wende über Joh 8,3ff., in: ZGP 2.Jg., 4/1984 (Juli/Aug. 1984), 20f.,21.

2 H. Albrecht, Arbeiter und Symbol. Soziale Homiletik im Zeitalter des Fernsehens, 1982, 127.

Wenn noch E. Lange schreibt: „So gewiß Jesus von Nazareth zuerst und zuletzt ein Prediger ist..."[3], so haben wir dazu zu bemerken, daß Jesus in gleicher Weise „zuerst und zuletzt" Heiland der Kranken, Erwecker der Toten und Helfer der Armen und Entrechteten war. Nach dem Zeugnis der Evangelienschreiber war Jesus nicht nur ein Mann des Wortes, sondern zugleich auch ein Mann der Tat. Weil insbesondere protestantische Theologen die Predigt Jesu überbewerteten und zugleich seine Taten vernachlässigten, war ihnen von vornherein der Zugang zu seiner Gestik und zu anderen Körpersignalen verstellt. Dabei waren letztere nicht etwa nur „Äußerlichkeiten" oder Zugaben, die seine Worte ergänzten, sondern diese konnten sogar allein an ihre Stelle treten. So hat Jesus, als er nach dem Bericht des Markus vor seinen Jüngern ein Kind „herzte" – so übersetzt M. Luther; in der Einheitsübersetzung heißt es: „(er) nahm es in seine Arme" – (Mk 9,36), nicht mit Worten, sondern auf nonverbale Weise seine Liebe zu diesem Kind zum Ausdruck gebracht. Denn Kinder können den Sinn von Worten noch nicht verstehen. An diesem Beispiel wird deutlich, daß ein vollständiges Verständnis der Botschaft Jesu nur möglich ist, wenn wir auch seine nonverbalen Signale aufnehmen. So schreibt der katholische Theologe O. Betz mit Recht: „Wir sollten einmal darauf achten, wie häufig in den Evangelien von den Körpergesten Jesu die Rede ist."[4] Wir wollen im folgenden alle körpersprachlichen Signale Jesu, seine Mimik und Gestik, seine Körperhaltungen usw. untersuchen. Es sind Beispiele auf allen Gebieten der Körpersprache, die wir in unserer Arbeit vorstellen. Bevor wir das tun, wollen wir zunächst noch zwei Vorbemerkungen machen.

Unsere erste Vorbemerkung betrifft die Frage nach der Historizität der in den Evangelien berichteten Körpergesten und der anderen nonverbalen Signale Jesu. Wir werden nicht die Frage nach dem Wahrheitsgehalt der Überlieferung erörtern. Für unsere Untersuchung genügt es vielmehr, wenn wir von der Endgestalt (Schlußredaktion) der neutestamentlichen Berichte über die Taten Jesu ausgehen und zwar in dem Bewußtsein, daß gerade diese zu allen Zeiten Glauben gewirkt, erhalten und gestärkt haben. In dieser Hinsicht schreibt F. Steffensky entsprechend über die Szenen, in denen Jesus gehandelt hat: „Mag sich die Szene so abgespielt haben oder nicht - die Menschen, die sie weitererzählt haben, und der, der sie aufgeschrieben hat, empfanden diese Inszenierung als die angemessene Darstellung für das, was Jesus meinte."[5]

Weil wir keinen direkten Zugang zu den Worten und Taten Jesu und damit auch nicht zu seinen körpersprachlichen Äußerungen haben, sondern

---

3 E. Lange, Chancen des Alltags. Überlegungen zur Funktion des christlichen Gottesdienstes in der Gegenwart, 1965, 73.

4 O. Betz, Elementare Symbole. Zur tieferen Wahrnehmung des Lebens, 1987, 51.

5 F. Steffensky, Feier...a.a.O.131.

uns nur das Zeugnis der vier Evangelisten und der anderen Verfasser neutestamentlicher Schriften von Jesus vorliegt, haben wir über dieses Kapitel nicht die Überschrift „Die Körpersprache Jesu", sondern „Das Zeugnis der Evangelisten von der Körpersprache Jesu" gewählt.[6] Wenn wir somit in den folgenden Ausführungen einzelne körpersprachliche Aussagen Jesu behandeln, meinen wir sie stets so, wie sie in den Zeugnissen der Evangelisten vorliegen, ohne stets darauf hinzuweisen.

Eine zweite Vorbemerkung betrifft die Tatsache, daß die einzelnen Evangelisten eine unterschiedliche theologische Prägung haben. Diese hat die Endgestalt ihrer Berichte über Jesus beeinflußt. Man könnte deshalb auch untersuchen, wie sich z.B. die Darstellung der Körpersprache Jesu des Johannes von derjenigen der einzelnen Synoptiker unterscheidet. Diese Unterschiede wollen wir jedoch in unserem Zusammenhang vernachlässigen. Ferner werden wir uns auf die Aussagen der neutestamentlichen Evangelien beschränken und Aussagen von apokryphen Evangelien somit nicht berücksichtigen. Wir wollen auch nicht durch Psychologisieren und Spekulieren mehr aus den biblischen Texten ableiten, als sie wirklich aussagen.

Mimik: Grundsätzlich gilt, daß jedes Sprechen von Menschen von mimischen Bewegungen im Gesicht begleitet wird. Insofern hat auch Jesus als wahrer Mensch mimische Ausdrücke gezeigt, wenn dies auch nicht ausdrücklich von den Evangelisten ausgesagt wird. Wenn Jesus nach Matthäus sagte: „Weh euch, Schriftgelehrte und Pharisäer, ihr Heuchler, die ihr das Himmelreich zuschließt vor den Menschen!..."(Mt 23,13), so war sein Zorn über die Heuchelei der Schriftgelehrten und Pharisäer gewiß nicht nur seinen Worten, sondern auch seiner Mimik und der Erregung in seiner Stimme zu entnehmen. Wenn er nach Lukas einmal über Jerusalem weinte und sprach: „Wenn doch auch du erkenntest zu dieser Zeit, was zum Frieden dient! Aber nun ist's vor deinen Augen verborgen..."(Lk 19,41f.), so waren seine Trauer und sein Schmerz über die Unbußfertigkeit Jerusalems nicht nur seinen Worten, sondern auch seinen Tränen und den typischen mimischen Bewegungen beim Weinen zu entnehmen. Alles bisher von uns Ausgeführte über die Mimik Jesu gilt freilich nur unter der Voraussetzung von Joh 1,14.

Blick: In der Szene im Hof des Hohenpriesters (Lk 22,54-62) rührte Jesus Petrus nicht durch Worte, sondern nur dadurch zu Tränen, daß er ihn ansah. Wenn Lukas in der Geschichte von der Begegnung Jesu mit dem reichen Jüngling (Lk 10,17-21) schreibt: „Und Jesus sah ihn an und gewann ihn lieb" (Vers 21), so wurde die Liebe Jesu zu ihm durch seinen Blick erkennbar. Mit Recht spricht E.Chr. Achelis, bezugnehmend auf die-

---

6 Prof. Dr. W.G. Kümmel, dem ich den Vorentwurf dieses Kapitels zur kritischen Überprüfung zuschickte, veranlaßte mich zu dieser Umformulierung der Überschrift.

se Geschichte, von der „Beredsamkeit der Augen Jesu"[7]. Wenn Matthäus in seinem Bericht von der Speisung der Fünftausend (Mt 14,13-21) schreibt: „...(er) sah auf zum Himmel", so hat Jesus mit seinem Blick zum Himmel auf nonverbale Weise dem Volk gesagt, daß er mit seinem himmlischen Vater Verbindung aufgenommen hat, um ihm zu danken und ihn zu ehren. Wenn Jesus nach Lukas im Gleichnis vom Pharisäer und Zöllner (Lk 18,9-14) sagte: „...(der Zöllner) wollte auch die Augen nicht aufheben zum Himmel... und sprach: Gott, sei mir Sünder gnädig"(Vers 13), so läßt Jesus den Zöllner sein Sündenbekenntnis und seine Bußfertigkeit nicht nur durch seine Worte, sondern auch durch seinen gesenkten Blick zum Ausdruck bringen.

Gesten und Körperbewegungen: Wenn Matthäus in seinem Bericht von der Rede Jesu über seine wahren Verwandten (Mt 12,46-50) schreibt: „Und er (Jesus) streckte die Hand aus über seine Jünger und sprach: siehe da, das ist meine Mutter, und das sind meine Brüder!"(Vers 49), so führte Jesus eine „sprechende Handbewegung"[8] aus. Nonverbale Signale sandte Jesus auch bei seinen Segnungen, den Speisungen des Volkes, beim letzten Mahl mit seinen Jüngern, seinen Heilungen von Kranken, Blinden, Taubstummen und Aussätzigen, seinen Auferweckungen von Toten und seiner Tempelreinigung (Mt 21,12-17 par.) aus. Wir greifen aus Platzgründen von den vielen Heilungsgeschichten nur die Geschichte der Heilung des Taubstummen (Mk 7,31-37) heraus, um an ihr aufzuzeigen, wie vielfältig die Gesten Jesu bei seinen Heilungen sein konnten. Er nahm ihn aus der Menge beiseite, legte ihm die Finger in die Ohren und berührte seine Zunge mit Speichel (Vers 33). In der Geschichte von Jesus und der Ehebrecherin (Joh 8,1-11) sprach er zunächst überhaupt nicht mit Worten, sondern nur mit Gesten, d.h., er bückte sich und schrieb mit dem Finger auf die Erde (Vers 6). S. Laeuchli bemerkt treffend zu dieser Szene: „Man lese die Kommentare, wie kryptisch und unerschlossen dieses ‚Schreiben in den Sand' geblieben ist."[9]

Jesus hat sich von Menschen nicht nur mit Worten, sondern auch auf nonverbale Weise sagen lassen und es anerkannt, daß sie ihn liebhaben. So hat die Frau in der Geschichte von der Salbung in Bethanien (Mk 14, 3-9) Jesus nicht mit Worten, sondern mit Gesten – „sie zerbrach das Glas mit unverfälschtem Nardenöl und goß es auf sein Haupt" (Vers 3) – ihre große Liebe bezeugt. Und er hat ihre Tat als „gutes Werk" anerkannt.

Jesus hat auch in seinen Gleichnissen die Gesten der Menschen beschrieben. Im Gleichnis vom verlorenen Sohn (Lk 15,11-32) drückt der

---

7 E.Chr. Achelis, Lehrbuch der praktischen Theologie, 2. Bd.: Die Lehre vom Kultus, 1911[3], 276.
8 Ebd.
9 S. Laeuchli, Das Spiel...a.a.O.162.

Vater dem heimkehrenden Sohn mit Worten und folgenden Gesten seine Liebe aus: „...er lief (ihm von weitem entgegen) und fiel ihm um den Hals und küßte ihn." (Vers 20).

Jesus hat neben vielerlei Gesten auch Körperbewegungen ausgeführt, so z.B., als er sich im Tempel zum Sitz des jüdischen Lehrers hinbewegte, um von dort aus zu lehren (Mt 26,55)

Körperhaltung: Matthäus berichtet, daß Jesus beim Lehren im Tempel die Körperhaltung des Sitzens eingenommen hat (Mt 26,55), weil er, wie E. Schweizer in seinem Kommentar schreibt, „...noch weiß, daß der jüdische Lehrer bei seiner Lehre sitzt"[10]. In der Passionsszene „Jesus in Gethsemane" (Mt 26,36-46) berichtet Matthäus: „Jesus fiel nieder auf sein Angesicht und betete..." (Vers 39) So hat Jesus nicht nur mit Worten, sondern auch durch das Liegen mit seinem Angesicht auf der Erde, also mit der Körperhaltung, seinem himmlischen Vater zum Ausdruck gebracht, daß er sich dessen Willen unterwirft. Entsprechend ist sein Niederknien in der lukanischen Fassung des Geschehens in Gethsemane (Lk 22,41) körpersprachlicher Ausdruck der Unterwerfung Jesu unter Gottes Willen.

Auch in den Gleichnissen wird von Jesus die Körperhaltung zur Charakterisierung von Menschen beschrieben. Im Unterschied zur aufrechten Haltung des Pharisäers z. B. tritt der Zöllner im schon betrachteten Gleichnis (Lk 18,9-14) in einer Körperhaltung auf, die Sündenbewußtsein und Demut ausdrückt.

Körperkontakt: Besonders bei seinen Heilungen hat der Körperkontakt Jesu mit Kranken eine funktionale Bedeutung. So schreibt z.B. Matthäus in der Geschichte von der Heilung eines Aussätzigen (Mt 8,1-4 par.): „Jesus streckte die Hand aus, rührte ihn an und sprach: Ich will's tun; sei rein." (Vers 3) Dazu schreibt O. Betz treffend: „Jesus redet nicht nur zu ihm, er geht auf den Mann zu, berührt ihn, geht also eine leibhaftige Verbindung mit dem allseits Gemiedenen ein ohne jede Berührungsangst."[11] In der Geschichte von der Fußwaschung (Joh 13,1-20) hat Jesus beim Waschen die Füße der Jünger berührt und damit auf nonverbale Weise zum Ausdruck gebracht, daß er sich in diesem Augenblick als Diener seiner Jünger verstanden und dementsprechend gehandelt hat.

Jesus hat nicht nur durch seine Berührung Kranke gesund, Blinde sehend und Taube hörend gemacht, sondern ließ sich auch von Menschen, die zu ihm kamen, anrühren. Das zeigt z.B. die Geschichte von der Heilung der blutflüssigen Frau (Mk 5,25-34). Daß diese Heilung kein Einzelfall war, zeigen die Worte des Lukas: „Und alles Volk suchte, ihn anzurühren; denn es ging Kraft von ihm aus, und er heilte sie alle" (Lk 6,19). – In der Geschichte von Jesu Salbung durch die Sünderin (Lk 7,36-50) hat

---

10 E. Schweizer, Das Evangelium nach Matthäus, in: Das Neue Testament Deutsch, Teilband 2, 1976[14], 324.

11 O. Betz, Elementare Symbole...a.a.O.51.

Lukas berichtet, daß Jesus es zuließ, daß sie ihn berührte, indem sie seine Füße mit Tränen benetzte, mit den Haaren ihres Hauptes trocknete, sie küßte und mit Salböl salbte (Vers 38). Und Jesus hat ihre Taten als Erweis ihrer Liebe zu ihm ausdrücklich anerkannt (Verse 44-48).

Die besondere Bedeutung, die die biblischen Zeugen gerade dem Berühren oder Betasten Jesu zumaßen, zeigt die Tatsache, daß der Verfasser des 1. Johannesbriefs in seinem Zeugnis neben dem Hören und Sehen Jesu auch das *Betasten mit den Händen* nennt, siehe 1. Joh 1,1.

Räumliches Verhalten: Jesus hat zwar oftmals im Freien gepredigt, jedoch zugleich auch den Tempel als besonderen Ort für die Verkündigung des Wortes Gottes anerkannt und aufgesucht. So schreibt Matthäus im Bericht von der Gefangennahme Jesu (Mt 26,47-56), daß er zur Schar derer, die ihn gefangennehmen wollte, sagte: „Habe ich doch täglich im Tempel gesessen und gelehrt, und ihr habt mich nicht ergriffen." (Vers 55) Er hielt sich auch an die Ordnungen des Tempels, indem er, wenn er lehren wollte, zum Sitz des jüdischen Lehrers ging, um von dort aus zu sprechen.

Wenn Jesus im Gleichnis vom Pharisäer und Zöllner (Lk 18,9-14) vom Zöllner sagte: „Der Zöllner aber stand *ferne* ... und sprach: Gott sei mir Sünder gnädig!" (Vers 13), so hat Jesus damit zum Ausdruck gebracht, daß der Zöllner nicht nur mit seinen Worten, sondern auch mit seinem räumlichen Verhalten sein Sündenbewußtsein, seine Reue und Buße bezeugt hat.

Kleidung, Körperbau und andere Aspekte der äußeren Erscheinung: Die Bedeutung, die Jesus der menschlichen Kleidung zugemessen hat, zeigt sein Gleichnis von der königlichen Hochzeit (Mt 22, 1-14 par.). In ihm läßt er den König zu dem Menschen, der kein „hochzeitliches Gewand" anhat, sagen: „Freund, wie bist du hier hereingekommen und hast doch kein hochzeitliches Gewand an?" (Vers 12) Mit seiner Kleidung signalisiert der Mensch Festlichkeit oder Alltäglichkeit. An diese menschliche Gepflogenheit hat auch Jesus sich gehalten und an sie bei seiner Gleichniserzählung angeknüpft.

Über Körperbau und andere Aspekte der äußeren Erscheinung Jesu werden in den Evangelien keine näheren Angaben gemacht.

Nonverbale vokale Signale (Stimme, Musik, Naturlaute, Geräusche): Die wichtigsten Aspekte der menschlichen Stimme (Lautstärke, Betonung usw.) galten gewiß für Jesu Stimme genauso wie für die Stimme der Menschen aller Zeiten. Im Bericht von Jesu Kreuzigung und Tod (Mt 27,31-56) schreibt Matthäus nicht nur, daß Jesus um die neunte Stunde schrie, sondern daß er „laut schrie": „Eli, Eli, Lama asabtani?..."(Vers 46) Die griechische Sprache hat zwei verschiedene Worte für Schreien, wobei Matthäus dasjenige für lautes Schreien verwendet hat. Somit hat nach ihm Jesus nicht nur verbal, sondern auch nonverbal, d.h. durch die besondere Lautstärke seines Schreiens, zum Ausdruck gebracht, daß er starke Schmerzen am Kreuz zu erdulden hatte.

Jesu positives Verhältnis zur Musik zeigt sich daran, daß er nach Johannes an jüdischen Festen mit Musik und Tanz teilnahm, siehe Joh 2,1-7,2 und 10.

Im Gleichnis vom verlorenen Sohn (Lk 15,11-32) läßt er den Vater aus Freude über die Heimkehr des Sohnes ein Fest veranstalten, auf dem es „Singen und Tanzen" (in der Einheitsübersetzung und in der Übersetzung von U. Wilckens heißt es: „Musik und Tanz") gab.

Ansprache des Geruchs- und Geschmackssinns: Jesus hat in seiner Arbeit für das gegenwärtige und kommende Reich Gottes nicht nur die Sinnesorgane des Hörens, Sehens und Fühlens, sondern auch diejenigen des Riechens und Schmeckens und so mit seiner Verkündigung den ganzen Menschen angesprochen.[12] Hier sind vor allem die Speisungsgeschichten und der Bericht vom letzten Mahl Jesu mit seinen Jüngern zu nennen. So heißt es in der Geschichte von der Speisung der Fünftausend (Mk 6,31-44 par.), daß er nicht nur zum Volk gesprochen, sondern ihm auch Brot und Fische gegeben hat. Er hat also nicht nur an die Seele und den Geist der Menschen, sondern auch an ihren Körper gedacht. Mit anderen Worten: Er hatte ein ganzheitliches Menschenbild.[13] Im Bericht vom letzten Abendmahl (Mt 26,17-30 par.; siehe auch: 1. Kor 11,23-25) heißt es, daß Jesus seinen Jüngern Brot zum Essen und Wein zum Trinken gab. Jesus hielt sich nach G. Voigt „...immer an etwas Bestimmtes – nämlich Hörbares, Sichtbares, Greifbares, *Schmeckbares* (von uns kursiv gedruckt), von dem wir sagen dürfen: Hier ist er!"[14] Weil von echtem Brot anstelle von geruchloser Oblate oder Hostie und von gutem Wein würziger Duft ausströmt, hat sich Jesus nicht nur an „Schmeckbares", sondern zugleich auch an *Riechbares* gebunden.

In der Geschichte von der Salbung in Bethanien (Mt 26,6-13 par.) erkannte Jesus bei der Frau, die ihn salbte, nicht an ihren Worten, sondern an dem Duft, den sie aus „kostbarem Salböl" für ihn bereitet hatte, ihre Liebe zu ihm. Für Jesus war das Ausgießen des teuren Öls auf sein Haupt keine „Verschwendung", sondern ein „gutes Werk" an ihm (Vers 8 und 10).

Tanz: Jesus ging zu jüdischen Festen, in denen es in der Regel außer der Musik auch Tanz gab und zeigte damit, daß er ein positives Verhältnis zu

---

12 Chr. Grethlein zitiert R. Berger, der im gleichen Sinn schreibt: „Jesus kündet den Menschen das Heil nicht nur mit Worten an, sondern läßt es sie mit allen Sinnen in den realen Formen dieser Welt erfahren.",siehe: Chr. Grethlein, Abriß...a.a.O.29; R. Berger, Naturelemente und technische Mittel, in: Gottesdienst der Kirche, Handbuch...3,a.a.O. 249 bis 288,254.

13 Sein ganzheitliches Menschenbild zeigt sich auch im Vaterunser, das er die Jünger gelehrt hat. In ihm tritt neben die Bitte um den Geist diejenige um das tägliche Brot, siehe: P. Fiedler, Warum Brot, welche Versuchung? Anfragen an das Vaterunser, in: CiG 43.Jg., 49/1991 (8.12.1991), 406.

14 G. Voigt, Unser Gottesdienst. Wege zum Verstehen und Erproben, 1974, 56.

beiden gehabt hat. Wir weisen auch auf das Gleichnis Jesu von den tanz-unwilligen Kindern hin, das Matthäus erzählt: „Mit wem soll ich aber dieses Geschlecht vergleichen? Es gleicht den Kindern, die auf dem Markt sitzen und rufen den andern zu: Wir haben euch aufgespielt, und ihr wolltet nicht tanzen..."(Vers 16f.) Im Gleichnis vom verlornen Sohn (Lk 15, 11 bis 32) läßt Jesus den Vater anläßlich der Heimkehr seines Sohnes ein Fest mit Tanz veranstalten (Vers 25).

Verkündigungsspiel: Jesus hat zwar keine ausgesprochenen Verkündigungsspiele aufführen lassen. Aber nach G. Schüepp hat „...Jesus selbst durch seine Gleichniserzählungen genügend Beispiele gegeben, daß und wie eine Lehre in szenischer Form vermittelt werden kann"[15].

Folgerungen aus der Körpersprache Jesu für uns heute: Wenn Jesus nicht nur geredet, sondern auch gehandelt und dabei Körpersprache in vielfältigen Formen praktiziert hat, so ergeben sich daraus für uns die folgenden Überlegungen.

Wenn wir in der Nachfolge Jesu stehen wollen, dann sollten wir nicht nur wie er reden, sondern zugleich auch wie er handeln. Das hat Jesus in Bezug auf die körpersprachlichen Gesten in der Abendmahlsfeier auch ausdrücklich gesagt mit den Worten: „....das tut zu meinem Gedächtnis" (1.Kor 11,24). Gerade an diesem Tun, dessen, was Jesus in seinem letzten Mahl mit seinen Jüngern getan hat, mangelt es heute meist sowohl in den evangelischen, als auch in den katholischen Abendmahls- bzw. Eucharistiefeiern. In der evangelischen Abendmahlsfeier wird in der Regel nur der Einsetzungsbericht aufgesagt, die Einsetzungshandlungen aber werden ausgespart. Das Brot bzw. die Oblate wird nicht gebrochen, wie Jesus das getan hat. In der katholischen Eucharistiefeier wird zwar neben dem Aufsagen des Einsetzungsberichts auch die Priesterhostie vom Zelebrant gebrochen. Aber wir haben bereits mit K. Richter festgestellt, daß „die gebrochene Priesterhostie... kaum das Brotbrechen" erläutert.[16]

Aber nicht nur das Brotbrechen, sondern auch andere symbolische Handlungen Jesu sollten so ausgeführt werden, wie er es tat, beispielsweise die Fußwaschung, die in manchen Gemeinden schon praktiziert wird; denn Johannes läßt Jesus in seiner Geschichte von der Fußwaschung sagen: „Ein Beispiel habe ich euch gegeben, damit ihr tut, wie ich getan habe." (Joh 13,15) R. Berger schreibt mit Recht: „Die Handlungsweise Jesu ist normgebend für das Handeln der Kirche."[17] So sollte nicht nur über die Berichte von den Krankenheilungen Jesu gepredigt, sondern zugleich auch an den Kranken gehandelt werden. Die LiturgInnen könnten z.B. an einem Sonntag im Kirchenjahr die Kranken zum Altar bitten und ihnen dort die Hände auf ihr Haupt legen, für sie beten und sie segnen.

---

15 G. Schüepp (Hrsg.), Handbuch zur Predigt, ...a.a.O.90.
16 Siehe S. 83
17 R. Berger, Naturelemente...a.a.O.254.

Zusammenfassend ist zu sagen, daß die PfarrerInnen mit ihren MitarbeiterInnen und die Gemeinden nicht nur wie bisher im Gottesdienst viel reden und hören, sondern mehr als bisher handeln sollten. Denn mit dem Kommen Gottes auf unsere Erde in Jesus geschah nicht nur Inverbation, sondern Inkarnation. D.h. Gott wurde in Jesus leibhaftiger, körperhafter Mensch, siehe Joh 1,14. So sollten auch wir das Evangelium nicht nur inverbieren, sondern inkarnieren, d.h. nicht nur zum Wort, sondern auch zur Tat werden lassen. In der Antwort auf die Frage des Johannes des Täufers nach dem „Kommenden" weist Jesus zunächst auf sein Handeln an Blinden, Lahmen, Aussätzigen, Tauben und Toten hin und nennt erst an letzter Stelle seine Evangeliumspredigt für die Armen (Mt 11,5). In unseren üblichen Gottesdiensten geht es in der Regel in genau umgekehrter Weise zu: Predigt und sonstige Reden dominieren, und Handlungen haben viel weniger Gewicht. Das sollte sich in der Zukunft grundlegend ändern, damit unsere Gottesdienste in der Nachfolge Jesu stehen werden.

X. Das Zeugnis der Evangelisten von der Körpersprache in den Ostergeschichten

Die Verfasser der neutestamentlichen Evangelien haben bezeugt, daß nicht nur Jesus von Nazareth, sondern auch der auferstandene Christus Körpersprache praktiziert hat und daß die Osterzeugen nicht nur den irdischen Jesus, sondern auch den auferstandenen Christus mit ihren Sinnen im Glauben wahrgenommen haben. Wenn wir nun in den folgenden Ausführungen das Zeugnis der Evangelisten von der Körpersprache in den Ostergeschichten untersuchen wollen[1], dann gelten auch für dieses Kapitel die Vorbemerkungen, die wir im Kapitel „Das Zeugnis der Evangelisten von der Körpersprache Jesu" gemacht haben.[2] Dabei wollen wir uns nicht mit den Auslegungen der Ostergeschichten durch die Kommentatoren auseinandersetzen, sondern uns darauf beschränken darzulegen, was in den neutestamentlichen Ostergeschichten, getrennt nach den Evangelien, im einzelnen über körpersprachliche Ausagen und sinnliche oder sinnenhafte Wahrnehmungen ausgesagt ist.

K. Berger hat festgestellt, daß man in der Gegenwart „… aus Gründen des Weltbildes … Auferstehung nicht für möglich (hält) und … eher als zusätzliches Erschwernis für den eigentlichen Glauben (empfindet). So ist es dazu gekommen, daß die Auferstehungstexte Fremdkörper geworden sind, um die man sich gerne herumdrücken möchte"[3]. Wir aber wollen uns nicht um diese Texte „herumdrücken", sondern aus ihnen insbesondere die Aussagen herausgreifen und darstellen, in denen es um körpersprachliche Äußerungen und um sinnliche Wahrnehmungen geht.

Matthäusevangelium: In Mt 28,9 heißt es, daß die Osterzeugen den Auferstandenen sahen, seine Worte „Seid gegrüßt!" hörten und seine Füße umfaßten. Das bedeutet, daß sie den Auferstandenen mit den Sinneswahrnehmungen Sehen, Hören und Betasten oder Berühren im Glauben erkennen konnten.

Noch im gleichen Vers schreibt der Evangelist: „…und (die Frauen fielen vor ihm nieder." Mit ihrem Niederfallen vor dem Auferstandenen be-

---

1 Die Anregung zu dieser Untersuchung gab mir mein Kollege E. Schnellbächer, Neckargemünd. Und Prof. Dr. K. Berger, Heidelberg, machte mir Mut zu dieser Arbeit, indem er mir brieflich mitteilte: „Auch Ihr Plan über die Ostergeschichten (Untersuchung der Ostergeschichten in Bezug auf die Körpersprache in ihnen) ist sehr sinnvoll."

2 Siehe S. 154f.

3 K. Berger, Wer war Jesus wirklich? 1995, 209

zeugten die Frauen auf nonverbale Weise ihre Ehrerbietung, Huldigung und Anbetung.

Markusevangelium: In Mk 16,8 schreibt der Evangelist: „Und sie (die Osterzeuginnen) gingen hinaus (aus dem leeren Grab) und flohen von dem Grab, denn Zittern und Entsetzen hatte sie ergriffen." Das besagt, daß die Frauen ihr Entsetzen nicht mit Worten, sondern auf körpersprachliche Art und Weise zum Ausdruck brachten.

In Mk 16,15–18.20 heißt es: „Und er (der Auferstandene) sprach zu ihnen: „Gehet hin in alle Welt und predigt das Evangelium aller Kreatur. (15) Wer da glaubt und getauft wird, der wird selig werden, wer aber nicht glaubt, der wird verdammt werden. (16) Die Zeichen aber, die folgen werden denen, die da glauben, sind diese: in meinem Namen werden sie böse Geister austreiben, in neuen Zungen reden, (17) Schlangen mit den Händen hochheben, und wenn sie etwas Tödliches trinken, wird`s ihnen nicht schaden; auf Kranke werden sie die Hände legen, so wird`s besser mit ihnen werden. (18) … Sie aber zogen aus und predigten an allen Orten. Und der Herr wirkte mit ihnen und bekräftigte das Wort durch die mitfolgenden Zeichen." (20) Daraus ergibt sich, daß der Auferstandene den Osterzeugen den Auftrag gab, das Evangelium nicht nur auf verbale Weise, d.h. durch Predigen, sondern zugleich auch auf nonverbale Weise, d.h. durch „mitfolgende Zeichen", also durch bestimmte Aktionen und Dinge, zu verkündigen.

Mk 16,19 lautet: „Nachdem der Herr Jesus (als der Auferstandene) mit ihnen geredet hatte, wurde er aufgehoben gen Himmel und setzte sich zur Rechten Gottes." In diesem Text wird ausgesagt, daß der Auferstandene am Ende der Zeit seiner Erscheinungen auf der Erde nicht nur auf verbale, sondern auch auf nonverbale Weise wirkte, indem er den Osterzeugen nicht nur ein Abschiedswort sagte, sondern zugleich auch bestimmte Aktionen (Aufgehobenwerden gen Himmel, Setzen zur Rechten Gottes) vollzog, wie immer diese auch ausgelegt werden mögen.

Lukasevangelium: In der Geschichte von den Emmausjüngern (Lk 24,13–35) heißt es, daß die Jünger den Auferstandenen sahen, wobei „ihre Augen gehalten" wurden, so daß sie ihn nicht erkannten (Vers 16) und zugleich ihn hörten, sodaß sie auch mit ihm sprechen konnten. (Vers 17–27) Erst als er mit ihnen eingekehrt war, am Tisch saß und die Gesten des Brotbrechens und -austeilens ausführte, wurden ihre Augen geöffnet, und sie erkannten ihn. (Vers 30) Hier liegt geradezu die klassische Belegstelle in den Evangelien dafür vor, daß nonverbale Aussagen eine stärkere Wirkung als verbale Aussagen haben können. Denn das Wort des Auferstandenen auf dem Weg nach Emmaus vermochte zwar das Herz der Emmausjünger zum „Brennen" zu bringen, nicht aber, daß sie den vermeintlichen Wanderer als ihren Herrn erkannten. Ihr Erkennen des Auferstandenen wurde erst durch seine Gesten des Brotbrechens und -austeilens verursacht. Das wurde von den Jüngern selbst bestätigt. Denn es heißt in Vers 35, daß die Jünger nach ihrer Rückkehr nach Jerusalem den Elfen erzählten, daß „und wie er von ihnen erkannt wurde, als er das Brot brach". Besonders hinzuweisen ist auch auf die Bedeutung der Tischgemeinschaft, die die Jünger mit dem Auferstandenen hatten, als sie von ihm am Tisch das gebrochene Brot erhielten und es aßen. Sie schuf die Voraussetzung dafür, daß sie im Sehen der Gesten des Brotbrechens und -austeilens ihres Herrn ihn als den Auferstandenen erkannten.

Nach Lk 24,37 sahen die Jünger den Auferstandenen mit Erschrecken und Furcht, erkannten ihn aber nicht als solchen, sondern meinten, sie sähen einen „Geist". Nach der Aussage des Verfassers des Lukasevangeliums (oder seines letzten Redaktors) ist es also nicht so, daß die Jünger nichts sahen und nur zu der inneren Erkenntnis kamen, daß es eine Auferstehung von den Toten gibt. Vielmehr sahen sie sehr wohl etwas, das sie nur falsch deuteten, indem sie das von ihnen Wahrgenommene für einen Geist und nicht für den Auferstandenen hielten. Damit sie ihn erkennen konnten, zeigte er ihnen nicht nur seine Hände und Füße, sondern forderte sie zugleich auch auf, ihn anzufassen und ihm etwas zu essen zu geben. (Vers 39ff.) Das zeigt, daß der Auferstandene nicht allein auf die Kraft der überzeugenden Worte vertraute, sondern vor allem auch auf die Macht seiner nonverbalen Aussagen, indem er ihnen seine Hände und Füße zeigte (Vers 40) und von dem ihm vorgelegten Fisch aß. (Vers 43) Die Jünger forderte er nicht nur zum Hören seiner Worte und zum Sehen seiner Hände und Füße, sondern auch zur Ausführung bestimmter Aktionen (Anfassen, Übergabe von Speise) auf. Damit wertete er jedoch nicht die Macht und Bedeutung des gesprochenen Wortes ab, denn er sprach danach wiederum zu ihnen, indem er ihnen das Verständnis für die Schrift öffnete. (Vers 44–47) Zugleich forderte er sie zum Predigen, also zu einem verbalen Akt und zur Zeugenschaft, auf. (Vers 47f.)

Nach der Aussage in Vers 49 brachte der Auferstandene die Jünger nicht nur in der Zeit, in der er auf der Erde den OsterzeugInnen erschien, durch seine Worte und auch Zeichen zur rechten Erkenntnis seiner selbst. Vielmehr versprach er ihnen solche auch für die Zukunft, indem er ihnen die Herabsendung des vom Vater verheißenen Geistes, der „Kraft aus der Höhe", in Aussicht stellte.

In Lk 24,50 wird gesagt, daß der Auferstandene am Ende der Zeit seiner Erscheinungen auf der Erde mehrere Aktionen, die als nonverbale Aussagen zu werten sind, ausführte, indem er die Jünger nach Betanien führte, die Hände erhob, sie segnete und gen Himmel fuhr.

Johannesevangelium: In der Geschichte von der Begegnung des Auferstandenen mit Maria von Magdala (Joh 20,11–18) heißt es in Vers 14f., daß Maria den Auferstandenen sah, ohne ihn als ihren Herrn zu erkennen. Sie hielt ihn vielmehr für den Gärtner. Der Auferstandene hatte also nach dem

Zeugnis des Evangelisten Johannes eine sinnlich wahrnehmbare Gestalt, die unterschiedlich gedeutet werden konnte, nämlich als Gärtner oder als Auferstandener.

Nach Vers 16 erkannte Maria den Auferstandenen am vertrauten Klang der Stimme Jesu, somit an einem nonverbalen vokalen Signal, das der Auferstandene ausgesandt hatte. Er machte nicht viele Worte, sondern sprach nur ein Wort, indem er sie mit ihrem Namen anredete. Daraufhin sprach sie zu dem, den sie sah und hörte: „Rabbuni!" Das nonverbale Signal des Klangs der Stimme des Auferstandenen hatte sie also zur Erkenntnis ihres Herrn gebracht.

Als nach Vers 17 Maria den Auferstandenen berühren wollte, und zwar vermutlich durch eine Geste der Liebe, Hingabe oder Ehrerbietung, sagte dieser zu ihr; „Rühre mich nicht an! denn ich bin noch nicht aufgefahren zum Vater…" (Vers 17) Wenn Maria im Augenblick des Hörens ihres Namens an die frühere Aussage Jesu, daß er auferstehen werde, geglaubt hätte, hätte sie nicht versucht, den Auferstandenen in unbekümmerter Weise zu berühren. Denn dann wäre sie sich bewußt gewesen, daß sie sich dem Leib oder Körper des Auferstandenen nicht in gleicher Weise wie dem Leib oder Körper des irdischen Jesus nähern könnte, weil der irdische Jesus einen anderen Leib als der auferstandene Christus hatte. Das zeigt auch die Aussage in Joh 20,19, wo es heißt, daß der Auferstandene mitten unter die Jünger trat, als „die Türen verschlossen waren". Denn nur der auferstandene Christus, nicht aber der irdische Jesus konnte durch verschlossene Türen gehen. Der Auferstandene war einerseits nicht mehr in der Verfassung des irdischen Jesus und andererseits zugleich noch nicht im Zustand des aufgefahrenen Christus, d.h. er befand sich in einem Zwischenzustand, in dem er nicht wie ein sterblicher Mensch berührt werden konnte. Der aufgefahrene oder erhöhte Christus konnte nicht mehr wie noch der Auferstandene in der Zeit seiner Erscheinungen auf der Erde von den Osterzeugen mit ihren Sinnen im Glauben wahrgenommen, sondern nur noch geglaubt werden. Entsprechend heißt es in der Geschichte von der Begegnung des Auferstandenen mit Thomas (Joh 20,24–31) in Vers 29: „Selig sind, die nicht sehen und glauben!" (Das Wort „doch" in der Übersetzung M. Luthers und seiner Nachfolger steht nicht im griechischen Urtext und wird deshalb von uns weggelassen.)

In Joh 20,20 heißt es, daß der Auferstandene den Jüngern seine Hände und Seite zeigte. Er forderte sie also zur sinnlichen oder sinnenhaften Wahrnehmung seiner selbst auf, damit sie ihn im Glauben als den auferstandenen Gekreuzigten erkennen sollten.

Joh 20,22 besagt, daß der Auferstandene die Jünger anblies und zu ihnen sprach: „Nehmet hin den heiligen Geist." Der Evangelist Johannes hat also nicht nur verbale, sondern auch nonverbale Aussagen des Auferstandenen tradiert.

Nach Vers 25 der Thomasgeschichte (Joh 20,24–31) begnügte sich Thomas nicht mit dem Kerygma, d.h. mit der Rede der Jünger: „Wir haben den Herrn gesehen", sondern wollte sich auch handgreiflich davon überzeugen, daß der Gekreuzigte lebt. Nur wenn er den Auferstandenen auch sehen und betasten könnte, würde er glauben, daß Jesus auferstanden sei. Thomas wollte also nicht nur vom Hörensagen wissen, sondern durch sinnliche Wahrnehmung Jesus als den Auferstandenen erkennen. Das Nonverbale war ihm wichtiger und überzeugender als das Verbale in Gestalt der Botschaft der Jünger: „Wir haben den Herrn gesehen." (Vers 25) Der Auferstandene forderte ihn zum Betasten seiner selbst auf, wobei er noch hinzufügte: „Sei nicht ungläubig, sondern gläubig!" (Vers 27) Daraufhin bekannte sich Thomas zum Auferstandenen mit den Worten: „Mein Herr und mein Gott!" (Vers 28); ob er dabei den Auferstandenen auch berührte, ist im johannäischen Text nicht überliefert. Nach Vers 29 bestätigte der Auferstandene den Glauben des Thomas mit den Worten: „Weil du mich gesehen hast, Thomas, darum glaubst du" und fügte noch hinzu: „Selig sind, die nicht sehen und glauben!" In der Zukunft, d.h. nach seiner Himmelfahrt oder Erhöhung wird somit nur noch der Glaube und nicht mehr sinnliche Wahrnehmung des Auferstandenen im Glauben die Seligkeit oder das Heil für die Menschen bringen.

In Joh 20,30 ist von „noch vielen anderen Zeichen" die Rede, die der Auferstandene vor seinen Jüngern tat. Der Auferstandene hatte also nicht nur viele Worte gesprochen, sondern zugleich auch viele nonverbale Zeichen getan. Anders gesagt: Jesus ist nicht nur in seine Worte oder ins Kerygma, sondern auch in seine Taten vor den Osterzeugen oder in sein Werk auferstanden.

In der Geschichte „Der Auferstandene am See Tiberias" (Joh 21,1–14) heißt es, daß die Jünger den Auferstandenen am Ufer des Sees Tiberias sahen, aber nicht wußten, daß es Jesus war. (Vers 4) Nach der Darstellung des vierten Evangelisten war der Auferstandene also sinnlicher Wahrnehmung zugänglich. Wenn der Auferstandene zu den Jüngern sprach: „Kommt und haltet das Mahl!" (Vers 12), so forderte er sie zu Aktionen auf, die als nonverbale Aussagen zu deuten sind. Anschließend heißt es, daß auch er selber solche Aktionen ausführte, indem er kam, Brot und Fische nahm und diese den Jüngern gab. (Vers 13)

Wenn der Evangelist in Joh 21,25 schreibt, daß Jesus als Auferstandener „noch viele andere Dinge getan hat", so besagt das, daß der Auferstandene nicht nur geredet, sondern zugleich auch gehandelt und damit auf verbale und nonverbale Weise zugleich gewirkt hat. Mit anderen Worten: der auferstandene Christus hat in der Zeit seiner Erscheinungen auf der Erde in verbaler und zugleich nonverbaler Weise gewirkt, damit Menschen zum Glauben an ihn und seine Auferstehung kamen.

Wenn es vielfältige Unterschiede und Widersprüche zwischen den Darstellungen der Erscheinungen des Auferstandenen vor den OsterzeugInnen durch die Evangelisten gibt, so stimmen die Evangelisten in ihren Ausführungen doch darin überein, daß sie den Auferstandenen so schildern, daß er neben seinen Reden in vielfältiger Weise Körpersprache praktiziert hat. Deshalb sollte die Einseitigkeit einer „Theologie des Wortes" überwunden werden. Zugleich berichten sie übereinstimmend davon, daß er von den Osterzeugen sinnlich oder sinnenhaft im Glauben wahrgenommen, d.h. ausdrücklich gehört, gesehen und betastet werden konnte. Daraus ergibt sich, daß nach der Darstellung der Verfasser der biblischen Evangelien Jesus nicht nur geistig, sondern leiblich oder leibhaftig und sinnlich oder sinnenhaft wahrnehmbar auferstanden ist. Diese Sichtweise der Evangelisten sollte in der Theologie und Verkündigung der Gegenwart zum Zuge kommen. Insbesondere sollte in der Exegese den nonverbalen Aussagen nicht nur des historischen Jesus, sondern auch des auferstandenen und erhöhten Christus größeres Gewicht als bisher beigemessen werden. Nur so kann der Verbalismus auch in der Exegese so wie in der Verkündigung und Gottesdienstgestaltung überwunden werden.

XI. Exkurs: Kritische Würdigung der „Erneuerten Agende" und des „Evangelischen Gesangbuchs" im Blick auf den Einsatz der Körpersprache.

Prüft man die „Erneuerte Agende" (EA) dahingehend, inwiefern sie einer Reform des Gottesdienstes in unserem Sinne entgegenkommt bzw. diese befördert, so lassen sich gegenüber den früheren Agenden mehrere Vorteile feststellen. Ein Vorteil besteht darin, daß sie im Unterschied zu den bisherigen Agenden nicht nur fertige Texte für jeden Gottesdienst bietet, die die LiturgInnen einfach abzulesen haben. So heißt es schon im Vorwort: „Die ‚Erneuerte Agende' ist kein Buch zum Ablesen, sondern eine Vorlage für eigenständiges gottesdienstliches Handeln ..."[1] Dadurch stellt sie „... an die sprachliche und gestalterische Kompetenz der Liturgen/Liturginnen höhere Ansprüche"[2]. LiturgInnen werden durch die EA dazu angehalten (möglichst in Zusammenarbeit mit einem Gottesdienstkreis), nicht nur die Predigt, sondern den ganzen Gottesdienst intensiv vorzubereiten. Dabei haben sie die Möglichkeit, an verschiedenen Stellen der Liturgie verbale Aussagen und nonverbale Handlungen der LiturgInnen und ihrer MitarbeiterInnen und der Gemeinde einzubauen und auch einzelne verbale und nonverbale Stücke umzubauen. Auf diese Weise können sie den einzelnen Gottesdienst der jeweiligen Situation einer Gemeinde anpassen. Ein Gottesdienst übt eine günstige Wirkung auf die Gemeinde aus, wenn er nicht immer den gleichen Ablauf hat. Denn „...die immer gleiche Abfolge, die gleiche Leier"[3] kann einzelnen TeilnehmerInnen, vor allem jungen Menschen, „auf die Nerven gehen." Das bedeutet, daß die Gottesdienstgestaltung nach der EA in begrüßenswerter Weise flexibel ist. Es kann ihr nicht mehr wie den früheren Agenden Unbeweglichkeit vorgeworfen werden.

Einen weiteren Vorteil der EA sehen wir darin, daß sie bereits in ihrem Vorwort als „Kriterium" für den Gottesdienst nennt: „Verantwortung und Beteiligung der ganzen Gemeinde."[4] Die Gemeinde soll nicht mehr wie in einem „Pastorengottesdienst... außer durch Singen und gelegentliche Antworten nur innerlich beteiligt" erscheinen, sondern auch äußerlich in man-

---

1 EA, a.a.O.9.
2 Ebd. 773.
3 Dokumentation Jugendkongreß 33 ‚Gottesdienst'. Katholische Junge Gemeinde, Diözesanverband Freiburg, „Gottesdienst - Auf der Suche nach einem verlorenen Schatz." Dokumentation des „Jugendkongreß Gottesdienst" vom 14.-16.9.90 in 7591 Sasbach (1990[1]) 1992[2],98.
4 EA, a.a.O.10.

nigfaltiger Weise aktiv werden können. Dementsprechend bringt sie ein Kapitel: „Die Beteiligung der Gemeinde am Gottesdienst."[5] In ihm nennt sie neben verbalen Äußerungen folgende nonverbale Handlungen der Gemeinde: „Vorbereitung des Gottesdienstraumes: Blumenschmuck, Vorbereitung des Altars usw.", „Einsammeln der Geldkollekte", „Bereitung des Abendmahlstisches", „Helfen beim Austeilen des Abendmahls" und „Aufschreiben von Themen für die Fürbitte". Ferner führt sie folgende „Gesten als Zeichen der Beteiligung und der Verbundenheit" auf: „Stehen während des Betens...", „Knien zum Bekenntnis der Schuld...", „Gebetsgesten ...", „Reichen der Hände zum Friedensgruß...", „Handauflegung..." und „Sich Bekreuzigen..." In den Kapiteln über die „Gottesdienstordnungen (Ordinarien)"[6] führt sie in ausführlicher Weise die verbalen Äußerungen der LiturgInnen und der Gemeinde auf, Hinweise auf bestimmte Gesten, Bewegungen und andere nonverbale Handlungen fehlen jedoch weitestgehend. So heißt es nur im Unterkapitel „Gottesdienst mit kleiner Teilnehmerzahl": „Die kleine Gemeinde sitzt während des ganzen Gottesdienstes; es ist jedoch angemessen, zum Eingangsvotum und zum Schlußsegen aufzustehen."[7] In der rechten Spalte der Grundformen der Gottesdienstordnungen, die „Hinweise zum Gang der Handlung (Rubriken)" enthält, sind diejenigen, ob und wann die Gemeinde sitzt, aufsteht und andere Bewegungen und Gesten ausführt, leider ausgespart. Entsprechend werden beim Dienst der LiturgInnen nur die Gebets- und Segensworte, nicht aber die Gebets- und Segensgesten genannt. Das zeigt, daß auch in der EA bei der Darstellung der Gottesdienstordnungen (Ordinarien) die nonverbalen Gottesdienstelemente nur unzureichend vermerkt sind.

Grundsätzlich ist zu begrüßen, daß die EA im Unterschied zu früheren Agenden nicht nur die verbalen Elemente eines Gottesdienstes, sondern auch einzelne nonverbale Handlungen der LiturgInnen und der Gemeinde aufführt und solche auch vereinzelt in den „Rubriken" bringt. Wir vermissen aber den systematischen und vollständigen Einbau der nonverbalen Elemente in die Gottesdienstordnungen. Wenn die EA die einzelnen Elemente zu „Grundformen" der Gottesdienstordnungen zusammenstellt, dann hat sie fast nur noch die verbalen, aber kaum mehr die nonverbalen Elemente im Blick. Letztere werden ausführlicher nur in den einleitenden Kapiteln genannt, nicht aber in konsequenter Weise in die Hauptkapitel „Gottesdienstordnungen (Ordinarien)" eingefügt. Weil die Angaben über die verbalen Elemente des Gottesdienstes in der EA weit überwiegen, ist der Verbalismus bzw. die Wortlastigkeit des protestantischen Gottesdienstes in ihr nicht grundsätzlich überwunden worden. Somit bringt die

5 Ebd. 23-26.
6 Ebd. 29-140.
7 Ebd. 135.

EA nur eine *Erneuerung der alten Agenden,* stellt aber noch nicht eine wirklich *neue Agende* dar. Unter der letzteren verstehen wir eine Agende, in der es keine Dominanz der verbalen Elemente mehr gibt, sondern vielmehr ein ausgewogenes Verhältnis zwischen verbalen und nonverbalen Elementen des Gottesdienstes besteht. Während für die bisherigen Gottesdienste gilt: „Agenden geben die Wortgestalt des Geschehens wieder..."[8], müßte die von uns intendierte *neue Agende* nicht nur die *„Wortgestalt",* sondern zugleich auch die *Handlungsgestalt* des gottesdienstlichen Geschehens wiedergeben. Wir möchten deshalb Frage 3 des „Fragerasters für die Stellungnahmen zum Vorentwurf der Erneuerten Agende"[9] wie folgt beantworten: Wir schlagen vor, daß die nonverbalen Handlungen (Gesten, Bewegungen) der Gemeinde und der LiturgInnen und ihrer MitarbeiterInnen ausführlich in die Rubriken der Grundformen der Gottesdienstordnungen (Ordinarien) aufgenommen werden. – Daß und wie das möglich ist, zeigen z.B. die Rubriken des Meßbuchs für den katholischen Gottesdienst. Freilich sollten nicht übermäßig viele Gesten und Bewegungen der LiturgInnen aufgenommen werden, wie es in der katholischen Messe vor der Liturgiereform des 2. Vatikanums gewesen ist.[10]

Daß in der EA das Reden und Singen, d.h. die verbalen Elemente, über die nonverbalen Elemente dominieren, zeigt auch, daß sie folgende Aussage über die menschliche Stimme macht: „In allem sollte die menschliche Stimme als das eigentliche Organ des Gotteslobs zur Geltung kommen."[11] Wir meinen dagegen, daß nicht nur das Stimmorgan, sondern auch andere Organe des menschlichen Körpers sowie der ganze Körper bzw. Leib des Menschen „eigentliche Organe des Gotteslobs" sein sollten. So schreibt Birgit Jeggle-Merz, indem sie dabei J. Sudbrack zitiert: „Der Wunsch des Menschen, im Gottesdienst nicht nur rational angesprochen zu werden, sondern dem emotionalen und leibhaften Charakter der menschlichen Existenz Ausdruck zu verleihen, entspricht einem Grundbedürfnis des heutigen Menschen: ,Das heutige Menschenbild legt den Menschen nicht mehr auf eine verschwiegene Innerlichkeit fest, ... sondern nimmt ihn in Ganzheit an. Schon damit wird eine möglichst volleibliche Beteiligung am Gottes-

8   H.-Chr. Schmidt-Lauber, Konvergenzen katholischer und evangelischer Agendenerneuerung, in: Gottesdienst - Weg zur Einheit: Impulse für die Ökumene, hrsg. von K. Schlemmer, 1989, 34-61,36.
9   EA, a.a.O.768.
10 K. Richter, Die erneuerte Liturgie...a.a.O.150; H. Rennings, Aus Treue zur Tradition: Reform der Liturgie, in: Liturgiereform im Streit der Meinungen (Studien und Berichte der Kath. Akademie in Bayern 42), 1968, 153. - Danach hatte der Zelebrant in einer dreißig Minuten dauernden Feier „... alle zwei Minuten eine Kniebeuge zu machen, alle 35 Sekunden ein Kreuzzeichen, alle drei Minuten einen Altarkuß; genau gesagt: 16 Kniebeugen, 52 Kreuzzeichen, 10 Altarküsse".
11 EA, a.a.O.106.

dienst selbstverständlich ... Wo Menschen gemeinsam beten, muß der Leib dabei sein – und zwar nicht bewegungslos, sondern im Vollzug...'"[12] Die EA entspricht deshalb noch nicht dem Grundbedürfnis des heutigen Menschen nach „Ganzheit", weil sie die Stimme und nicht den ganzen Leib des Menschen als „eigentliches Organ des Gotteslobs" ansieht. So ist das Gebet nur dann ganzheitlich, wenn in ihm nicht nur die Stimme des Beters laut wird, sondern zugleich sein ganzer Leib beteiligt ist, indem er eine bestimmte Gebetshaltung einnimmt und entsprechende Gebetsgesten ausführt. Im Gottesdienst nach einer „neuen" statt einer bloßen „erneuerten" Agende sind nicht nur vorwiegend die Stimme, sondern in gleicher Weise auch die anderen körperlichen Organe und Glieder, d.h. der ganze Mensch, beteiligt.

H. Albrecht schreibt: „Sie (die EA) denkt sich diese Beteiligung (der Gemeinde) immer noch so, daß die Gemeinde z.B. am Heiligen Abend im Wechsel mit dem Liturgen/der Liturgin Psalm 2 sprechen soll ... Die vielzuvielen anderen, die Verstummten, werden verwundert zuhören und weiterhin ihren Liturgien des Alltags leben..." Und er kommt zu dem Schluß, daß die EA zeigt, „daß hier grundsätzlich alles beim alten bleiben soll"[13]. In der Tat wird dann „alles beim alten" bleiben, wenn die Gemeinde nur immer mehr verbale Stücke in Gestalt von Psalmen, Gebeten usw. im Wechsel mit den LiturgInnen sprechen und nicht zugleich auch mehr nonverbale Handlungen im Wechsel mit ihnen, z.B. in Gestalt des Friedensgrußes per Handschlag, ausführen soll. In einem Gottesdienst nach einer wirklich neuen Agende führt die Gemeinde nicht nur einen intensiven verbalen Dialog (Wechselgebete, -gesänge, Akklamationen usw.), sondern zugleich auch einen intensiven nonverbalen Dialog (Mimik, Gestik, Friedensgruß, Händeschütteln bei Begrüßung und Verabschiedung usw.) mit den LiturgInnen.

Daß in den Rubriken der EA wie auch der landeskirchlichen Agenden zu wenig über die nonverbalen Handlungen der PfarrerInnen im Altarraum gesagt wird, schreibt auf seine Weise auch D. Stollberg, indem er ausführt: „Die landeskirchlichen Agenden, auch die Erneuerte Agende, enthalten freilich Rubriken. Diese zeichnen sich jedoch durch äußerste Zurückhaltung und große Scheu aus, konkret zu sagen, wie Pfarrerin und Pfarrer bzw. andere, die im Altarraum mitarbeiten, sich denn nun tatsächlich verhalten sollen."[14] Denn das Verhalten der PfarrerInnen und ihrer MitarbeiterInnen kommt doch auch in deren nonverbalen Handlungen an diesem Ort zum Ausdruck.

---

12 Birgit Jeggle-Merz, Bewegung als...a.a.O.53; vgl. auch: J. Sudbrack, Verherrlicht Gott in eurem Leib. Bewegung und Leiberfahrung in der Liturgie, in: Gottesdienst 13/1979, 89.
13 H. Albrecht, Wessen Gottesdienst? Fremdbestimmung und Selbstbestimmung als Problem der Agende, in: ZGP 8.Jg., 1/1990 (Jan./Febr. 1990), 16-19,19.
14 D. Stollberg, Liturgische Praxis...a.a.O.9.

Die gleiche Kritik an der EA, wie wir sie vortragen, erscheint auch in der „Stellungnahme zur Erneuerten Agende", die im Auftrag des Frauenreferats der Nordelbischen Ev.-luth. Kirche erstellt worden ist.[15] In ihr heißt es u.a.: „Trotz der Aufnahme von liturgiedidaktischen Hinweisen, die deutlich machen, daß sich das gottesdienstliche Geschehen nicht auf das Verlesen von Texten beschränkt, bleibt bei der Erneuerten Agende die Dominanz der verbalen Elemente ungebrochen. Jeder gottesdienstliche Teil ist mit einer Vielzahl von Texten verbunden. Begleitende oder das Wort ersetzende und darstellende Handlungen finden kaum Berücksichtigung. Der Glaube äußert sich auch in dieser Agende allein durch das Wort. Die Stimme ist das einzige vorgesehene Ausdrucksmittel im Gottesdienst. Frauen ist es aber wichtig, daß neben dem gesprochenen Wort auch nonverbale Elemente im Gottesdienst Raum haben. Gesang und Stille, Tanz oder Meditation, die auch die leibliche Seite der Menschen einbeziehen, gehören für Frauen genauso zum Gottesdienst. Erst wenn alle Sinne angesprochen werden, kann Glaube im Gottesdienst ganzheitlich gefeiert werden. Die Erneuerte Agende berücksichtigt in viel zu geringem Maße das – vor allem von Frauen geäußerte – Bedürfnis, Gottesdienste als ganzer Mensch mit allen Sinnen zu feiern."[16] Diesen Ausführungen ist nur hinzuzufügen, daß dies nicht nur für Frauen, sonder gleichermaßen für Männer wichtig ist. Ferner wird in dieser „Stellungnahme" mit Recht ein Mangel an ökumenischer Offenheit kritisiert: „Die Aufnahme von Anregungen aus der weltweiten Ökumene, mit ihren größeren Erfahrungen im Umgang mit der ganzheitlichen Feier von Gottesdiensten, z.B. bei der römisch-katholischen Kirche, hätten den ökumenischen Anspruch dieser Agende deutlicher hervortreten lassen."[17]

Nach der EA können und sollen bestimmte Umstellungen einzelner liturgischer Elemente oder Varianten innerhalb der Liturgie vorgenommen werden. Es gibt folgende liturgische Elemente, die in der Grundform I des Gottesdienstes nach der EA umgestellt werden können: der Gruß, der Lesungsteil, das Glaubensbekenntnis, die Abkündigungen, die Gabenbereitung, das Dankopfer, das Vaterunser und die Fürbitten.[18] Es wäre weiter

---

15 Im Auftrag des Frauenreferats der Nordelbischen Ev.-luth. Kirche haben mehrere Frauengruppen aus Hamburg und Schleswig-Holstein den Entwurf zur Erneuerten Agende kritisch gesichtet und arbeitsteilig ihre Erfahrungen im Umgang mit dem Vorentwurf der Erneuerten Agende für das Stellungnahmeverfahren der VELKD und EKU zusammengetragen. - Diese Stellungnahme, auf die mich Herr Studienleiter K. Maischner dankenswerterweise aufmerksam gemacht hat, wurde bisher nicht veröffentlicht. Sie ist aber zur Veröffentlichung freigegeben worden und kann in der Geschäftsstelle des Frauenreferats eingesehen werden.

16 Stellungnahme, ebd. 4f.

17 Ebd. 5.

18 H.-Chr. Schmidt-Lauber, Verständnis und Praxis des Gottesdienstes nach der Erneuerten Agende, in: Erneuerung...a.a.O.93-120,109.

zu berücksichtigen, daß auch nonverbale Stücke umgestellt und an verschiedenen Stellen der Liturgie eingesetzt werden können. So schreibt A.R. Sequeira, daß „tänzerische Modelle... sich an verschiedenen Stellen des Gottesdienstes einsetzen (lassen), z.B. vor und nach der Predigt, Lesungen, bei Gabenbereitungen bzw. Opfergängen, nach der Kommunion"[19]. Davon ist leider in der EA im allgemeinen nicht die Rede.

Wir wollen die Frage 6 des Abschnitts „Neue Impulse" des „Fragerasters für die Stellungnahme zum Vorentwurf der EA: Welche weiteren Vorschläge werden gemacht?"[20] wie folgt beantworten: Wir schlagen vor, daß folgendem Impuls aus der Ökumene Raum gegeben wird: Häufigere Einfügung von Tanzeinlagen.

Im Kapitel „Verkündigungsspiel" hatten wir schon darauf hingewiesen, daß analog zum Tanz auch das Spiel und seine Einsatzmöglichkeiten im Gottesdienst in der EA zu wenig Berücksichtigung finden.[21] Deshalb möchten wir Frage 5 des „Fragerasters" der EA „Welche Ausweitungen werden vorgeschlagen?"[22] so beantworten: Wir schlagen vor, daß der Einsatz von Spielszenen dahingehend ausgeweitet wird, daß diese nicht nur anstelle von Lesungen, sondern auch diese begleitend und ebenso in andere Teile des Gottesdienstes eingesetzt werden.

Einen weiteren Nachteil oder Mangel der EA sehen wir darin, daß sie wie schon die früheren Agenden für den Hauptgottesdienst in einseitiger Weise vorwiegend auf Erwachsene und zu wenig auf Kinder ausgerichtet ist. Daß Gottesdienste erwachsenen- und kinderfreundlich zugleich sein können, haben vor allem die Familiengottesdienste gezeigt. Daß die Gottesdienstgestaltung der EA kinderunfreundlich ist, zeigt allein schon die Tatsache, daß nur bei der Gestaltung von Gebeten an Kinder gedacht worden ist. So gibt es ein Eucharistiegebet für ein „Abendmahl mit Kindern" im Abschnitt „Eucharistiegebete (mit Präfation)"[23] und zwei Dankgebete „Mit Kindern" im Abschnitt „Dankgebete nach dem Abendmahl"[24]. Damit sind Kindergebete in der EA zu wenig vertreten. Die Anwesenheit und Mitwirkung von Kindern im Gottesdienst ist aber höchst wünschenswert, da diese durch ihre ungezwungenen Verhaltensweisen die Erwachsenen dazu anregen können, ihr körpersprachliches Vermögen im Gottesdienst zu entfalten und in ihm aktiver zu werden. Das Einbeziehen von Kindern

---

19 A.R. Sequeira, „Liebe heißt..." a.a.O.155.
20 EA, a.a.O.768f.
21 Siehe S. 111
22 EA, a.a.O.769.
23 Ebd. Nr. 486, 622ff.
24 Ebd. Nr. 550 und 551, 670f. - Auf diese Kindergebete in der EA hat mich dankenswerterweise Herr Pfr. Heinrich Riehm, Heidelberg, Landeskirchlicher Beauftragter für liturgische Ausbildung, Forschung und Praxis der Badischen Landeskirche, brieflich hingewiesen.

in den Gottesdienst löst die verkrampfte Stimmung in einem reinen Erwachsenengottesdienst und verhilft ihm so zu mehr Herzlichkeit, Fröhlichkeit, Spontaneität, Kreativität und Ganzheitlichkeit. In entsprechender Weise schreibt Chr. Möller: „... die Abwesenheit der Kinder (macht) den Gottesdienst nur immer erwachsener, kälter und intellektueller...“[25] Nicht zuletzt stehen wir dann in der Nachfolge Jesu, wenn wir Kinder, die zum Hauptgottesdienst kommen wollen, nicht abweisen, indem wir sie auf den für sie zuständigen Kindergottesdienst verweisen, sondern sie freudig aufnehmen und mit ihnen gemeinsam feiern. Ungeachtet dessen könnte neben dem kinder- und erwachsenenfreundlichen Hauptgottesdienst zu anderer Zeit ein Kindergottesdienst als Zielgruppengottesdienst gefeiert werden. Ein Ziel der Gottesdienstreform sollte deshalb sein: ein kinder- und zugleich erwachsenenfreundlicher Hauptgottesdienst an allen Sonn- und Feiertagen, in dem auch die Kinder am Mahl teilnehmen.[26] Entsprechend hat auch Chr. Grethlein als „grundlegendes Ziel“ vor Augen: „Wiedergewinnung des Gottesdienstes als Versammlung aller am Ort lebenden Getauften, unabhängig von ihrem Alter.“[27] Nicht zuletzt hat Jesus nach Mt gesagt: „Lasset die Kinder und wehret ihnen nicht, denn solchen gehört das Himmelreich.“ (Mt 19, 14)

Unsere Kritik an der EA gilt ebenso dem „Evangelischen Gesangbuch“ (EG), in dem „auch die Bemühungen um die ‚Erneuerte Agende‘ bedacht worden“[28] sind. Zunächst ist zu begrüßen, daß für das EG der Gottesdienst „Sache der ganzen Gemeinde“[29] ist. Es enthält eine Reihe von Liedern und Gesängen enthält, die im Wechsel zu singen sind, „wodurch das Singen belebt und unterschiedliche Gruppen beteiligt werden können“[30]. Wenn jedoch im EG gesagt wird: „Eigene Prägung haben Kindergottesdienst und Familiengottesdienst...(sie) zielen im besonderen auf ganzheitliche Gottesdiensterfahrungen“[31], so meinen wir, daß nicht nur diese Zielgruppengottesdienste, sondern auch die „normalen“ Hauptgottesdienste „ganzheitliche Gottesdiensterfahrungen“ für alle Altersgruppen und Schichten der Gemeinde ermöglichen sollten.

Grundsätzlich ist zu begrüßen, daß das EG auch die Gottesdienstord-

---

25 Chr. Möller, Gottesdienst als...a.a.O.176.
26 H. Wenz, Vom „familien-“ zum...a.a.O.364.
27 Chr. Grethlein, Leben mit Kindern - auch im Gottesdienst, in: PTh 1994/10 (Okt. 94), 509 bis 518,517.
28 Evangelisches Gesangbuch (EG), Ausgabe für die EKHN. Zum Gebrauch dieses Buches. Die Gottesdienstordnungen der EKHN, 1994[1]. - Wir weisen auch hin auf: Konkordanz zum Evang. Gesangbuch. Hrsg. von E. Lippold und G. Vogelsang. Handbuch zum Evang. Gesangbuch, Bd.1. Mit Verzeichnis der Strophenanfänge. Hrsg. im Auftrag der EKD, 1995.
29 EG, a.a.O.761.
30 Ebd., Zum Gebrauch dieses Buches, Top 6.
31 Ebd. 761.

nungen in zwei Formen in klarer und übersichtlicher Weise enthält. Allerdings fehlen hier wie in der EA ausführliche Angaben über die nonverbalen Handlungen der LiturgInnen, ihrer MitarbeiterInnen und der Gemeinde. So ist auch im EG nur die Rede von den „Einsetzungsworten", nicht aber von den „Einsetzungshandlungen" (Brotbrechen, Elevation usw.). Es ist nicht vermerkt, wann die Gemeinde sitzt, sich erhebt, kniet usw. Es wird nicht einmal angegeben, wann und wo die LiturgInnen und ihre MitarbeiterInnen und wann die Gemeinde zu reden bzw. zu singen und zu handeln haben. Im Unterschied zum EG macht das „Gotteslob" bei der Darstellung der Feier der Gemeindemesse[32] Angaben darüber, was der Priester redet bzw. singt und tut (er inzensiert den Altar, wendet sich der Gemeinde zu, breitet die Hände aus usw.) und was die Gemeinde redet bzw. singt und tut (sie steht und macht das Kreuzzeichen, hört sitzend zu usw.). Das „Gotteslob" gibt im Kapitel „Christliches Leben aus den Sakramenten", den Hinweis darauf, daß „...die Art, wie man geht, steht, kniet und sitzt im Gottesdienst...nicht belanglose Äußerlichkeiten"[33] sind. Entsprechende Vorgaben hat es deshalb in der Meßordnung vermerkt.

Als „‚Rollenbuch' der Gemeinde" oder als „Laienagende"[34] kann das EG nicht dienen. Vielmehr bedarf jede Gemeinde zusätzlich zum EG einer liturgischen Ordnung, in der die Aufeinanderfolge des Einsatzes der LiturgInnen und ihrer MitarbeiterInnen einerseits und der Gemeinde andererseits angezeigt ist. Denn wenn Kirchenfremde bzw. dem Gottesdienst Entwöhnte in der Kirche nur das EG erhalten und dessen Gottesdienstordnungen aufschlagen, erfahren sie nicht, wann sie reden bzw. singen und handeln sollen und werden dadurch verunsichert. Es sollte aber doch alles dafür getan werden, daß niemand in der Kirche Verunsicherung erlebt, sondern sich jeder von Anfang an im Gottesdienst wohlfühlt und heimisch werden kann. Das sollte bei einer Neuauflage des EG bedacht werden. Nur dann werden alle mit der Kerngemeinde zusammen einen fröhlichen, ganzheitlichen und lebendigen Gottesdienst feiern können.

---

32 Gotteslob, a.a.O.353ff.
33 Ebd. 80.
34 R. Volp, Liturgik 1, a.a.O.573 und Liturgik 2, a.a.O.998.

Literaturverzeichnis (wichtigste Literatur)

Adam, A./Berger, R., Pastoralliturgisches Handlexikon, 1990 [5].

Allihn, H., Der *mündliche* Vortrag und die Gebärdensprache des evangelischen Predigers, 1898.

Argyle, M., Körpersprache & Kommunikation, (1979)1989[5].

Berger, K., Wer war Jesus wirklich?, 1995.

Berger, Teresa, Liturgie und Tanz. Anthropologische Aspekte, historische Daten, theologische Perspektiven = Pietas Liturgica 1, 1985.

Blankesteijn, H., Der Leib in der Liturgie, in: KuK, 44.Jg., 3/1981, 151 bis 154.

Ehrensperger, A., Gottesdienst. Visionen-Erfahrungen-Schmerzstellen, 1988.

Erneuerte Agende. Vorentwurf, hrsg. von der VELKD, Lutherisches Kirchenamt, und der Evangelischen Kirche der Union, 1990.

Erneuerung des Gottesdienstes. Klausurtagung der Bischofskonferenz der VELKD 1989. Referate und Berichte, hrsg. von F.-O. Scharbau. Heft 32 der Schriftenreihe ZUR SACHE - Kirchliche Aspekte heute, hrsg. von H. Becker u.a. 1990.

Fast, J., Körpersprache, rororo 7244, 1983[4].

Geest, van der, H., Du hast mich angesprochen. Die Wirkung von Gottesdienst und Predigt, (1978)1983[2].

Glauben heute. Christ werden, Christ bleiben. Synode der EKD, 1988. - Beschluß der 7. Synode der EKD auf ihrer 5. Tagung im November 1988 in Bad Wildungen. Im Auftrag des Rates der EKD, hrsg. vom Kirchenamt der EKD, 1988.

Grethlein, Chr., Abriß der Liturgik, (1989)1991[2].

Guardini, R., Vom Geist der Liturgie (Herder TB2), 1953[18].

Hahne, W., DE ARTE CELEBRANDI oder Von der Kunst, Gottesdienst zu feiern. Entwurf einer Fundamentalliturgik, (1990)1991[2].

Herlyn, O., Theologie der Gottesdienstgestaltung, (1988)1992[2].

Hirschler, H., biblisch predigen, 1992[3].

Homiletisches Lesebuch. Texte zur heutigen Predigtlehre, hrsg. von A. Beutel, V. Drehsen, H.M. Müller, 1986.

Jetter, W., Symbol und Ritual. Anthropologische Elemente im Gottesdienst, 1986[2].

Josuttis, M., Der Weg in das Leben. Eine Einführung in den Gottesdienst auf verhaltenswissenschaftlicher Grundlage, (1991)1993[2].

Josuttis, M., Praxis des Evangeliums zwischen Politik und Religion. Grundprobleme der Praktischen Theologie, 1980[2].

Kohlschein, F., Mit allen Sinnen. Liturgie als „Körpersprache", 1-6, in: Gottesdienst, 22.Jahr, 2-8/1988.

Kugler, G., Lindner, H., Neue Familien-Gottesdienste, 1973-1980.

Lebendige Liturgie. Texte - Experimente - Perspektiven. Hrsg. von Sybille Fritsch-Oppermann und H. Schröer, 1990.

Maelicke, A., Vom Reiz der Sinne, 1990.

Molcho, S., Körpersprache, 1983[5].

Molcho, S., Körpersprache als Dialog. Ganzheitliche Kommunikation in Beruf und Alltag, 1988.

Morris, D., Körpersignale. Bodywatching, 1986.

Ruhleder, R.H., Rhetorik, Kinesik, Dialektik, 1989[6].

Sequeira, A.R., Die Wiederentdeckung der Bewegungsdimension in der Liturgie, in: Concilium 2/1980, Jg.16, 149-152.

Sequeira, A.R., Gottesdienst als menschliche Ausdruckshaltung, in: Gottesdienst der Kirche. Handbuch der Liturgiewissenschaft, Band 3, 1987, 7-39.

Spiegel, Y., Der Gottesdienst unter dem Aspekt der symbolischen Interaktion, in: JLH 16, 1971, 105ff.

Spurgeon, C.H., Ratschläge für Prediger, 21 Vorlesungen, 1962.

Schober, O., Körpersprache. Schlüssel zum Verhalten. Bedeutung und Nutzen der Körpersprache im Alltag, 1989.

Stalmann, J., Tagungsordnungspunkt Gottesdienst, TOP, Band 6, (1989[4]) 1994.

Steffensky, F., Feier des Lebens. Spiritualität im Alltag, 1984.

Stollberg, D., Liturgische Praxis. Kleines evangelisches Zeremoniale, (1993)1994.

Thomé, H.E., Gottesdienst frei Haus? Fernsehübertragungen von Gottesdiensten, 1991

Ueding, G./Steinbrink, B., Grundriß der Rhetorik. Geschichte - Technik - Methode, 1986.

Volp, R., LITURGIK. Die Kunst, Gott zu feiern. Band 1: Einführung und Geschichte, 1992; Band 2: Theorien und Gestaltung, 1993.

Voss, Raphaele, Tanz in der Liturgie. Eine Einführung mit Beispielen, 1989.

Watzlawick, P., Beavin, J.H., Jackson, D.D., Menschliche Kommunikation, (1969)1980[5].

Wenz, H., Zur Reform der liturgischen Kleidung, in: Dt Pf Bl, 91. Jg., 3/1991(März 1991), 10ff.

Wenz, H.,Vom „familien-" zum kinderfreundlichen Hauptgottesdienst, in: Pastoralblätter, 132.Jg., 6/1992(Juni 1992), 362-365.

Zerfaß, R., Grundkurs Predigt, Band 1, 1987 und Band 2: Textpredigt, 1990.

Sachregister

Gottesdienst (kath.) 30, 46, 70, 87, 100, 170, 175
– -buch 49, 170
– -gewand 72, 75, 87
–, Gruppen- 85
– -ordnung 175
–, Sonntags- (normale -) 85
Mienenspiel s. Mimik
Mikrophon/Lautsprecher, vgl. Akustik 30, 64, 92
Mimik, vgl. Gesicht, Signale 9, 13ff., 17f., 23ff., **27-32**, 33, 36, 38-41, 43, 51, 55, 102, 109, 118, 125, 128, 131, 133, 136, 143f., 146ff., 154f., 171
– Miene(nspiel) 27-32, 52
Mitarbeiterschaft, vgl. KantorIn, LektorIn, OrganistIn u.a. 10, 15, 21, 32, 36, 38, 45, 49f., 53, 61f., 65, 71, 78, 86, 91, 94, 121, 124, 135, 138, 145, 148, 168f., 171, 175
Monolog/-isch 22-26, 110
Monoton(ie) 25, 92, 94f.
Mund, vgl. Gesicht, Körpersprache 23, 28f., 39, 52, 57f., 77f., 138, 144, 148
– -winkel 28f.
Mündig(keit) 26, 138
Musik/Musizieren, vgl. Lied, Singen 14, **96-99**, 102, 106, 108f. 124, 132, 138, 145, 158f.
– -instrument(al) 14, 97f., 103
Myronsalbung, s. Salbung
Mystagogisch, vgl. Liturgie 136, 138, 152
Mystik/Mystisch 129f.
Mythos 129

Nachfolge Jesu, vgl. Jesus 48, 52, 76, 152, 160f., 174
Nachwerfen (von Erde im Beerdigungs-gottesdienst) 11
Nahe(kommen)/-sein/Nähe, vgl. Kontakt 67f., 73
– „Scheibenwischerblick" 67
Namen 165
Nase, vgl. Gesicht, Körpersprache 28, 58, 77f., 85, 88
Naturlaute, vgl. Geräusche 14, 158
natürlich 28, 40, 50, 83, 92, 99, 145, 153
Neigen/Ver-/Zuneigung, vgl. Körper 18, 53ff., 110, 133
– des Kopfes 21, 47
Neues Testament, vgl. Bibel, Evangelium 48, 57f., 61, 69, 79f., 85, 89f., 98f., 111, 115, 120, 123, 126f., **153-161**, 162, 167, 174

Niederbeugen/Ver- 45, 58
Niederknien, s. Knien
Niederfallen/Auf den Boden legen 45, 157, 162
Nonverbal(e) (Bereiche, Dienste u.a.), vgl. Signale 7, 9f., 27, 29, 33, 43, 49, 52, 55, 79, 96f., 99, 116-119, 122f., 131, 135f., 139f., 144f., 148, 152ff., 156ff., 163-167, 168-171, 173, 175

Oberkörper, vgl. Körper 44, 51, 53ff.
– - zurücklehnen 134
Oblate, vgl. Brot, Hostie 59, 82f., 85, 159f.
– Künstlichkeit der - 59, 83
Ohren, vgl. Körper 8, 23, 33, 56, 58, 76, 78, 110, 156
Ökumen(e)/-isch, vgl. Gottesdienst 10, 44, 66, 72f., 80f., 88, 98, 172f.
Öl, vgl. Salben, Taufe 61, 90, 156, 158f.
–, Chrisam- 90
–, Myron- 58
Olfaktorisch, s. Signale
Opfer(n)/Dank- 31, 48, 88, 148, 172
– Dankopferzug 48, 173
–, Natural- 48
– -stock 48, 64
Optisch, vgl. Signale 143
Orante, s. Gebet
Ordination, vgl. Körperkontakt 45, 57, 59, 123
Ordnung 158
– des Gottesdienstes/Ordinarien, vgl. Agende, Liturgie, Messe, Ritus 49, 74, 120, 124, 169f., 175
– Grundformen (des Gottesdienstes) 80, 169f.
OrganistIn, vgl. Musik, Orgel 118
Orgel, vgl. Musik, OrganistIn 49, 98
– -vor-/-nachspiel 11, 98, 106
Orthodox(ie), vgl. Ökumene 44, 58, 72, 83, 88ff.
Oster(n), vgl. Gottesdienst,
– -geschichten 162-167
– -zeugen 162f., 165ff.
Kirche(jahr) 62, 107, 109, 111
– -kerze 108
– -nacht, s. Gottesdienst
– -spiel 110f.

Pädagog(e)/-isch, vgl. Aus- und Fortbildung 121
– Spiel- und Theater-, vgl. Verkündigungsspiel 135

50, 58, 66ff., 71, 79ff., 89, 107, 113, 122, 126, 140, 150, 160, 174
Speis(e) -ung 156, 159, 164
Spiel, s. Verkündigungsspiel
Spiel(formen), vgl. Verkündigungsspiel 103, 112, 128, 132, 135
– Anspiel 114
– Bibeltheater **114f.**
– Bibliodrama s. ds.
– Hörszene 114
– Liederspiel 114
–Sprech-/Spielmotette 111, 114
– -szene 135
Spirituali(smus)/-sierung 78, 103, 127
Spontan/Spontaneität 18, 24f., 50, 53, 66, 98, 111f., 174
Sprach(e), vgl. Sagen, Sprechen, Stimme 7f., 20, 39, 41, 55, 91f., 95f., 102, 104, 106-109, 124f., 129f., 132, 152, 158
– -barrieren 20
– -gebrauch 123
– -melodie 136
–, Primär- und Sekundär- 16
– „stumme -", vgl. Körpersprache 18
– -technik 91, 96
– -schulung/-übung 93, 96
Sprech(en)/erIn/Gespräch, vgl. Sprache, Stimme 9, 17ff., 25, 30f., 34ff., 38, 41ff., 48, 60, 62, 64f., 67, 74, 92-96, 99, 112, 124, 131, 133, 135, 142f., 148, 155-159, 163-166, 171f.
– -erziehung 135f.
– -marotten 99
– -pausen s. Stimme
– -technik 96, 138
– -tempo s. Stimme
– -übungen 112, 135
– Versprechen 94
– -wechsel s. Wechsel
– -weise 125, 145
Sünde(n)/Schuld 102, 116, 156
– -bekenntnis 45, 47, 53, 58, 103, 118, 148, 156ff., 169
– -vergebung/Absolution 80, 100
Symbol/-isch/Symbolisieren, vgl. Zeichen 7, 9, 12, 32, 43, 58, 62, 71-74, 78, 83-88, 102, 106f., 113, 118f., 126, 145, 153, 157, 160
– -forschung 11f.
– -handlung 153, 160
Synoptiker 155
Szene, s. Geschichte

Schmecken/Geschmack 13, 57, 76-91, 148, 159
– schmackhaftes/r Brot/Wein 134
Geschmacksprobe 134
Geschmackssinn s. Sinne(sorgane)
Schmerz 155, 158
Schmücken/Schmuck 63, 69, 169
– des Altars, Taufsteins u.a. 68, 118
Schöpfer/Schöpfung 76, 104, 149
– außermenschliche - 149
– menschliche - 149
Schrei(en), vgl. Stimme 17, 95, 99, 158
Schreiten/Schritt, vgl. Gehen 45, 53f., 65, 101f., 110, 119f., 133, 137, 151f.
Schriftlesung 31
Schulter, vgl. Körper 55, 57f.
– „kalte -" 51f.
Schweigen, vgl. Stille, Ton 24, 148

Stehen, vgl. Körperhaltung/-sprache 45, 47ff., 52ff., 65, 67f., 102, 133, 158, 169, 175
Sterben 153
Stichwortzettel, vgl. Manuskript, Predigt 25f., **34f.**, 36f., 42f.
Still(e)/Stumm, vgl. Schweigen 18, 31f., 50, 103f., 122, 139, 165f.
Stillsein (während der Predigt) 24
-sitzen 139, 148
Stimm(e)/Sprach(e)/Sprech(en) 7, 14, 16, 25, 27, 42, **91-99**, 111, 145, 155, 158, 165, 170ff.
– Betonung 12f., 41f., 91f., 158
– Dynamik 145
– -fluß 145
– -führung 42f.
– -höhe/Tonhöhe **91f.**, 94f.
– -klang/-farbe 16, **91**, 95, 145, 165
– -lage 145
– -melodie **91**, **95f.**
– -modulation 18, 33, 55, 145
– -monotonie s. Monotonie
– -pausen 145
– -stärke/Laut- 16, 19, 24, 64, 67, **91f.**, 158
– -störungen **94**
– -tempo 40f., **91-94**, 145
– -therapie 135
– -übung 135
Stimmig, vgl. Kommunikation 147
Stirn, vgl. Gesicht, Körpersprache 28f., 58, 144
– -falten 28, 36

190

Personenregister

Herausgeber bleiben unberücksichtigt.
Die fett gedruckten Seitenangaben weisen auf die erste vollständige Biblio-
graphie hin.

Achelis, E. Chr. **156**
Adam, A. 46, **84**, 97, 105
Albrecht, H. 20, **26**, **35**, 71, 78, 86, 104,
    142, **153**, **165**
Albrecht, H. J. **12**
Alexander, Gerda 46
Allhoff, D. W. **92**
Allihn, H. **12**, 41, 74
Altmann, E. **26**, 34, 41
Altmann, H. C. **34**
Ammelburg, G. **16**, **28**, **29**, **36ff.**, 40, 42,
    54f.
Antes, P. **14**
Arens, H. **26**, 95
Argyle, M. **12**, 14, 19, 27, 51, **55ff.**, **66f.**,
    75f., 94, 97, 99, 124, **128**, 134
Aristoteles 77, 128
Augustin(us) 24, 78, 87, 97, 127, 129

Baltruweit, K. **97**, **98**, 108f., 110, 112
Barth, K. 10, **80f.**, 129
Bastian, H.-D. **22**, **23f.**, 129
Bastian, T. **126f.**
Beavin, J. H. **25**, 119
Beile, R. **73**
Beneker, W. **112**
Berger, K. **162**
Berger, R. **84**, **87**, 105, 159f.
Berger, Teresa **44**, **100**, 101ff., 105
Berghof, H. **91**
Berner, W. **92**
Bernstein, Meredith **91ff.**, 95
Betz, O. **57**, **101**, **154**, 157
Biel-Hölzlin, Evamaria **112**
Bieritz, K. H. **46**, **48**, **49**, 51, **71**, **74**, **110**,
    116, 121, 130
Birmelé, A. **80**
Bittner, Christine **100ff.**, 104f.
Blankesteijn, H. **63**, 122, 150
Blasig, W. **47**
Blum, K. **52**
Böhme, W. **46**
Bohren, R. **130**, **138**

Bollnow, O. **88**, 108
Bonhoeffer, Th. **96**
Bonnafont, Claude **17f.**, 95, 126
Börsch, Ulrike **153**
Bösinger, R. **127**
Brockes, D. **30**
Bücken, E. **110f.**

Chrysostomus 50, 101, 127
Cicero 128
Clotz, P. M. **69**, 135
Cornehl, P. **116**, 123
Cox, H. **101**, 103, 128, 151
Crone, G. **114**

Dahm, K. W. **22ff.**, *124*
Daiber, K.-F. **149f.**, *151*
Damblon, A. **34f.**
Dannowski, H. W. **22**, 26, 139, **151**
Darwin, Ch. 27
Degenhardt, R. **102**
Deichgräber, D. **46**
Denecke, A. **83**, **110**
Dillier, F. **83**
Dollin, St. **142**
Dreitzel, H. P. **27**

Ebbrecht, G. **112**
Ebeling, P. **54**
Ehrensperger, A. **35**, 50, 81, 137, 139, 151
Ekman, P. **27**
Ellgring, H. **132**
Emeis, D. **62**

Fast, J. **12**, 25, 33, 58, **91ff.**, 95
Feldenkrais, M. **46**
Felmy, K. Chr. **58**
Fendt, L. **54**, 137
Fetscher, I. **127**
Fiedler, P. **159**
Fischer, B. **87f.**
Fischer, H. **60**, 92f.
Fischer, W. **106**, **117**
Fleischer, R. **63**, 121, 143